KB137988

굿바이 삼성

굿바이 삼성

이건희, 그리고 죽은 정의의 사회와 작별하기

초판 1쇄 발행 2010년 10월 15일
초판 3쇄 발행 2011년 01월 20일

지은이 김상봉·김용철 외
펴낸이 강경미
펴낸곳 꾸리에 북스
디자인 최지유(jiyoobook@naver.com)
출판 등록 2008년 08월 1일 제313-2008-000125호
주소 (우)121-838 서울 마포구 서교동 358-152번지 3층
전화 02)336-5032
팩스 02)336-5034
전자우편 courrierbook@naver.com

값 17,000원

ISBN 978-89-94682-01-3 03300

굿바이 삼성

이건희, 그리고 죽은 정의의
사회와 작별하기

김상봉 · 김용철 외 지음

꾸리에

　　　　　　　　　　　　세상엔 가끔 존재 자체가 불행인 것들이
있다. 이 책이 그렇다. 좋은 세상이었더라면 결코 씌어져 세상에 나올 일
이 없었을 이 책은 나를 포함해 열다섯 사람이 삼성에 대해 쓴 글을 모은
책이다. 그 직접적인 계기가 되었던 일은 지난 2월 17일 김용철 변호사
의 책 『삼성을 생각한다』를 소개했던 나의 칼럼이 〈경향신문〉에 게재되
지 않은 일이었다. 나는 당시 〈경향신문〉에 3주에 한 번씩 기명칼럼을
쓰고 있었는데, 그 칼럼이 이건희를 정면으로 비판하고 조롱하는 내용
이었던 까닭에 실리지 않았던 것이다. 나는 내가 보낸 칼럼이 다음날 자
〈경향신문〉에 실리지 않은 것을 확인한 뒤에 이른바 진보적인 인터넷 매
체들에 나의 원고를 그대로 보냈다. 다음날 〈프레시안〉과 〈레디앙〉, 〈민
중의 소리〉 등에 〈경향신문〉에 실리지 못한 내 칼럼이 실렸고, 이로써
삼성의 이건희가 보수 언론은 물론이거니와 어느 모로 보나 한국에서 가
장 신뢰할 만한 〈경향신문〉 같은 진보 언론조차도 감히 건드릴 수 없는
무소불위의 권력이라는 것이 분명히 알려지게 되었다.

　지금 와서 하는 고백이지만 칼럼이 실리지 않았을 때, 나는 한편으
로는 비감한 심정이었지만 다른 한편 이것이야말로 내가 예상치 못했던

기회라는 생각도 없지 않았다. 왜냐하면 올해 초부터 나는 한국 사회의 새로운 진보를 위해서는 이제 삼성과의 싸움을 시작할 때라고 생각하고 있었기 때문이다. 이를 위해 나는 다른 무엇보다 삼성불매운동을 시작하는 것이 필요하다고 판단하여 〈경향신문〉의 칼럼 지면을 통해 꾸준히 이를 공론화시킬 생각이었다. 그래서 문제의 칼럼 바로 앞에 썼던 칼럼에서 이미 나는 지금 한국 사회의 가장 중요한 과제가 자본과의 싸움임을 밝히고 이를 위해 다른 누구를 대상으로 하기보다 내가 몸담고 있는 〈진보신당〉을 향해 가장 지배적인 자본권력이라 할 수 있는 삼성 제품의 불매운동에 앞장설 것을 촉구했다. 그 칼럼에서 나는 "〈조선일보〉를 보지 않는 것이 진보적 교양이 되었듯이, 적어도 교양 있는 사람이라면 삼성 핸드폰, 삼성 노트북, 삼성 보험, 아니 어떤 삼성 제품도 사용하지 않는다는 것을 진보적 문화로 만들" 것을 촉구하면서 "전 지구적으로 삼성 제품 불매운동을 벌일" 것을 제안했다. 그리고 "왕의 국가가 시민이 주인인 공화국이 되었듯이, 자본가의 소유물인 기업이 노동자가 주인인 공공적 삶터가 되게" 만드는 것이 삼성 불매의 궁극적 목적이 되어야 한다는 것도 분명히 밝혔다. 그러니까 나중에 삼성 제품 불매에 대해 내가 했던 모든 말의 대강을 나는 이미 그 칼럼에 다 써 놓았다 할 수 있다.

이런 상황에서 문제의 칼럼이 게재되지 않은 일이 생겼으니 나로서는 울고 싶은데 뺨을 맞은 기분이었다. 나는 〈경향신문〉에 실리지 못한 칼럼을 그대로 실어준 〈프레시안〉에 삼성불매운동을 주제로 사람들이 글을 이어 써 가면 어떻겠느냐고 제안했고, 이 매체가 이를 기꺼이 받아들여 이 책에 실린 첫 글인 「지금 당장 삼성불매운동을 제안합니다」를 기고하게 되었다. 그러자 많은 분들이 호응하여 〈프레시안〉에 글을 주었다. 뿐만 아니라 문제의 칼럼에 얽힌 파문은 〈프레시안〉 외의 다른 매체들도 삼성에 관심을 갖게 만든 계기가 되어 지난봄 여러 잡지 매체에서도 삼성을 특집으로 다루었는데, 이 책은 지난봄 그렇게 여러 매체에 실렸던 글들 가운데서 한데 모을 만하다 싶은 글들을 일차 선별한 뒤 필자들의 보완을 거친 것과 새로 청탁한 글들을 묶은 것이다.

그러니까 이 책은 내가 우는 소리를 듣고 다른 사람들이 같이 울어준 기록이다. 함석헌의 말 중에 "나는 하나의 우는 씨올입니다. 한 마리가 울어서 백백천천 마리와 같이 우는 민초 속의 풀벌레입니다" 하는 말이 있는데, 이 책이 바로 그런 경우이니, 나는 같이 울어준 분들께 고맙고 감사한 마음 금할 수 없다.

하지만 이 책의 내력이 그렇다는 말일 뿐, 어찌 내가 가장 먼저 운 씨올이라 하겠는가? 내가 울기 시작한 것 역시 다른 씨올의 우는 소리를 듣고 따라 운 것에 지나지 않는다. 돌이켜 보면 이미 여러 해 전 나는 삼성일반노조의 김성환 위원장이 업무방해와 명예훼손의 죄목으로 3년 하고도 5개월이나 옥에 갇혀 우는 소리를 들었고, 삼성중공업의 크레인이 태안반도 앞바다에 정박 중이던 유조선을 들이받아 그 일대가 죽음의 바다로 변해 삶이 파탄난 사람들이 탄식하는 소리를 들었으며, 삼성물산이 주도했던 용산 재개발 지구의 철거민들이 불타는 망루에서 죽어가며 외치는 절규를 들었고, 삼성반도체에서 일하다 백혈병 걸린 노동자들이 흐느끼는 소리를 들었다. 여시아문(如是我聞)이라, 철학은 다른 무엇보다 존재의 고통을 듣고 증언하는 것이니, 나는 우는 소리를 들었으므로 우는 소리를 내었을 뿐이다. 그리고 그들을 울린 자가 삼성이요 이건희였으니, 하늘에 대고 삼성을 고발했을 뿐이다.

삼성이란 무엇인가? 돈이요, 권력이다. 짝퉁 루이 16세의 강림이다. 이 짝퉁 폐하 앞에서의 비굴이요 침묵이다. 그래도 '행복한 눈물'인가?

아니 피눈물이다. 그걸 실어 나르는 비자금이요 뇌물이다. 부패와 불법과 비리다. 북한처럼 노조 없는 노동자 천국이요, 부자세습하는 봉건왕조다. 노동자 천국에 백혈병이다. 우리 사회의 암이다. 태안반도를 뒤덮은 원유덩어리, 발암물질이다. 그래도 입만 열면 환경보호요, 윤리경영이라며 야단법석이다. 그도 모자라 온 국민을 향해 정직하라고 설교하는 범죄자다. 회칠한 무덤이요, 역겨운 위선이다. 그러나 그 빌어먹을 돈은 우리 모두의 욕망이다. 그리하여 삼성이란 안팎을 가리지 않고 우리 삶을 뒤덮는 거짓의 어둠이다. 그리고 그 어둠이 지배하는 지금은 다시 역사의 밤이다.

자유롭게 살기 위해 인간은 모든 강제와 억압에 저항해야 한다. 그러나 그것은 또 얼마나 힘든 일인가? 인간을 생각하는 존재이기 이전에 저항하는 존재라고 보았던 함석헌은 인류의 역사에서 저항을 세 단계로 나누어 설명했다. 그 첫 단계는 자연에 저항하는 단계이며, 둘째 단계는 다른 사람에게 저항하는 단계이고, 셋째 단계는 자기에게 저항하는 단계이다. 인간이 아직 미개한 상태에 있었을 때 인간의 자유를 억압하는 외적 강제는 다른 무엇보다 자연으로부터 왔다. 그때는 자유가 아니라 생존 그 자체를 위해서라도 인간은 온갖 자연의 위험에 맞서 싸우지 않으면 안 되었다. 하지만 누구도 혼자서 자연을 이길 만큼 강할 수는 없으니, 인간은 자연을 이기기 위해 나라를 세웠고, 집단의 힘으로 물과 불을 다스렸다. 하지만 그렇게 나라를 세운 뒤에 인간은 나라 안의 다른 계급, 다른 사람을 상전으로 모시고 살게 되었다. 그리하여 자유를 위해 이젠 다른 사람에게 저항해야 하는 시대, 다시 말해 계급투쟁의 시대가 되었다.

그렇지만 우리가 아무리 다른 사람의 압제에 저항하고 그로부터 우리 자신을 해방시킨다 하더라도 동시에 우리가 참된 의미에서 자유로운 존재가 되는 것은 결코 아니다. 우리가 타인에게서 발견하는 압제자의 얼굴은 사실은 내 속에 감추어진 지배의 욕망이 외화된 것에 지나지 않기 때문이다. 그러므로 우리가 자기 내면의 압제자와 착취자에 저항하고 그것을 제거하지 않는 한, 억압자는 반드시 다른 얼굴로 다시 오게 마련이다. 우리가 진정으로 자유와 해방을 원한다면 단순히 외부의 억압과 착취에 저항하는 데서 더 나아가 내면의 억압자와 착취자에 저항하지 않으면 안 된다. 이런 의미에서 자유를 향한 기나긴 투쟁의 역사에서 마지막 단계는 자기에 대한 저항이다.

함석헌이 "나 속의 착취자, 압박자를 없애라. 그러면 밖에 있는 반대자가 자연 없어질 것"이라고 외쳤던 것은 우리 시대가 이 세 단계의 저항의 역사에서 둘째 단계로부터 셋째 단계로 넘어가는 과정에 있는 시대라고 보았기 때문이다. 왜 아니겠는가? 오늘날 우리 시대의 가장 궁극적인 억압자는 자본이다. 그런 의미에서 자본은 내가 저항해야 할 궁극의 대적이다. 하지만 자본이란 무엇인가? 이것이야말로 함석헌이 말했듯이 "내 자신이 나가서 반사된 것"이 아닌가. 자본은 사물화된 욕망이다. 그러므로 자본은 나의 밖에도 있지만 동시에 내 안에 뿌리박은 적이다. 마르크스와 레닌의 오류는 자본을 단지 외부의 적으로만 설정했던 데 있다. 하지만 내 속의 욕망과 증오 그리고 공포를 뿌리 뽑지 못하면서 어찌 내 밖의 적을 이길 수 있겠는가? 오직 자기의 내면세계를 혁명할 수 있는 사람만이 세상을 새롭게 할 수 있는 것이다. 그런 의미에서 자본에 대한 저항과 투쟁이란 다른 사람에 대한 저항으로부터 자기 자신에 대한 저항으로 건너가는 다리이다. 삼성불매운동이 갖는 궁극적인 의미도 여기 있다. 그것은 단순한 소비자주권운동이 아니라 안의 혁명과 밖의 혁명이 만나는 지점에서 발화되는 참된 '씨올혁명'의 불꽃인 것이다.

이 책에 실린 글들이 우리 사회의 새로운 진보를 위한 첫걸음이 되기를 바라지만, 모든 진보의 시작은 어렵고 또 위험하다. 그럼에도 첫걸음을 같이 내디딜 용기를 내어준 많은 분들께 다시금 이 자리를 빌려 감사의 인사를 전하고 싶다. 그리고 무엇보다 내가 가슴 깊이 미안한 마음으로 특별히 고마움을 전하고 싶은 대상이 있으니 그것은 〈경향신문〉이다. 칼럼을 쓰게 된 것부터, 모든 일이 〈경향〉과 함께 시작되었으니 고마운 마음도 미안한 마음도 내겐 특별하다. 더불어 어려운 상황에도 불구하고 삼성 관련 기획을 기꺼이 수락해 준 〈프레시안〉에도 우정과 감사의 인사를 드린다.

돌이켜 보면 2007년 삼성 비자금 사건이 터졌을 때 〈철학앙가주망네트워크〉의 성명서에서 삼성 제품 불매를 촉구한 것부터 시작해 이 책에 이르기까지 삼성불매운동을 사회적 의제로 공론화하는 데 결정적인 기여를 한 사람은 김용철 변호사이다. 어찌 몇 마디 인사말로 그분에 대한 감사의 마음을 다 표현할 수 있겠는가. 세상이 더러 그에게 배신자라 손가락질하기도 하고, 더러는 참회를 요구하기도 하나 나는 다만 그에게 마음의 평화를 빌 뿐이다. 끝으로 이 책을 펴내는 일을 단지 출판 행위로서가 아니라 하나의 응답이라 생각한다며 기쁘게 감당하겠다고 나선 문부식 선생과 꾸리에 출판사에도 고마운 마음을 전한다.

어느 누가 역사의 종말을 말했던가? 역사는 만남 속에서 이어지고 우리는 다시 한 걸음 앞으로 나아갈 것이다. 벗이여, 같이 가자. 영원 전부터 밤은 아침의 전조이니, 새날은 싸우는 자의 것이다.

2010년 9월 30일
김상봉

차례

김상봉

지금 당장 삼성불매운동을 제안합니다 외

정치가 시민적 자유와 권리 그리고 평등을 지키기 위해
싸우는 일이라면, 삼성과 싸우는 것은 지금 가장 절박한 정치적 과제이다.
무상급식이나 무상의료 같은 복지의 확대를 말하는 것만으로는
한국 사회의 위기 상황을 타개할 수 없다.
보다 근본적으로 기업에 의한 시민적 자유의 억압을 정면으로 문제 삼고
그 기업독재의 정점에 있는 삼성과의 전면적인 싸움에 나서지 않는 한,
우리는 막힌 하수구를 뚫지 못하고 그 위에 소독약만 뿌리는
어리석음에서 벗어나지 못할 것이다. 삼성불매운동은
자본의 독재, 삼성의 독재를 끝내기 위한 대장정의 첫 걸음이다.

김상봉 '만남'의 철학자는 '길' 위에서 쉬는 법이 없다. 80년대 초반의 험악한 시절, 20대 철학도로 을지로 골목 끝 까르딘이란 이름의 노동야학에서 어린 노동자들과 추운 청계천의 밤을 보내던 시절부터, 독일로 건너가 칸트의 『최후유고』에 대한 논문을 끝내고 돌아온 뒤로 지금까지 진정한 만남의 공동체를 위한 그의 분투는 계속되고 있다. 한때는 '거리의 철학자'가 그의 이름이었다. 그리스도신학대학 종교철학과 교수로 재직하다 해직되어 아예 거리로 나앉았기 때문이다. IMF 외환위기가 닥쳤던 바로 다음해 봄이었다. 막막한 길 위에서 7년 동안 다섯 권의 철학책을 썼고, 민예총 문예아카데미 교장으로 공부하고 가르쳤다. 주체성을 박탈하고 불평등을 재생산하는 학벌체제를 폐지하기 위해 〈학벌 없는 사회〉의 산파가 되었다. 서양 철학의 자유 이념을 타자를 받아들이기 위해 자기를 버린 적이 없는 '나르시스의 꿈'이라 간주하는 그의 철학의 핵심어는 '서로주체성'이며, 외부로부터 이식된 근대를 거부하여 주체성의 새로운 지평을 독자적으로 개척했던 '미완의 함석헌'은 그의 일생의 숙제이다. 이런 그에게 자본권력 삼성과의 싸움은 우연이 아닌 필연이다. 그 까닭은 이 책에 실린 그의 글이 설명해 줄 것이다. 『호모 에티쿠스: 윤리적 인간의 탄생』, 『도덕 교육의 파시즘』, 『서로주체성의 이념』 등 다수의 책을 펴냈으며, 현재 전남대학교 철학과 교수로 있다.

지금 당장 삼성불매운동을 제안합니다

기어이 '제1권력'이 된 삼성

김용철 변호사는 『삼성을 생각한다』에서 우리가 상상조차 할 수 없었던 삼성 내부의 비리를 적나라하게 폭로하고 있다. 그런데 그 폭로의 대상인 삼성과 이건희 일가로부터 아직 아무 반응이 없는 것을 보면, 김용철 변호사의 폭로가 허황된 거짓말이 아닌 것이 분명하다.

하지만 우리가 김 변호사의 책을 읽고 단지 삼성의 비리에만 분노한다면, 아직 우리는 문제가 무엇인지 전혀 모르는 것이다. 아마도 정도의 차이야 있겠지만 삼성 말고도 다른 모든 기업이 비리를 저지를 것이다. 문제는 삼성이 단순히 불법과 비리를 일삼아 저지른다는 것이 아니라 그런 집단이 지금 한국을, 아니 바로 우리들을 보이지 않게 지배한다는 데 있다.

외환 위기의 터널을 통과하는 동안에 한국 사회는 심각한 변화를 겪었다. 심리적으로 보자면 우리는 너나 가릴 것 없이 돈이 최고라는 생각을 하게 되었고, 그에 상응하여 사회적으로도 자본 또는 기업이 한국 사회의 지배 권력으로 군림하게 되었다. 우리 자신이 그토록 노예적으로 돈을 숭배하는데 어떻게 자본이 우리를 지배하는 권력이 되지 않을 수 있겠는가? 노무현 전 대통령이 재임 중에 권력이 청와대에서 시장으로 넘어갔다고 말한 것은 그런 현실의 표현이었다.

하지만 노무현 전 대통령의 말은 틀린 말은 아니었으나, 그다지 정확한 말도 아니었다. 그가 좀 더 정직했더라면 시장이 아니라 삼성이 지배한다고 말했을 것이다. 우리를 지배하는 권력은 시장이 아니라 자본이다. 더 정확하게 말하자면 자본을 가진 사람이 우리를 지배한다. 하지만 모두가 똑같은 힘을 가지고 있다면 아무도 남을 지배할 수 없다. 모든 권력은 불평등하게 집중된 힘에서 생겨난다. 자본권력 역시 자본의 불균등한 소유로부터 생겨나고 빈부의 격차가 큰 만큼 더 커진다. 삼성의 자본은 김대중, 노무현 정부를 거치면서 엄청나게 불어나 이제 다른 모든 기업을 능가하는 절대 권력으로 군림하게 되었다.

이른바 신자유주의의 물결 속에서 우리 사회는 속속들이 기업화되어 대통령이 '주식회사 대한민국'의 CEO를 자처할 정도로 국가 전체가 가히 '기업국가'가 되었다. 많은 사람들이 국가가 기업이면 일자리를 만들어 주니 좋다고 생각할 것이다. 하지만 우리는 현재와 같은 자본주의 사회에서 기업은 인간이 아니라 이윤을 위해 존재한다는 것을 잊어서는 안 된다. 그런 기업이 주는 일자리는 인간의 삶을 살찌우기 위한 것이 아니라, 오로지 인간을 도구 삼아 이윤을 남기기 위해 던지는 미끼요 올가미에 지나지 않는다.

게다가 기업은 가장 독재적인 조직이다. 종업원들이 선거로 사장을 뽑는 재벌 기업을 보았는가? 국가가 기업에 동화되고 기업화된다는 것은 국가가 독재국가가 된다는 것과 정확하게 같은 말이다. 기업국가는 기업독재국가인 것이다. 물론 우리는 5년에 한 번씩 국가의 CEO를 선출한다. 하지만 그는 유감스럽게도 '바지사장'일 뿐이다. 한국을 실질적으로 지배하는 '회장님'은 따로 있다.

이건희 회장이 자기 혼자만을 위한 대통령 특별사면을 받아내고 동계올림픽 선수단 환영 만찬장에서 이명박 대통령과 헤드테이블에 같이 앉은 모습이야말로 바로 그런 권력구조의 극명한 상징이다. 선출된 권력 이면에 선출되지 않은 자본권력이 군림할 때, 나라의 민주주의는 근본에서부터 위기에 처할 수밖에 없다. 우리가 삼성과 이건희 일가를 정면으로 비판하지 않을 수 없는 까닭이 바로 여기에 있다.

삼성불매운동을 해야 한다고 말하면 사람들은 물을 것이다. 왜 삼성만 갖고 그러는가? 다른 재벌 기업들이, 아니 다른 중소기업들이 삼성에 비해 나은 점이 무엇인가? 하지만 이런 질문은 권력의 본질에 대한 무지에서 비롯된 잘못된 물음이다. 그것은 마치 40년 전에 왜 '박정희'만이 문제인가, 모든 군인들이 또는 모든 공화당 정치인들이 다같이 나쁘지 않은가 하고 묻는 것이 어리석은 물음이었던 것과 같다. 박정희를 제거하고서야 유신독재가 끝날 수 있었고, 전두환을 권좌에서 추방한 뒤에야 비로소 신군부의 독재를 끝낼 수 있었던 것처럼, 오늘날 역시 삼성과 이건희 일가를 그 권력에서 추방하지 않고서는 기업독재를 끝낼 수 없다.

'각하'와 '회장님' – 공화국과 민주주의의 위기

왜냐하면 삼성과 이건희 회장이야말로 지금 우리 시대의 최고 권력이기 때문이다. 오늘날 한국 사회에서 삼성은 단순히 하나의 기업 집단이 아니라, 국가 권력을 움직이는 보이지 않는 손이다. 지금 재벌 기업이 과거 군사독재 시절의 군부와 같다면, 삼성은 군부의 실세였던 하나회와 같고, '회장님'은 '각하'와 같다.

우리가 삼성과 이건희 일가를 비판하는 까닭도 바로 여기에 있다. 즉 우리는 삼성이 재벌 기업이라서 비판하는 것도 아니고 이건희 회장이 가장 부유한 자본가라는 이유 때문에 비판하는 것도 아니다. 더 나아가 무작정 자본주의적 경제 질서나 시장경제가 타도되어야 할 모든 악의 근원이라고 말하려는 것도 아니다. 만약 이건희 회장이 빌 게이츠와 같은 자본가였더라면 우리는 그가 아무리 부자라도 단지 그 때문에 그를 비판할 까닭은 없었을 것이다.

우리가 삼성과 이건희 일가를 비판하고 더 나아가 이건희 일가를 삼성으로부터 추방하고 삼성을 종국에는 해체해야 한다고 주장하는 까닭은 이건희 회장과 삼성이 단순한 기업 집단도 자본가도 아니고 우리의 자유를 억압하고 나라의 근본인 정의를 파괴하는 독재 권력이기 때문이다.

기업이 자기의 분수를 지키면서 나라 경제를 살찌우고 사회에 이바지하는 한에서 우리 모두는 그런 기업을 사랑하고 지지할 것이다. 하지만 기업이 그 자본을 이용해 오로지 사사로운 이익만을 추구하고, 이를 위해 온갖 불법을 일삼아 저지르며, 그것도 모자라 공직자들을 매수하여 국가 기구 전체를 부패에 빠뜨리고, 마지막에는 나라의 공공성과 민주주의를 심각하게 위협하기에 이른다면, 이제 그런 기업, 그런 자본가는 타도되어야 할 공공의 적이 아닐 수 없는 것이다.

삼성의 타락상은 단순히 자본주의 사회에서 모든 기업이 저지르는 불법이 아니라 삼성의 특권적 권력에서 비롯된다. 삼성의 권력이 삼성을 다른 기업과 다른 방식으로 반(反)사회적인 기업이 되게 만드는 것이다.

삼성전자가 한국에서 가장 존경받는 기업이며 이건희 회장이 가장 존경받는 기업인이라는 조사들을 우리는 심심찮게 보지만, 과연 이런 경우 사람들은 존경이란 말을 무슨 뜻으로 이해하고 사용하는 것일까?

삼성이 얼마나 반사회적인 기업인지 알려면, 주변의 장애인 친구에게 삼성이 장애인 2퍼센트 의무 고용을 얼마나 지키는지 물어보면 될 것이다. 아니면 이런 것은 또 어떠한가? 3년 전 태안 앞바다에서 삼성중공업 소속의 배가 인천대교 건설에 투입되었던 해상 크레인을 끌고 가다 가만히 있는 초대형 유조선을 들이받아 충남 서해안 일대를 죽음의 바다로 만들어버린 사건이 있었다.

그 사건이 일어나자 삼성이 가장 먼저 한 일은 삼성답게 먼저 책임을 회피하기 위해 항해 일지를 조작한 일이었다. 지역 해양청이 충돌 위험을 무선으로 알렸는데도 그런 경고를 받은 적이 없는 것처럼 꾸민 것이다. 그리고 수십만 국민이 태안 앞바다에서 손으로 기름을 닦고 있을 때, 삼성은 마치 자기와는 아무런 상관도 없는 일이라는 듯 시치미를 떼고 있다가 사건 50일이 지난 다음에야 마지못해 사과 성명을 발표했다. 하지만 삼성은 앞으로는 사과하는 시늉을 내면서 뒤로는 배상액을 50억 원으로 제한해 달라고 법원에 신청했다.

법원도 한통속이어서 2010년 1월 24일 서울고등법원은 삼성의 편을 들어 태안 유조선 기름 유출 사건에 대해 삼성이 이미 공탁해 둔 56억여 원 이외에는 더 배상을 할 필요가 없다는 판결을 내렸다. 이 액수는 삼성이 퇴직한 김용철 변호사의 차명계좌에 본인도 모르게 넣어 둔 돈 52억 보다는 조금 많은 돈이지만, 삼성물산이 지은 서울 강남 타워팰리스의 큰 평수 아파트 한 채 값도 안 되는 돈이다.

삼성전자의 2009년 영업이익이 11조 원에 가까웠던 것을 생각하면 56억 원은 주머니 속의 동전에 불과하다. 그런데 천문학적 비자금을 쌓아두고 상상할 수 없는 액수의 돈을 대선자금으로, 공직자 뇌물로 쓰면서도, 자기가 책임져야 할 사고에 대해 배상할 돈은 없는 기업이 삼성이다.

이런 일들은 우리로 하여금 삼성을 감정적으로 혐오하게 만들지만, 정작 더 심각한 문제는 따로 있다. 모든 독재 권력이 그렇듯이 삼성은 국가 권력과 법질서의 통제 밖에 있다. 삼성은 자신의 이익을 위해 법을 만들기도 하고 없애기도 하며, 그것이 불가능할 경우에는 공직자를 매수하고, 이것 역시 불가능할 경우에는 대놓고 법을 무시한다. 분식회계 장부가 법원에 넘어가자 법원 직원을 매수하여 서류를 빼돌려 불태우는가 하면, 공정거래위원회 조사관이 확보한 자료를 삼성 직원이 가로채 도망가면서 찢어버리기까지 한다. 그리고 몇 천만 원 벌금으로 모든 불법을 덮어 버린다.

하지만 삼성이 일삼아 불법을 저지른다 해서 우리가 삼성을 일종의 조직폭력집단으로 규정한다면 사태를 오해하는 것이다. 삼성의 문제는 그것이 탈법과 비리를 일삼아 저지르는 데 있는 것이 아니라 국가 기구 자체를 이윤 추구의 도구로 삼고, 국가가 마땅히 수행해야 할 모든 공공적 기능을 무력화시키려 한다는 데 있다.

약하고 가난한 사람을 보호하는 것은 국가의 가장 중요한 존재 이유의 하나이다. 이를 위해 많은 나라들이 이념의 차이에 관계없이 국가적 차원에서 공공적인 사회보장 정책을 수립하고 그것을 확장해 왔다. 하지만 한국 정부가 국민연금의 보장 범위를 확대하려 할 때 가장 격렬하게 반대한 기업이 삼성생명이었다. 국가가 다 보장해 주면 삼성생명은 보험을 팔아먹을 수 없기 때문이다.

그러니까 삼성이 꿈꾸는 세상이란 부자들은 감기만 걸려도 삼성병원 특실에서 황제처럼 대접받고 가난뱅이들은 죽을병에 걸려도 동네 병원 문 앞에도 가보지 못하고 앓다 죽는 세상, 부자들은 외국산 수입 생수로 집안 수영장에서 수영을 할 때, 가난뱅이들은 재벌 기업이 운영하는 비싼 수도 요금을 내지 못해, 화장실과 부엌에 수도가 끊겨 공동화장실을 이용해야 하고 빗물을 받아먹어야 하는 세상이다.

이런 악몽이 현실이 되지 않도록 하려면 더 늦기 전에 삼성을 해체해야 한다. 우리가 박정희, 전두환을 권좌에서 쫓아내고 군부의 권력을 해체한 뒤에야 비로소 시민의 자유와 민주주의를 누릴 수 있었던 것처럼, '회장님'의 권력을 박탈해 권좌에서 끌어내리고 삼성을 해체하지 않는다면 결코 기업독재를 끝낼 수 없을 것이며, 우리의 자식들은 재벌 기업의 머슴으로 종노릇하는 운명을 영원히 벗어날 수 없을 것이다.

삼성 제품 불매는 자본의 독재, 삼성의 독재를 끝내기 위한 대장정의 첫걸음이다. 유명무실한 삼성 특검 수사와, 대다수 범죄 행위에 대해 관대한 판결을 내려줌으로써 요식 행위에 그친 재판과, 그 재판을 통해 내려진 법의 심판조차 없었던 일로 만들어버린 최근의 특별사면을 통해 분명해 진 것처럼, 국가 기구는 더 이상 삼성을 통제하지 못한다. 이미 삼성에 매수되어 버린 국가 기구가 삼성이 온전한 기업이 되도록 만들어 주리라고 기대하는 것은 회장님의 비서가 회장님의 불법을 꾸짖어 바로잡아 주기를 바라는 것만큼이나 비현실적인 소망이다.

지금 당장 '삼성불매운동'을 제안한다

그렇다면, 누가 어떻게 삼성을 해체하고 바로 세울 수 있겠는가? 소비자뿐이다. '소비자가 왕'이라는 말은 공치사가 아니다. 화폐가 자기증식 운동을 시작하면 자본으로 탈바꿈하지만, 자본은 결코 저 혼자 불어나지는 못한다. 그것은 한편으로는 노동자의 노동력을 착취하고 다른한편으로는 소비자의 지갑을 털어 불어나는 것이다. 국가가 없다 하더라도 자본은 자기증식을 할 수 있다. 자본이 국가에 의해 통제되지 않는까닭도 본질적으로 보자면 그 때문이다. 하지만 노동자와 소비자가 없다면 자본은 절대로 혼자 증식할 수 없으며, 아예 존재할 수조차 없다. 그러므로 자본을 실질적으로 통제할 수 있는 것도 노동자들과 소비자들밖에 없다. 하지만 삼성엔 노동조합이 없다. 삼성이 다른 어떤 기업보다도 더 사악한 반사회적 기업이 된 까닭도 그 때문이다. 안팎으로 아무런견제가 없는 권력이 어떻게 타락하지 않을 수 있겠는가.

국가도 노동조합도 삼성의 불법을 바로잡을 수 없으니 이제 남은 것은 소비자들의 직접행동뿐이다. 삼성의 권력이 아무리 강하다 하더라도소비자들에게 자기 제품을 쓰라고 강요할 수는 없다. 그것이 모든 자본의 아킬레스건이다. 그리하여 아무도 삼성 물건을 쓰지 않는다면 그날로 삼성은 아무것도 아니다.

게다가 삼성은 주방용 가전제품부터 안방의 청소기, 사무실의 전화기와 컴퓨터, 가방 속의 노트북과 주머니 속의 휴대전화, 그 속의 반도체 그리고 지갑 속의 신용카드, 생명보험과 자동차보험 등, 우리의 소소한일상을 이루는 수많은 제품과 서비스를 생산하고 제공한다. 만약 우리가 아무 생각 없이 일상을 삼성 제품으로 채운다면, 마치 거미줄에 걸린 잠자리처럼 우리 모두 삼성의 먹이가 될 것이다.

하지만 삼성 제품을 거부하려고 마음만 먹는다면 버릴 것은 수도 없이 많이 널려 있다. 버릴 수 있는 것은 버리고, 바꿀 수 있는 것은 바꾸고, 해약하고 해지할 수 있는 것은 그렇게 하자. 지구 위에 생명체가 등장한 이래 모래알처럼 작은 개미들은 영원히 살아남아도 공룡이 멸종하는 것은 한순간이다. 게다가 삼성이란 공룡을 멸종시키기 위해 우리가 엄청난 노고를 쏟아야 하는 것도 아니다. 도리어 하지 않으면 된다. 삼성 제품을 사지 않으면 되는 것이다. 무엇인가를 하는 일은 어려워도 하지 않는 일은 얼마나 쉬운가.

하던 일을 하지 않기 위해 필요한 것은 오직 하나, 마음을 바꾸는 일뿐이다. 우리의 삶을 삭막한 사막으로 만드는 것도, 푸른 초원으로 바꾸는 것도 우리 마음에서 시작되는 일이다. 그러므로 지금 우리에게 필요한 것은 삼성이 어떤 기업인지 그 실상을 깨닫고 삼성에 대한 맹목적인 애착과 삼성의 권력에 대한 막연한 두려움에서 벗어나는 일이다.

생각하면 이것이 마냥 쉬운 일만은 아니다. 사람들은 더 좋은 제품을 사용하고 더 좋은 서비스를 제공받는 것을 소비자의 권리라 생각한다. 이 기준에서 보자면 삼성은 소비자들이 선호할 만한 기업임이 분명하다. 제품의 품질은 물론이고, 저녁 시간에 냉장고 수리를 신청했더니 두 시간 반 만에 고쳐줄 정도로(〈한겨레〉 2010년 3월 9일자 김선주 칼럼) 완벽한 애프터서비스를 제공한다지 않는가. 하지만 그런 완벽한 서비스의 이면에 그만큼 완벽하고 비인간적인 노동 통제가 감추어져 있다는 것을 깨닫지 못한다면 우리 모두 자본주의 사회의 톱니바퀴로서 도구화되는 운명을 피할 수 없을 것이다.

내가 아무 불편 없이 저녁을 준비할 수 있도록 나의 냉장고를 수리하러 온 노동자가 자기 가족과의 저녁 식사를 포기할 수밖에 없었으리라는 것을 헤아릴 수 있을 때, 비로소 우리는 자본주의 사회의 비인간성으로부터 벗어나는 길을 발견할 수 있을 것이다.

그러므로 지금 우리에게 필요한 것은 경제와 소비에 대한 새로운 철학과 윤리이다. 단순히 제품과 서비스를 통해 나 개인이 느끼는 만족이 아니라, 그 제품이 생산되고 소비되는 전 과정이 얼마나 정의롭고 자연친화적이며 우리 모두를 위해 바람직한 것인가 하는 것이 소비자로서 제품 선택에 대한 윤리적 기준이 되어야 하는 것이다. 그런 의미에서 삼성불매운동이란 단순히 외적 억압과의 싸움이 아니라, 우리들 내면의 탐욕 및 아집과의 싸움이기도 하다. 그리고 이것이 다른 누구도 아니고 바로 철학자가 삼성불매운동의 선두에 나선 까닭이다.

이런 사고방식의 전환은 결코 실현 불가능한 이상은 아니다. 많은 사람들이 더 비싸더라도 유기농 농산물을 선택하고 공정무역 커피를 구매한다. 아마도 거기에도 문제는 있을 것이다. 하지만 중요한 것은 너와 나 그리고 우리 모두를 위해 보다 좋은 것을 위해서라면 기꺼이 개인적 손해와 불편을 감수하려 하는 인간의 선한 의지이다. 그런 선한 의지에 의해 우리의 역사는 더디지만 진보해 왔던 것이다.

지금 이 자리에서 삼성을 해체해서 어떻게 해야 할 것인지에 대해 말하는 것은 나중을 위해 남겨두려 한다. 그것은 우리 모두가 한국의 부패하고 비효율적인 재벌 경제 체제를 개혁하기 위해 더불어 같이 생각하고 고민해야 할 과제라고 믿기 때문이기도 하지만, 더 근본적으로는 나중에 삼성을 어떻게 할 것인가를 두고 토론하기 전에 무조건 삼성 제품을 불매함으로써 삼성의 권력을 해체하는 일을 즉시 시작하는 것이 지금 우리가 할 일이라고 믿기 때문이다.

그것은 박정희 시대에 '박정희 타도'가 무조건적인 대의였으며, 전두환 독재 치하에서 그 독재자의 제거가 다른 모든 것에 앞서는 선결 문제였던 것과 같다. 그렇듯이 지금 우리에게도 삼성 불매를 통해 삼성과 이건희 일가의 권력을 해체하는 것이 다른 모든 것에 앞서는 역사적 과제라고 우리는 믿는다.

어떤 경우이든, 분명한 것은 박정희가 죽었다고 나라가 망하지 않았듯이, 삼성 노트북과 휴대전화를 쓰지 않고 다른 회사 제품을 쓴다 해서 나라가 망하지는 않는다는 사실이다. 그러므로 인간의 자유와 나라의 정의를 지키기 위해 이제 우리, 삼성은 더 이상 아니라고 말하자. 그리고 삼성 제품을 쓰지 않는 것이 고상한 인간의 품위와 교양의 징표가 되게 하자. 돈이 아니라 사람이 주인 되는 세상을 위하여!

제2의 '노무현'을 꿈꾸는가?
그럼, 삼성과 싸워라!

노무현을 추억하며

다시 5월이다. 올해는 5·18이 일어난 지 30년이 된 해이다. 또한 5
월은 노무현 전 대통령이 세상을 떠난 달이기도 하다. 그가 고향 마을 뒷
산의 부엉이 바위에서 세상을 등져버린 날이 5월 23일이었는데, 이 날
은 광주 시민들이 계엄군들을 몰아내고 기적과도 같은 '대동세상'을 열
어가고 있던 날이기도 했다. 그리하여 이후로 우리는 5월 18일에서 27
일까지 이어지는 광주항쟁을 기념하면서 그 한가운데 자리한 노 대통령
의 서거일을 늘 같이 기억하게 될 것이다.

어찌 우연이겠는가? 노무현은 5·18이 불러낸 사람, 광주가 선택한
사람이었다. 5·18이 그를 역사로 불러냈으니, 그가 마지막에 5·18의
품 안으로 돌아간 것도 너무나 당연한 일이 아니겠는가. 그렇다고 그가
5·18이란 역사에 단지 무동을 탄 채 살다간 사람은 결코 아니었다. 그
는 5·18이 피워낸 꽃이요, 5·18이 맺은 열매였으니, 역사에 큰 흔적을
남긴 모든 위인이 그렇듯이 그도 단순히 자기 시대의 부름에 응답했을

뿐만 아니라, 시대를 앞에서 이끌었던 사람이기도 했다. 그리하여 그가 떠난 시대를 살고 있는 우리는 그가 남긴 유산 위에서 다시 우리 시대를 만들어 나가야 한다.

하지만 그는 무엇으로 자기 시대를 넘어갔으며, 무엇을 우리에게 남기고 갔는가? 사랑이다! 그는 정치에 사랑이라는 낱말을 처음으로 퍼뜨린 사람이다. 정확하게 말하자면, 그는 사람들로 하여금 정치를 말하면서 사랑이라는 낱말을 같이 쓰도록 만들었던 사람이다. 이것은 그가 나타나기 전까지는 상상할 수 없었던 일이었다. 왜냐하면 오랫동안 이 땅에서 정치란 사랑의 대상이 되기엔 너무도 추잡하고 비열한 권력욕으로 오염되어 있었기 때문이다.

게다가 그가 등장한 시대는 적에 대한 광기어린 분노와 증오가 여전히 우리의 영혼을 지배하던 시대, 한 마디로 말해 사랑이 사치였던 시대였다. 그런 의미에서 '노무현을 사랑하는 사람들'의 출현은 어떤 제도적 혁명보다 더 근본적인 혁명이었다고 말할 수 있다. 오로지 분노와 적개심만이 넘실대던 정치판에 그가 한 번 사랑의 씨앗을 뿌린 뒤에 모든 정치인들이 앞다투어 대중들에게 사랑을 구하기 시작했으며, 대중들 역시 사랑하고 싶은 정치인을 갈구하게 되었기 때문이다. 그렇게 사랑을 정치의 근본적 운동 원리로 만든 사람, 그가 바로 노무현이다.

'노사모' 이후 '창사랑'(얼마나 어울리지 않는, 기괴한 이름인가?)에서 시작해 온갖 종류의 정치인 팬클럽이 우후죽순처럼 생겨난 것은 노무현이 우리에게 남긴 유산이다. 노무현의 아류가 되기를 원치 않는 〈진보신당〉의 노회찬, 심상정 같은 정치인들은 팬클럽 대신 연구소를 만들었지만, 노회찬 대표가 트위터에 알뜰한 정성을 쏟는 것을 보면 현실 정치판에서 백 개의 연구소가 하나의 팬클럽을 대신하지 못한다는 것을 그도 잘 알고 있음이 분명하다. 우리 시대는 사랑받지 못하면 정치에서 성공할 수 없는 시대이다. 어쩌면 사람들은 이명박 대통령을 보고 예외도 있다 할 것이다. 그는 전혀 사랑받지 못하고 대통령이 되었기 때문이다.

하지만 그것은 결코 까닭 없는 예외가 아니다. 뜨거워지기도 하고 식기도 하는 것이 사랑이다. 상스럽게 비유하자면 이명박은 노무현에게 실연당한 대중이 홧김에 서방질한 상대였다. 그러니까 그것 역시 사랑의 한 표현이었던 것이다. 다만 그 사랑이 자기 몫이 아니었던 것이 문제라면 문제였을 뿐. 이명박 씨가 누구에게도 사랑받지 못하고 대통령으로 선택된 것은 나라를 위해서도 비극적인 일이지만, 특히 그 자신에게 너무 큰 불행이다. 그가 권력자의 자리에서 내려오는 순간, 아무도 그의 파멸을 동정하지 않을 것이니, 그는 결코 운명의 심판을 피하지 못할 것이다. 그때가 오면 그는 사랑이 아니라 욕망을 부추겨 대중을 유혹했던 것을 땅을 치며 후회하겠지만, 자기가 뿌린 것을 거두는 것이니 누구를 원망하겠는가.

그의 운명이 나와 무슨 상관이랴! 다만 중요한 것은 이제 사랑이 한국 정치의 운동 원리가 되었다는 사실뿐이다. 하지만 새로운 것은 낯선 것이므로 늘 오해받을 수밖에 없는 운명 속에 있다. 여러 번의 오해와 시행착오를 거쳐 새로운 것과 친해진 뒤에야 비로소 사람들은 그것에 제대로 적응하게 되는 것이다. 노무현이 우리에게 남기고 간 사랑이라는 선물도 마찬가지이다.

그가 등장한 이후 수많은 정치인들이 그를 흉내 내었으나 제대로 뜻을 알고 흉내 낸 사람은 거의 아무도 없었다. 아니 도리어 그를 모방했던 정치인들은 대부분 '노무현 현상'을 오해했는데, 그 가운데서도 가장 심각한 것은 노무현의 등장 이후 정치인들이 대중들에게 사랑받는 것을 연예인들이 대중들에게 사랑받는 것과 같은 것이라 생각하고 너나 할 것 없이 연예인 흉내를 내기 시작했다는 것이다. 정치인이 목에 두른 스카프로 정책의 빈곤을 감추거나, 앞다투어 팬클럽을 만들어 사람들을 몰고 다니며, 티브이 화면에서 눈물을 찍어내는 연기를 하기 시작한 것은 모두 노무현을 오해했기 때문에 생긴 일이다.

하지만 노무현은 패션 같은 것은 모르는 사람이었고, 스스로 팬클럽을 만들 생각도 한 적 없으며, 국회의원 명패를 집어 던지며 거친 분노를 보일지언정 가식적인 눈물을 찍어내는 종류의 인간은 아니었다. 그렇다면 그런 노무현이 그토록 애틋하게 사람들의 사랑을 받았던 까닭이 무엇인가? 이유는 딱 하나다. 그것은 그가 '싸우는' 사람이었기 때문이다. 그는 무대 위에서 연기를 하는 사람이 아니라 현실의 악과 싸우는 사람이었으니 사랑받은 만큼 미움 받았던 사람이다. 그가 자기를 모방하는 모든 아류들과 구별되는 지점이 바로 여기이다.

연예인에게 '안티'는 백해무익한 독일 뿐이다. 하지만 정치인에게 '안티'는 자신의 존재 이유이다. 왜냐하면 정치, 특히 진보 정치란 현실의 악과 싸우는 일이기 때문이다. 세상의 악과 싸우는 사람은 반드시 세상의 미움을 사게 마련이다. 그러나 정치인이 시대의 불의와 싸우는 것은 또한 사람을 사랑하기 때문이니, 그가 크게 미움 받을수록 더 큰 사랑으로 보답 받게 된다. 오늘날 정치인들이 다만 미움 받는 것을 두려워하여 싸우려 하지 않고 연예인들처럼 오로지 대중의 환심만을 얻으려 애쓴다면, 어떻게 그들이 대중의 사랑을 얻을 수 있겠는가?

노무현의 한계

하지만 우리가 노무현 이후의 정치인들이 대중의 사랑을 받지 못하는 것을 염려하는 까닭은 그들 개인의 정치적 성공과 실패에 대한 관심 때문이 아니라, 한국 정치의 객관적 위기상황에 대한 염려 때문이다. 생각하면 반드시 노무현과 같은 의미에서 사랑의 대상이 되지 않는다 하더라도 정치인이 싸움을 통해 대중의 지지를 넓혀 나가는 것은 어디서나 볼 수 있는 일반적 현상이다.

다른 누구보다 한국의 민주화 운동의 역사와 함께 성장했던 김영삼과 김대중 대통령은 독재 권력과 비타협적으로 싸우면서 지지자들을 모으고 다시 그 힘으로 역사를 바꾼 사람들이었다. 정치인이 반드시 싸워야 할 시대의 악과 자기의 모든 것을 걸고 싸우는 모습을 보이면, 처음엔 구경꾼들이 모여들고 마침내 그들이 같이 싸우기 시작한다. 그러면 역사가 바뀌는 것이다.

그런 의미에서 오늘날 이 땅의 정치인들이 마치 투쟁의 시대는 끝났다는 듯이, 무엇과도 싸우려 하지 않고 연예인들처럼 대중의 환심만 사려 하는 것은 그들의 불행이기 이전에 시대의 불행이다. 왜냐하면 역사는 새로운 싸움을 통해 쇄신되고 진보하는 법인데, 정치의 광장에서 싸움다운 싸움이 일어나지 않으니 여기저기 분산된 싸움들 속에서 우리의 힘도 분산되어, 역사가 하나의 흐름을 이루지 못하고 우왕좌왕 하고 있기 때문이다. 하지만 그렇다고 우리 시대의 정치인들을 무턱대고 비난할 수도 없으니, 온갖 시대의 질병들이 하나로 만나는 어떤 근원을 찾아내는 것이 언제나 쉬운 일은 아니기 때문이다.

이 점에서 김영삼과 김대중은 행복한 정치인들이었다. 그들의 시대에는 우리 모두가 하나 되어 싸워야 할 대상이 너무도 분명했으므로, 정치인들이 시대의 근본 모순이 무엇인지 고민할 필요가 없었다. 그들에게 필요한 것은 생각보다는 결단할 수 있는 용기였다. 김영삼처럼 생각이 모자라고 어눌한 정치인이 성공할 수 있었던 것도 그에게 결단해야 할 순간에 결단할 용기가 있었고, 뛰쳐나가야 할 때 나갈 줄 알았던 저돌성이 있었기 때문이다.

이 점에서 볼 때 노무현은 그의 선배들보다는 불행한 사람이었다. 그는 아직 반독재 투쟁이 채 끝나지 않은 시대에 정치를 시작했지만, 그가 대통령이 되었을 때는 더 이상 반독재 투쟁이 시대적 과제가 아니었다. 1987년 6월 항쟁으로 적어도 절차적 측면에서 민주화가 이루어진 뒤 김대중 대통령과 함께 실질적 의미에서도 정권 교체가 실현되었으니, 더는 '독재타도'라는 구호가 사람들의 마음을 움직일 수 없었다.

그런 상황에서 노무현은 변화된 시대에 걸맞게 새로운 싸움을 시작해야만 했는데, 그가 온몸으로 부딪쳤던 새로운 싸움의 대상이 한편에서는 지역 문제였고, 다른 한편에서는 언론 문제였다. 지역감정의 문제라고 하든 아니면 보다 정확하게 호남 차별의 문제라고 하든 지역 문제는 한국 정치의 고질병이니, 노무현이 이것을 반드시 해결되어야 할 문제로 제기한 것은 조금도 비난받을 일이 아니다.

언론 문제도 마찬가지다. 민주주의의 본질은 주먹이 아니라 말이 지배하는 데 있으므로, 민주화된 사회에서는 말을 지배하는 자가 나라를 지배하게 마련이다. 현대 사회에서 말을 지배하는 자는 언론이다. 그런데 한국 사회에서 그 언론이 썩을 대로 썩어 있으니, 노무현이 이 문제를 해결하지 않고서는 민주주의를 결코 확고한 지반 위에 올려놓을 수 없다고 생각한 것은 정확한 현실 인식이었다. 그가 이런 문제들을 시대적 과제로 제시하고 임기 내내 그와 싸우기를 마다하지 않은 것은 그가 자신이 선 자리가 어디인지를 모르는 사람이 아니었음을 증명해 준다. 그는 자신이 새로운 시대의 문턱에 서 있음을 자각하고, 그에 걸맞게 새로운 시대적 과제를 제시하고 그와 맞서 싸웠던 것이다.

하지만 우리가 노무현이 불행했다고 말한 까닭은, 그가 새로이 설정한 싸움의 대상이 결코 새로운 시대를 근본에서 규정할 만큼 본질적이고 보편적인 모순은 아니었기 때문이다. 설령 지역 문제가 해소되고, 언론이 제정신을 차린다 하더라도, 신자유주의가 우리 사회를 지배하는 한, 이 땅에서 인간의 불행은 멈추지 않을 것이다. 하지만 노무현은 그것을 알기엔 너무도 순진한 사람이었다.

그는 지역 문제와 언론 문제의 이면에 더 크고 본질적인 문제가 있다는 것은 꿈에도 생각지 못하고 오로지 자기가 설정한 그 두 문제하고만 부딪치고 또 부딪쳤다. 그러나 아무리 그렇더라도 그가 신자유주의에 그렇게 속절없이 투항하지만 않았더라면, 그의 싸움은 민주화된 시대에 싸움의 전선을 새로이 넓힌 것으로 긍정적인 평가를 받을 수 있었을 것이다. 하지만 그는 표면의 적과 싸우면서 정말로 싸워야 할 본질적인 적에게 투항해 버렸으니, 그것이야말로 그의 불행이며 시대의 비극이었다.

노무현과 삼성의 개인적 관계가 어떠했는지, 그가 부산상고 선배였던 삼성 구조본의 이학수 본부장(당시)으로부터 언제부터 어떤 후원을 받았는지, 그리고 대선 과정에서 얼마나 많은 정치자금을 삼성으로부터 받았는지, 그런 것에 대해 우리는 알지 못하고 또 알고 싶은 생각도 없다. 그것은 중요한 일일 수도 있지만 사소한 일일 수도 있다.

하지만 그 내막이 어떻든 그가 삼성전자 진대제 사장을 정보통신부 장관에 임명하고 〈중앙일보〉 홍석현 회장을 주미대사에 임명했던 것은 우리가 다 아는 사실이다. 그런데 이 사실은 노무현이 〈조선일보〉와는 달리 삼성에 대해서는 아무런 문제의식도 없었다는 것을 모자람 없이 증명해 준다. 〈조선일보〉에 먹이를 주는 자가 삼성인데, 노무현은 〈조선일보〉에 대해서는 그리도 비타협적으로 싸울 줄 알았으면서, 그 배후에 웅크리고 있는 삼성에 대해서는 아무런 문제의식도 없었다. 그리고 이것이야말로 그의 한계였으며, 우리의 불행이었다.

그는 표면적으로 드러나는 여론의 왜곡과 검찰 같은 권력 기관의 부패와 권력 남용에 대해서는 예민한 감수성을 가지고 있었지만, 자본주의 경제 체제와 그것이 극단화된 신자유주의적 시장경제에 대해서는 아무런 문제의식도 없었다. 취임 초반부터 한국을 동북아 금융허브로 만들겠다면서 일관되게 신자유주의 정책을 추진했던 그는 마지막에 한미자유무역협정(FTA)을 밀어붙이다 청와대를 떠났다.

그 사이 부자들은 더 부자가 되고 가난한 사람들은 더 가난해졌다. 정상적인 사회였더라면 2000년 삼성자동차가 천문학적 손실을 내고 파산했을 때, 대우의 김우중 회장처럼 몰락했어야 할 삼성의 이건희는 최고의 부자가 되고, 대다수 국민들은 88만 원짜리 인생으로 전락해 갔다. 그 자신이 책임 없다 말할 수 없는 이런 상황 앞에서 그가 한 일은 마치 점령군 앞에 투항한 장수처럼 이제 권력이 청와대에서 시장으로 넘어갔음을 아무런 저항 없이 인정한 것이었다.

'기업국가' – 자본의 전사회적 지배

하지만 우리 시대의 불행은 그의 말처럼 권력이 시장으로 넘어갔다는 사실 자체에 있는 것은 아니다. 더 심각한 불행은 아직도 우리가 저 말의 의미와 심각성을 온전히 이해하지 못하고 있으며, 노무현이 그랬 듯이 우리 또한 새로운 권력에 속절없이 투항해 버렸다는 사실이다.

사회주의 국가에서는 국가 위에 당이 있다. 그렇다면 자본주의 국가 위에는 무엇이 있는가? 기업이다. 자본주의 국가는 본질적으로 기업국 가이다. 그것은 기업에 의한, 기업을 위한, 기업의 국가인 것이다. 지금 까지 이것이 은폐되어 왔던 까닭은 기업이 아직 충분히 자라지 못한 상 태에 있었기 때문이다. 기업이 국가의 테두리를 벗어나지 못한 채 국가 의 후견 아래 있는 동안에는 기업이란 국가를 구성하는 하나의 구성요소 에 지나지 않는 것처럼 보인다.

하지만 이는 사실이 아니다. 기업을 통한 생산이란 근대에 이르러 출현한 생산양식이다. 그런데 근대 국가와 기업의 관계는 비유컨대 근 대 국가가 달걀이라 한다면 기업은 노른자의 중심에 있는 배반(胚盤)과 같다고도 할 수 있다. 달걀 없이 배반이 없듯이, 근대 국가가 없었다면 근 대적 기업도 없었을 것이다. 기업화된 자본주의적 생산양식이 기능하기 위해서는 반드시 근대적 국가의 법질서와 군사력, 그리고 화폐 제도와 교육 제도 등이 요구되었기 때문이다. 기업은 근대 국가 속에서 잉태되 었으며, 근대 국가는 기업이라는 새로운 생명을 낳기 위해 형성되었다.

이런 의미에서 기업은 근대 국가의 목적이었다. 기업을 위한 국가가 근대 국가였던 것이다. 그런데 기업이 국가의 후견을 필요로 하는 단계 에서는 근대 국가는 기업을 위한 국가일 뿐 아직 기업에 의한 국가는 아 니었다. 그러나 지금은 기업이 자랄 대로 자라 마치 병아리가 알을 깨고 나오듯 국가의 테두리를 넘어가는 시대이다. 이 단계가 되면 기업이 국 가의 후견을 필요로 하는 것이 아니라, 도리어 국가가 기업의 후견을 필요로 하게 된다. 후견이란 지배의 다른 표현이니, 이 단계가 되면 국가는 단순히 기업을 위한 국가가 아니라 기업에 의한 국가, 곧 기업이 지배하는 국가가 된다. 이것이 지금 우리 시대 국가와 기업의 관계이다. 기업을 위해 국가가 존재하고, 기업에 의해 국가가 작동될 때, 국가는 전면적으로 기업에 동화된 기업국가가 된다. 다시 말해 국가 자체가 기업화되는 것이다. 우리 사회에서 유행하는 '민영화'라는 것은 '기업화'의 다른 이름이다.

과거에 공기업부터 국립대학까지 국가의 관리 아래 있던 공공적 기관이 민영화되는 것은 국가 자체가 전반적으로 기업화되는 과정에 다름 아닌 것이다. 하지만 이것이 왜 문제라는 말인가? 그것은 국가가 기업화되면 될수록 시민의 자유가 억압될 수밖에 없기 때문이다. 사회주의 국가에서는 당이 국가 위에 있는 것처럼, 이제 자본주의 국가에는 기업이 국가 위에 군림한다. 그렇게 되면 공산당이 국가 기구를 장악하고 프롤레타리아를 위한 독재를 한다면서 인민의 자유를 제한하는 것처럼, 아니 그보다 훨씬 더 독재적으로 기업국가는 시민의 자유를 억압하게 된다.

왜냐하면 기업은 공산당 이상으로 독재적인 조직이기 때문이다. 기업이 국가의 한 구성요소에 지나지 않는 단계에서는 기업이 독재적이든 아니든 시민의 정치적 자유는 지켜질 수 있다. 그 단계에서 시민들은 기업을 통해서는 경제적 필요와 욕구를 충족시키면서 국가적 삶의 지평에서 보다 고차적인 정치적 자유를 실현할 수 있기 때문이다. 하지만 국가가 통째로 기업화되어 기업의 지배 아래 놓이게 되면, 더는 시민들이 국가를 통해 정치적 자유를 실현하는 것이 불가능해 진다. 왜냐하면 국가 자체가 기업에 의해 도구화되고 노예화되어 버려 국가 자체가 더 이상 시민적 자유의 현실태가 아니기 때문이다.

이렇게 되면 시민들은 이전까지 누리고 있던 정치적 권리 역시 제한 받거나 빼앗기게 되는데, 지금 한국 사회에서 노동조합 활동이 실질적으로 불법화되고 집회와 표현의 자유가 갈수록 더 심각하게 위축되는 것은 단순히 대통령 한 사람을 잘못 뽑았기 때문이 아니라, 이 나라가 본질적으로 기업에 의해 지배되는 기업국가의 단계로 접어들었기 때문이다.

지금까지 사람들은 자유민주주의와 자본주의적 기업 활동의 자유가 마치 동전의 앞뒷면처럼 공존하는 것처럼 생각해왔다. 하지만 이제 이런 고정관념은 수정되어야 한다. 자유민주주의와 자본주의적 기업 활동은 양립 불가능한 모순과 대립의 관계에 있다. 왜냐하면 세상에서 가장 독재적인 조직이 기업이기 때문이다. 기업이 국가의 하부 단위일 때 기업의 독재는 기업 내부의 일로 묵인될 수 있었다. 그러나 기업이 국가의 실질적 지배자로 군림하게 된 지금 기업독재를 타도하는 것은 우리가 힘들여 이루어 온 자유민주주의를 지키기 위한 가장 절박한 과제이다.

삼성이 문제인 까닭이 바로 여기에 있다. 노무현 대통령은 권력이 시장으로 넘어갔다 말했지만, 그렇다고 시장이 나라를 지배한다고 말하는 것은 부정확한 말이다. 레이건 대통령과 함께 초창기 신자유주의 정책의 정력적 추진자였던 영국의 대처 수상은 모든 종류의 사회주의에 반대해 "사회는 없다"고 말한 적이 있었다. 그 말이 옳다면 동일한 전제로부터 우리는 이렇게 말할 수 있다. "시장도 없다!" 다만 개별 기업과 그 기업을 지배하는 자본가가 있을 뿐이다. 그러므로 실체로서 존재하지 않는 시장이 지배한다거나 권력이 시장으로 넘어갔다고 말하는 것은 잘못이다.

언제나 누군가가 지배한다. 그렇다면 지금 누가 한국 사회를 지배하는가? 삼성이 지배한다. 그리고 부당한 방법으로 삼성을 지배하고 있는 이건희가 한국 사회를 지배하는 권력이다. 모든 권력의 정당성은 지배받는 민중들 자신이 그 권력을 정당한 절차를 통해 위임했을 경우에만 인정될 수 있다. 하지만 우리는 삼성의 이건희에게 우리를 지배해 달라고 정당한 절차를 거쳐 권력을 위임한 적이 없다. 그럼에도 불구하고 그는 오늘날 한국을 실질적으로 지배하는 권력으로 군림하고 있으며, 우리가 아무런 저항도 하지 않고 이런 상황을 방치한다면, 이제 그의 자식이 대를 이어 우리를 지배하게 될 것이다.

삼성을 어떻게 할 것인가? 이제 정치가 대답하라!

정치가 다른 무엇보다 시민적 자유와 권리 그리고 평등을 지키기 위해 싸우는 일이라면, 삼성과 싸우는 것은 바로 지금 가장 절박한 정치적 과제이다. 단순히 무상급식이나 무상의료 같은 복지의 확대를 말하는 것만으로는 지금 한국 사회의 위기 상황을 타개할 수 없다. 보다 근본적으로 기업에 의한 시민적 자유의 억압을 정면으로 문제 삼고 그 기업독재의 정점에 있는 삼성과의 전면적인 싸움에 나서지 않는 한, 우리는 막힌 하수구를 뚫지 못하고 그 위에 소독약만 뿌리는 어리석음에서 벗어나지 못할 것이다.

그런데 지금 한국의 정치인들은 이 중요한 과제를 팽개친 채 모두 어디서 누구와 싸우고 있는가? 〈한나라당〉은 천안함 침몰을 계기로 늘 그랬듯이 북한과 싸우느라 여념이 없다. 마치 북한의 침략만 막아내면 자유민주주의가 지켜지기라도 한다는 듯이. 하지만 지금까지 이 나라의 우익 세력이 북한을 핑계로 내부에서 독재적 권력을 추구해 온 것은 우리 모두가 잘 알고 있는 일이니, 지금 그들이 기업독재를 막아주리라고 기대하는 것은 어리석은 일이다.

그와 마찬가지로 그런 〈한나라당〉의 독재와 싸운다는 〈민주당〉이나 〈국민참여당〉이 삼성의 기업독재를 막아줄 수 있으리라 기대한다면, 그것 역시 부질없는 희망이다. 그들이 김대중에 기대든 아니면 노무현에 기대고 있든지 간에, 그들은 이른바 신자유주의 정책을 통해 군부독재국가를 기업독재국가로 순조롭게 이행시켜 놓은 장본인들이다.

이런 사정은 〈민주노동당〉도 마찬가지이다. 투쟁하는 정당, 운동권 정당이라 각인되어 있지만 지금의 〈민주노동당〉은 외세와 싸우는 정당일 뿐, 삼성과 싸우겠다는 정당은 아니다. 그렇다고 해서 〈진보신당〉의 정치인들이 삼성과 싸우겠다고 나서지도 않으니, 과연 우리는 지금 이 나라의 정치인들 가운데서 누구에게서 다음 시대의 희망을 발견할 수 있겠는가?

모든 시대는 인간에게 새로운 과제를 제시함으로써 새로운 시대의 주인이 될 사람을 부른다. 오늘날 한국의 정치가 필요로 하는 새로운 정치인은 연예인 흉내를 내는 오렌지족도 아니고, 복잡한 정책을 말하면서 아는 척 하는 먹물도 아니며, 다만 아닌 것은 아니라고 말하는 용기를 가진 '싸움꾼'이다.

그런데 김용철 변호사의 책에 얽힌 뉴스가 〈뉴욕타임스〉의 대문에 걸리고, 〈프레시안〉에서 '삼성을 생각한다'라는 특집 기획이 한 달 이상 계속되도록 단 한 사람의 정치인도 이 문제에 대해 발언하지 않고 있다. 그러고도 당신들이 대한민국의 책임 있는 정치인이라 할 수 있는가? 우리가 당신들의 비겁한 침묵을 모르고 잊어버릴 것이라고 생각하는가? 진정으로 그대들이 이 땅의 책임 있는 정치인들이라면, 이제 삼성을 어

떻게 할 것인지 당신들이 대답하라! 삼성의 문제야말로 우리 시대의 가
장 중요한 정치적 문제이다.

김용철

죽은 정의의 사회

지금 대한민국에는 '정의'가 흘러넘치고 있다. 이명박 대통령이
여름휴가 때 읽었다는(?) 하버드 대학 교수 마이클 샌델의
『정의란 무엇인가』가 단연 화제이다. 석 달 만에 30만 부가 팔렸다는 샌델 교수의
책 홍보 동영상에는 이런 질문이 나온다. "만약 탈세로 처벌받지 않는다면
당신은 세금을 내겠습니까?" 그렇다면 이렇게 자문해 볼 수도 있지 않을까.
"단군 이래 최대의 탈세범을 제대로 한 번 법적으로
처벌해 보지 못한 채 대통령이 단독으로 특별사면하는 나라는 과연
정의로운 사회인가?" 전 국민이 『정의란 무엇인가』를 백 번씩 천 번씩 읽으면
이 나라에 정의가 찾아올까? 이건희가 건재한 한 그건 공염불이다.

김용철 사법시험에 합격하고 해군 법무관을 지냈다. 30대엔 인천, 홍성, 부산, 서울중앙, 부천 등지에서 주로 특수부 검사로 일했다. 40대엔 삼성에 입사하여 회장 비서실(구조본)에서 7년 동안 재무팀과 법무팀에서 일했다. 2004년 8월, 삼성 구조본 법무팀장을 그만뒀다. 50대엔 천주교정의구현 사제단을 찾아가 양심고백을 통해 삼성그룹의 비리를 세상에 알렸다. 그는 왜 인생의 안정기가 시작되는 시점에 결과가 뻔히 보이는 무모한 결심을 한 것일까. 이제 그의 이후 삶은 어떻게 전개될까. 여기서 시간을 뒤로 돌려보면, 76년 리영희 선생 재판정에 찾아갔던 열여덟 살의 법대생 김용철이 있다. 그 김용철은 사법연수원 수료 후 '죽도록 법전만 보며 살 텐데 마지막으로 하고 싶은 것을 해 보겠다'며 현장교육기관으로 〈한국일보〉 사회부 경찰 출입기자 생활을 자원했다. 나중 서울중앙지검 검사로 재직하면서는 전두환 비자금 사건을 맡아 쌍용 김석원 회장 집에 감춰진 거액의 비자금을 찾아내기도 했는데 이 일은 그가 검찰을 떠나는 계기가 되었다. 이런 그가 삼성을 고발하게 된 것을 '배신'으로 읽을지, '결국 그렇게 될 일'이 일어난 것으로 이해할지는 각자의 몫이다. 삼성 재판을 본 아이들이 "정의가 이기는 게 아니라, 이기는 게 정의"라는 생각을 하게 될까봐 두려워 썼다는 『삼성을 생각한다』는 소리소문없이 15만 부가 팔렸다.

죽은 정의의 사회

기억이 틀리지 않다면, 2008년 3월 우리 금융지주 주주총회장에서의 일이었을 것이다. 그보다 1년 전 나는 삼성이 그룹 차원에서 조직적인 방식으로 전·현직 임원들의 명의를 임의로 가져다 차명계좌를 만들고 이를 통해 거액의 비자금을 만들어 관리해온 사실을 밝힌 바 있었다. 2004년에 삼성을 퇴직한 뒤로도 내 명의의 우리은행 차명계좌에 3년 넘게 들어있던 50억여 원도 바로 그런 성격의 돈이었다. 그 자리에 참석했던 김상조 경제개혁연대 소장은 발언 기회를 얻어 금융 실명제를 정면으로 위반한 이 차명계좌 문제를 집중 추궁했다. 물론 책임 있는 답변이 나왔을 리 없다. 그런데 문제의 상황은 질문과 답변 사이에 일어났다. 김 소장의 추궁이 끝나기가 무섭게 현장에 있던 한 중년 여성이 자리에서 일어나 이렇게 항변하는 것이 아닌가. "삼성 비자금, 그거 자기 돈 갖고 자기가 만든 건데 뭐가 문제냐?"

나는 둔기로 뒤통수를 얻어맞은 것 같은 충격을 받았다. 그리고 지금까지도 그날의 그 기억은 내 뇌리를 떠나지 않는다. 이 글에서 내가 말하고자 하는 요지도 어쩌면 바로 이 에피소드 안에 고스란히 다 들어있다

할 수 있다. 백 보 양보해서 삼성 사람들은 그럴 수 있다 치자. 이건희 회장이 지닌 지분이 얼마든, 주식회사의 운용법칙이 어떻든, 삼성그룹에 속한 부와 재화는 다 그의 소유다, 그렇게 생각할 수 있다. 그 중에서도 비자금 관리자는 정말로 그와 같이 생각하여 자신이 하는 일이 범죄라는 사실을 애써 무시한 채 충성할 수 있다. 이 논리가 확장되면 자신의 인격과 존재 가치를 포함한 모든 것이 이건희 한 사람의 처분에 맡겨지는 것이 된다 할지라도 말이다.

그런데 만일 이것이 삼성을 벗어나 한국 사회 구성원들 대부분이 공유하고 있는 생각이라면 어떻게 되는가? 그 후로 나는 삼성 문제를 생각하거나 이야기하기 전이면 어김없이 다음과 같은 질문을 먼저 떠올리게 되었다. 지금 이 시대를 살아가는 우리는 법치와 정의라는 것을 진심으로 믿거나 판단의 기준으로 받아들이고 있는 것일까? 아니면 자기 돈 갖고 자기가 맘대로 하는데 뭐가 문제인가, 실은 이게 우리의 이면(裏面)을 지배하는 진심일까? 주주총회장의 그 여성만이 아니라, 혹시 이 나라의 대통령에서부터 행정관료, 정치인이나 검찰과 법관 등은 물론이고 이런 메인 스트림이 아닌 평범한 시민들까지도 삼성이란 기업이 오로지 이건희 개인의 소유물이라고 생각하고 있는 것은 아닐까? 이런 물음들을 제쳐두고서는 삼성의 변화 운운하는 지금 우리의 이야기들이 모두 공염불이 되지 않겠는가.

'삼성 특검' 이후 찾아온 '공정사회'

멀게는 삼성을 퇴직한 2004년 이래, 가깝게는 2007년 10월 18일 천주교정의구현전국사제단을 찾아가 나 자신이 저지른, 그리고 삼성이 저질러온 불법과 비리 사실을 고백한 이래 오늘에 이르도록 나는 내가 행한 증언과 나의 진정성을 믿어준 사회적 양심의 목소리들이 어떤 식으로 묵살되거나 조롱당하는지를 똑똑히 목격해 왔다.

2008년 1월 10일 간판을 내걸었던 '삼성 특검'과 이후의 재판 과정과 결과를 두고 나는 한마디로 그것들이 대국민 사기극 내지 희대의 코미디였다고 정의한 바 있다. 이들이 한 일이라는 게 이건희 일가와 그의 가신들이 저지른 불법과 비리들에 면죄부를 발급한 것 외에 아무 것도 없다고 여겼기 때문이다. 그러나 이러한 법적 절차는 단순히 이건희 일가에게 면죄부만 준 것이 아니었다. 이건희 일가가 훔친 장물이 피해자가 아니라 이건희 일가의 수중으로 들어가게 되고, 편법으로 삼성의 경영권을 이재용에게 넘겨준 것이 합법이라고 승인되는 순간 이제 이 상황을 변화시킬 수 있는 공적 수단은 사전적으로도 사후적으로도 사라져버렸다. 이는 자본주의 체제의 근간을 흔드는 혁명적 상황이 아니고서는 이건희 일가의 전횡을 막을 길이 없어져버렸다는 것을 의미한다. 이건 어느 모로 보나 코미디나 단순 사기극이 아니라 그 이상이다.

그 다음의 상황은, 우리가 지금 보고 있는 그대로이다. 지금 한국에는 '정의'가 흘러넘치고 있다. 발원지는 청와대이다. 오래 전 전두환과 노태우가 정약용의 『목민심서』를 옆에 두고 애독한다 하여 사람들을 웃겼던 것까지 떠올리지 않더라도, 노무현 전 대통령이 읽었다는 『칼의 노래』가 그러했고, 이명박 대통령이 여름휴가 때 들고 갔다는 하버드 대학 교수 마이클 샌델의 『정의란 무엇인가』가 단연 화제이다. 그리고 대통령이 8·15 경축사에서 '공정사회'를 화두로 던지자 이는 단박에 시대적 유행어가 되었다.

좋은 책이 널리 읽힌다는 것, 이는 물론 바람직한 일이다. 더구나 다른 무엇도 아닌 '정의'가 사람들의 주목을 받는 현상은 환영할 만한 일이 아닐 수 없다. 하지만 곰곰이 생각해 볼 일이다. 석 달 만에 30만 부가 넘게 팔린 샌델 교수의 책을 홍보하는 동영상에는 이런 질문이 나온다고 한다. "만약 탈세로 처벌받지 않는다면 당신은 세금을 내겠습니까?" 이 질문에 사람들은 어렵지 않게 대답할 수 있을 것이다. 그런데 단군 이래 최대의 탈세범을 제대로 한 번 법적으로 처벌해 보지 못한 채 대통령이 단독으로 특별사면하고, 그 동안의 노고를 위로한다고 청와대에서 만찬을 베풀어주는 현실에 대해서는 하나같이 입을 다문다. 우습지 않은가? 이게 바로 법학박사의 수가 3천 명이 넘고 법률가가 만 명을 넘어선 한국 사회에서 불고 있는 '정의 신드롬'의 실체이다. 이젠 신문만 펴면 너도 나도 입을 열어 '공정사회'를 떠든다. 이 사회의 주류 보수언론들은 삼성 불법 비자금 재판 과정 내내 삼성 임직원들보다 더 이건희 일가의 안위를 걱정하며 국가 경제 발전을 위한 결단이라며 이건희 사면을 쌍수 들어 환영했었다. 이처럼 정의를 내동댕이친 자들에 의해 외쳐지는 정의의 행진보다 더 지켜보기가 힘든 부조리극이 또 있을까?

우리 모두는 진심으로 정의로운 사회에 살기를 갈구하고 있는 것일까? 그래서 전 국민이 『정의란 무엇인가』란 책을 백 번씩, 천 번씩 읽으면 이 나라에 정의가 찾아오는 것일까? 평소 고마움을 느끼던 한 인터넷 매체가 요청한 토론회에 나가기 위해 나도 샌델 교수의 책을 한 번 읽기는 했다. 그런데 책을 읽고 나서 언젠가 저자를 만난다면 이렇게 묻고 싶어졌다. 우리가 알고 있는 미국 사회의 현실과 당신이 말하는 정의란 어떤 관련이 있는가? 금융위기가 시작되자 은행 대출금을 갚지 못해 중산층 사람들마저 대거 집에서 쫓겨나는 현실에서도 정부와 의회가 위기의 주범인 월스트리트의 금융 부자들에게 막대한 특별지원금을 안겨주는 나라. 돈이 없으면 병원에서 쫓겨나거나 길거리에 버려지는 나라. 햄버거 가게에서 소년이 총 맞아 죽는 나라. 정의를 독점하고서 다른 나라에서 대량학살을 자행해도 이를 정당화할 수 있는 나라. 이런 현실에 대해선 언급하지 않고 여러 가지 한계 상황에서 보다 정의로운 선택이 무엇인지를 찾아가는 그의 강의는 하버드 대학생들이라는 미래 미국 사회의 메인스트림 집단을 벗어나면 무슨 의미가 있는 것일까?

정의란 어떤 한계 상황과 맞닥뜨려 자신이 지닌 가치와 이념에 따른 선택이 최선임을 증명함으로써 확인되는 것이기도 하지만, 논쟁이 불필요할 만큼 자명한 것으로 간주되는 경우가 더 많은 법이다. 난파선이라는 극한 조건에서도 절대 동료를 죽여선 안 된다. 굳이 십계명을 들먹이지 않아도 남의 재산을 부당한 방법으로 훔쳐서는 안 되고 남의 여인을 범해서도 안 된다. 적어도 민주공화국의 법질서 안에서는 불법과 비리를 저지른 자는 설사 그가 대통령이라도 처벌을 받아야 마땅하다. 요컨대 이런 게 굳이 증명이 필요하지 않은 기본적인 정의의 원칙이다. 그런데 상식적인 정의의 원리가 21세기 한국 사회에서 왜 삼성과 이건희 앞에서는 모조리 철회되어버리는 것일까?

법이건 정의건 막론하고 삼성은 무조건 이건희와 이재용 부자의 소유다? 이건 조폭집단의 논리이지 정상적인 민주주의 국가에서는 허용될 수 없는 논리이다. 대한민국이 이명박 대통령의 소유가 아니듯이 삼성이 회장인 이건희의 소유는 아니다. 아무리 공정사회를 소리 높여 외쳐도 헌법 질서 위에 세워진 입법부와 사법부, 행정부가 돈을 앞세운 삼성 권력 앞에서 그저 말 잘 듣는 순한 양이 되는 이 나라는 죽은 정의의 사회인 것이다.

세 가지 거짓말

나는 정치인도 사회운동가도 아니다. 올해 2월 『삼성을 생각한다』를 출간하면서 나는 이 책이 세상을 향한 나의 마지막 말이 될 것이라는 생각을 했었다. 나는 한 개인으로서 내가 할 수 있는 일은 다했다고 생각했다. 2004년 삼성을 나온 뒤로 6년을 지내오면서 내 인생은 완전히 소진되어버렸다. 구속을 각오하고 공개적으로 삼성의 비리를 증언했고, 특검 수사와 재판이 허망하게 무위로 끝나는 것을 보면서 죽어도 좋다는 심정으로 책을 펴냈다. 책이 나오는 날 나는 이제는 잡혀갈 수도 있겠다는 생각을 하며 일하던 빵집도 그만 두었었다.

돈이 가진 위력이 어느 만큼이고 권력의 속성이 어떤 것인지 알고 있는 내가 굳이 이런 극단의 선택을 한 것은, 정의가 강물처럼 넘실대는 나라를 만들고자 하는 거창하고도 큰 뜻을 품어서가 아니었다. 스스로에게 부끄럽지 않기 위해 행한 나의 증언이 이 사회가 그래도 후손들에게 최소한 부끄럽지 않은 모습으로 남겨지는 데 도움이 되길 바랐을 뿐이다. 『삼성을 생각한다』의 말미에 나는 "반부패 시민혁명이 필요하다"는 말을 적어 넣었다. 그것은 깨어 있는 시민의 출현을 말한 것이었다. 형식적인 법의 굴레마저 벗어던지고 이건희가 다시 '기업의 신', '경제의 신'의 자리로 등극하는 것을 지켜보면서 나는 이제 오로지 시민들의 의식이 깨어나고, 그 의식이 행동으로 나타날 때만이 삼성 문제를 올바른 방향으로 해결할 수 있을 것이라 믿게 되었다. 삼성불매운동은 그 출발이 될 것이다.

불매운동이 시작되어 삼성의 매출 수입이 줄어들면 상여금을 못 받는다든지 해서 일차적으로 노동자들이 피해를 보고, 또 이것의 충격이

주가에 반영되면 소액 투자자들이 피해를 볼 것이라는 식의 염려를 하는 사람들이 있다. 그러나 과연 이런 일이 정말로 벌어지게 될까? 설사 그렇다 하더라도 이것이 문제의 본질이며 파국을 불러오는 근본 원인이 될까? 한 경제 관련 시민단체의 활동가가 나서서 "삼성이 망하면 삼성 임직원들은 어떻게 하느냐"고 걱정하는 것을 보면서 정말 그분에게 그런 질문을 하고 싶었다. 단순히 시장의 범주를 넘어 전 사회적 지배를 관철해 가고 있는 이 나라 최대 기업 삼성이 아직 본격화되지도 않은 불매운동으로 문 닫게 되리라는 우려를 서둘러 하게 되는 근거가 무엇인지 정말로 궁금했기 때문이다. 그러한 우려는 오히려 삼성 임직원들에 대한 모욕이 될 수도 있다는 생각은 들지 않는가? 그처럼 과장된 공포심은 역설적으로 삼성이 우리의 내면을 지배하는 절대 권력으로 자리 잡고 있다는 사실을 반증한다. 지난 3월 삼성그룹의 주인으로 화려하게 복귀하면서 이건희가 "지금이 진짜 위기다"라고 하자 신문들은 그게 마치 새로운 예언인 양 크게 받아 적었다. 삼성불매운동은 이 안하무인의 기업 집단 교주에게 우리의 운명을 언제까지나 의탁하게 만드는 이 공포심을 극복하는 데서부터 시작되어야 한다.

삼성과 관련된 거짓말 중에 사람들이 마치 진리처럼 믿고 있는 것이 대표적으로 세 가지가 있다. 하나는 삼성이 온 국민을 먹여 살리고 있다는 것이고, 둘은 삼성이 망하면 나라가 망한다는 것이고, 셋은 삼성을 자꾸 때리면 회사를 해외로 이전시킨다는 것이다. 첫 번째 것은 현실을 터무니없이 과장하고 있다는 것이 문제이고, 두 번째 것은 설명을 덧붙일 필요도 없는 거짓말이고, 세 번째 것은 노동자나 소비자가 어떤 요구를 할라치면 암암리에 유포되는 상투적인 협박이다.

과거 IMF 시절 삼성은 많은 기업들이 부도로 쓰러지는 상황에서 무리하게 자동차 사업을 벌이다 실패하여 국민 경제에 막대한 부담을 지웠다가 이번에 삼성생명을 상장함으로써 투자자들의 돈을 거둬들여 11년 숙원이던 부채 문제를 털어냈다. 자본주의 시장경제에서 순수 민간 기업으로서 이른바 '국민기업'이란 어디에도 없다. 특정 사기업에 국수주의적 애국심을 투영하는 잘못은 시장의 근본 원리와 기업 활동의 본질에 대한 심각한 오해에서 비롯되는 것이다. 기업은 어디까지나 기업일 뿐이다.

삼성은 실제로 고용 면에서 국내 노동력을 많이 고용하지 않는다. 수익이 늘어난다고 해서 기대만큼 고용을 늘리지는 않는다는 것이다. 실업률이 높아질 때마다 정부는 재벌 기업인들을 불러 고용 확대를 주문하지만, 기업하는 사람들은 이것을 정치적 제스처로 생각할 뿐 실은 언제라도 인건비 싼 곳으로 공장을 옮겨갈 준비가 되어 있다. 누가 뭐래도 수익이 안 나면 안 하는 것, 이것이 기업이고 기업인이다. 삼성이 나라를 먹여살리는데, 당장에라도 해외로 옮겨가면 어쩌나 하는 말들은 그저 부질없는 짝사랑일 뿐이다. 혹시 이런 문제제기는 할 수 있을 것이다. 경제개발 과정에서 국가가 제공하는 온갖 특혜와 세제 혜택 등으로 지금껏 막대한 부를 축적해 왔던 재벌 기업이 국민경제에 대한 일말의 고려 없이 갑작스레 해외 이전을 도모하는 것에 대해 정부가 혜택을 중단하는 방식 말이다. 그럴 경우 그것을 시도하는 순간 '좌파 정부'라는 비판을 감수해야 할 것이다.

값싼 노동력을 따라가는 공장 이전을 별개로 한다면 삼성은 결코 해외로 옮겨가는 일은 하지 않을 것이다. 이유는 한국 사회에서 누리는 혜택과 지원만이 아니라 앞서 삼성생명 상장의 예에서 보듯이 100퍼센트

내수에 의존하는 삼성 금융계열사들의 사업적 이익이 여간 막대한 것이 아니기 때문이다. 삼성은 이 특권과 수익을 포기할 리가 없다. 삼성 금융계열사들은 국민경제를 살찌우기보다는 철저히 내수 기득권에만 안주해왔는데 그 배경에는 불합리하기 짝이 없는 보험 약관 등의 문제가 있다. 예컨대 김대중 정부 시절만 해도 생명보험사의 상호회사적 속성 때문에 상장이익이 주주보다 계약자 몫이 컸던 배당 기준이 노무현 정부에 와서 계약자 몫을 0으로 박탈하고 주주 몫을 10으로 하는 방식으로 바뀌었고, 그로 인해 이명박 정부에 와서 이건희 등 주주들만 횡재하게 되는 상황이 벌어지게 되었다.

삼성 계열사들은 이제 금융점유율이 너무 높아 금융당국을 좌지우지하는 단계에 이르렀다. 새로 만들어지는 금융관계법령들은 삼성을 규제하기 위해서가 아니라 오히려 삼성을 위해서 탄생한다. 법이 일개 기업을 위해서 만들어진다면 정말로 큰 일이 아닌가? 그 나라 기업이나 정부는 결국 그 나라 국민의 수준을 반영한다. 3퍼센트 남짓한 지분을 갖고서도 총수요 오너라고 불리면서 그룹 전체를 주머니 안의 동전처럼 만지작거리며 '황제경영' 할 수 있는 나라와 국민을 왜 버리고 떠나겠는가? 헌법에 보장된 권리인 노조 설립의 권리를 대대로 박탈하고도 멀쩡히 글로벌 기업을 자처하고, 유사 이래 가장 큰 경제적 범죄를 저지르고도 버젓이 풀려나 도리어 모든 국민이 정직해야 한다고 훈계할 수 있는 이 기막힌 옥토를 버리고 그가 왜 다른 나라를 기웃거리겠냐는 것이다.

삼성은 대다수 사람들이 믿고 있는 바와 다르게 어쩌면 글로벌 생존력이 의심스러운 기업일 수 있다. 어떤 이들에게는 실례가 되는 말이겠지만, 삼성그룹에는 변변한 전문경영인이 없다. 삼성에선 서비스 업종 사장을 하다가 제조업 사장을 한다 할지, 금융사 사장을 수의사 출신에게 맡긴다 할지, 임학과 출신이 신라호텔 사장이나 화학사 사장이 된다 할지, 그 사람의 전문성이나 CEO로서의 적합성이 아니라 다른 한 가지 기준에 의해 자리에 앉거나 퇴출된다. 그 한 가지 기준이란 이건희 회장에 대한 충성심이다. 이렇듯 덩치만 글로벌하게 커졌지 제대로 된 경영자 하나 키우지 못한 것이 삼성의 실상이다.

국민기업이란 말에 더 이상 속아서는 안 된다. 더구나 그런 허위의 언어 때문에 우리들 스스로가 위축되어서도 안 된다. 내가 아는 한 삼성이 망할 때까지 불매운동을 해야 한다고 주장할 몰지각한 사람도 없겠지만, 숱한 문제를 안고 있는 한국의 재벌 구조가 해체되고 계열사들이 독립하여 정상적인 기업으로 살아남을 수 있는가는 어디까지나 해당 기업이 지닌 자생력의 문제이다. 자본주의 시장 원리와 법질서에서 벗어나지 않으면서 자신이 가진 경쟁력으로 기업을 키워가야 하는 것은 어떤 기업도 피해갈 수 없는 지극히 기본적인 생존 명제이다.

1퍼센트의 유혹을 뿌리칠 수 있다면

삼성불매운동은 시민의 의식을 바꾸어 공동체적 가치를 추구해 나가는 계기를 만들어내는 운동이라고 생각한다. 그것을 하지 못하면 이 운동은 성공할 수 없을 것이다. 내가 반부패 시민혁명이라 부르는 이 운동은 프랑스 혁명처럼 인구의 10분의 1의 피를 요구하는 혁명도 아니고, 특정 기업을 근거 없이 비방하거나 파괴하는 것을 목적으로 하지 않는다. 그것은 지극히 기본적인 경제적 정의와 법질서가 우리 사회에 세워지기를 바라는 희망에서 시작되는 운동이며, 이를 통해 우리의 삶이 기업에 종속되는 것이 아니라 자존과 긍지를 회복하는 것을 지향하는 운동이다. 그런 까닭에 불매 자체보다 우선 의식이 문제이고, 우리 사회의 근본 문제가 무엇인지를 아는 게 보다 중요하다.

내가 거듭 삼성의 금융지배에 대한 우려를 이야기하는 것은 그것이 공동체의 생존 방식과 아울러 우리의 일상적 삶과 직결되어 있기 때문이다. 국가 정책에 대한 신뢰가 부족하며, 복지 기반이 취약하고, 위험 사회의 성격이 강할 때 민간 보험의 수요는 커진다. 그럴 때 그 사회 구성원들의 삶은 '요람에서 무덤까지' 민간 금융기업의 영향권 아래 놓이기 십상이다. 문제는 이러한 금융기업들이 이윤의 극대화를 위해 정부의 금융 정책을 왜곡시키거나 민생과 직결된 기본적인 복지 정책을 허물어버리려 할 때 생겨난다. 내가 지난 5월 프레스센터에서 가진 비공식(?) 외신 기자 간담회에서 유럽 연기금을 포함하여 공적 펀드들이 한국에 너무 많이 투자되는 것도 한국 사회를 좀먹는 대형 범죄를 돕는 것이니 투자를 재고해 달라고까지 요청했던 것도 바로 그 때문이었다.

삼성은 비자금으로 관련 국가 기구에 대한 뇌물 공여와 매수 등의 방법을 통해 금융 감독 기능을 무력화시킴으로써 전적으로 내수에 의존하는 금융 관련 사업에서 조 단위의 수익을 올려 왔다. 삼성 특검에서도 확인된 바 있지만, 삼성화재의 미지급 보험금 및 렌터카 비용 무단 횡령 사건에서 보듯이 삼성은 회사가 거둔 수익금만 비자금으로 빼돌리는 것이 아니라 고객의 돈을 갈취하는 일도 서슴지 않는다. 그럼에도 삼성화재의 시장점유율이 50퍼센트가 넘는다는 것은 무엇을 의미하는가. 자동차 보험만 하더라도 2위에서부터 16위까지 모두 합친 게 삼성화재만도 못하다. 애니카 서비스가 다른 곳보다 월등히 우수해서 그러냐는 거다. 삼성의 독주가 관철되는 데는 분명 다른 이유가 존재한다.

다른 예를 들어, 삼성카드는 영세사업자들에게 3.6퍼센트의 수수료를 받는데 보너스 카드 가맹점이라면 여기에 1.5퍼센트를 더해서 5.1퍼센트라는 높은 수수료를 받는다. 그런데도 사람들은 삼성카드를 많이 쓰고 사업자는 이를 외면할 수가 없는 실정이다. 이유는 소비자에게 되돌려주는 보너스 포인트 1퍼센트의 유혹 때문이다. 결국 한국 최대 기업이 운영하는 삼성카드가 돌려주는 1퍼센트의 돈 때문에 소비자들은 재벌 기업이 영세사업자들에게 고리를 뜯어내는 잔인한 갈취 행위를 방조하는 것이다. 문제는 2만 개가 넘는 요식업자들이나 다른 자영업자들이 은행계 카드보다 1퍼센트나 높은 수수료를 받는 것에 대해 삼성카드 측과 협상이라도 해야 하는데 무슨 이유에선지 그러질 않는다는 것이다. 마찬가지로 삼성물산이 지은 아파트는 과거에는 그다지 인기가 없었다. 그런데 IMF 이후 래미안 딱지만 달면 똑같은 시공사가 지은 아파트인데도 5백만 원 가량을 더 받을 수 있게 되었는데 이것은 또 왜 이런가. 삼성이 지은 아파트에 살면 또 하나의 삼성 가족이 되었다고 믿게 되는 것에 대한 비용인가? 이런 실체도 없고 실속도 없는 허구적인 환상과 이미지들이 사람들의 의식과 소비 행위를 지배하는 사회, 이제 이 시대의 교양인이라면 우리 자신의 자화상을 냉철하게 볼 필요가 있지 않겠는가?

'윤리적인 소비' 라는 말이 있다. 이는 직접적으로는 환경을 파괴하거나 사람의 인체와 생명에 위해를 가할 수 있는 제품을 거부한다는 의미를 갖지만 그러한 성격을 갖는 특정 상품들만을 대상으로 하지는 않는다. 적어도 현대 민주주의 사회의 소비자라면 시장에 놓인 상품의 품질이나 화려한 외양만이 아니라 그 상품을 내놓은 기업이 그 사회가 지향하는 민주주의와 공동체의 가치에 합당한 기업 행위를 하고 있는가 하는 것도 선택의 중요한 기준이 되어야 마땅하다. 요컨대 하이닉스반도체 공장에선 백혈병 같은 암이 안 생기는데 왜 삼성반도체 공장에선 수십 명이 발병하고 20대의 젊은 노동자들이 목숨을 잃는가? 이 사회가 인간다운 공동체라면 소비라는 주요한 선택적 행위에서 이런 질문들이 던져지지 않는 것이 오히려 이상한 노릇이다.

과거 삼성의 20만 직원 중에는 장애인이 한 사람도 없었다. 최근에 와서 장애인 사업장을 만든다 어쩐다 하지만, 불과 얼마 전까지만 해도 장애인을 고용하느니 차라리 과태료를 무는 길을 선택했던 기업이 삼성이었다. 삼성에 근무하던 시절 카메라 조립 라인을 방문했다가 여성 노동자가 한 명도 없다는 사실에 깜짝 놀란 적이 있다. 출산휴가나 육아휴가 등등의 여성보호조항 때문에 여성을 채용하지 않았기 때문이다. 삼성 불매운동에 거는 우선적인 기대는 이런 부도덕한 기업이 만든 물건을 쓰는 것을 주저하고 부끄럽게 생각하는 사회 분위기가 만들어지는 것이다. 삼성의 제조업은 반도체, LCD 등 부품이 주력이므로 소비자로서는 선택적 불매가 어렵지 않는가는 이야기를 자주 듣는다. 우리가 하려는 불매운동은 원리주의 운동이 아니며 누군가를 비난하는 것에 시간을 소비할 까닭도 없다. 그러나 소비자 접점품목으로서 완제품인 핸드폰, 디지털카메라, 노트북, 컴퓨터, 프린터, 복사기, 텔레비전, 냉장고, 에어컨, MP3 등은 비슷한 수준의 대체 상품들이 있기 때문에 불매운동의 대상이 될 수 있다.

생활 주변을 찬찬히 돌아보면 굳이 삼성 것이 아니어도 되는 물건들이 적지 않다는 사실을 알게 될 것이다. 가정에서 또는 가게나 사무실에서 에스원의 세콤(SECOM)이나 CCTV, 그리고 이재용이 대주주인 비상장사 서울통신기술의 가정용 디지털 도어록, 하이패스 단말기 등도 그런 것들이다. 언젠가 한 지방 국립대에 갔을 때 목격한 사실이 하나 있다. 둘러보니 그 대학은 교수실마다 모두 세콤이 설치되어 있었다. 나는 우선 한심하다는 생각이 들었다. 연구실에 들어가고 나가는 것이 초단위로 모두 근거가 남는 그 설비는 도대체 누구를 위한 것일까? 그것도 사기업체에다 프라이버시에 해당될 수도 있는 그런 기록들을 맡겨두는 것은 인권침해의 소지는 없는 것일까? 또 다른 문제도 있다. 그 보안 시설들로 인해 대학 내 나이 든 경비직 직원들을 다 해고시켜 버렸다는 것이다. 일자리를 늘려야 할 판에 국공립대학이란 곳이 버젓이 그런 일들을 행하고 있는 것이다. 이와는 대조적으로 내가 아는 성당의 주임 신부님은 경비원들을 쫓아내지 않기 위해 세콤을 안 단다. 하이패스도 안 하는데 그건 톨게이트 직원이 잘릴까 봐서이다.

이건희가 자기 일가의 집이나 삼성그룹 전체의 경비를 에스원에 맡기고 자신의 왕국을 캡티브만으로 유지하는 것은 상관할 일이 아니라고 해 두자. 그러나 삼성의 범위를 넘어 우리들의 일상생활이 이루어지는 대부분의 장소와 나아가 심지어는 군사 시설에 대한 경비까지도 사기업체인 삼성에다 맡기는 세상, 생각하면 이건 끔찍한 일이 아닌가?

이 땅의 젊은이들에게 – 부디 파우스트의 거래를 하지 않기를

어떤 사람들은 나를 자신을 먹여 살려준 고마운 기업을 저버린 배신자라 부르고, 다른 어떤 사람들은 용기 있는 내부고발자라 부르기도 한다. 내게 붙여지는 이 이름들은 물론 내가 선택하거나 거절할 수 있는 것들이 아니다. 배신자라는 낙인이야 거기에 담겨 있는 적대감의 성격이 워낙 분명한 것이니 시간이 흐르면서 점점 초연해 질 수 있지만 오히려 무심히 던져지는 내부고발자라는 호칭이 어느 순간 불편하게 다가올 때가 있다.

내가 말이나 기록으로 남긴 증언이 삼성에 관한 진실의 전부는 아니다. 삼성이라는 거대 기업과 이 기업을 이루는 사람들의 행위가 어찌 내가 쓴 한 권의 책에 담긴 이야기들로만 구성될 수 있겠는가. 그럼에도 적지 않은 사람들이 내가 뚫어놓은 구멍을 통해 본 것들을 가지고 모든 것을 알게 된 양 이야기하는 것을 들을 때가 겉으로 표현하긴 힘들지만 내 속에서 체념과 좌절감이 깊어질 때이다. 정작 삼성과 자신의 삶을 결부시키는 데는 관심이 없는 이들의 시선은 다시 나를 향한다. 그 시선에는 내부고발자를 향한 의심의 빛이 어른거린다. 한마디로 그것은, 너는 그 호화로운 왕국의 밀실에서 무엇을 하며 지냈느냐는 무언의 질문이다. 나는 이미 삼성에서 일하던 7년 동안 내가 이건희 일가를 위해 한 일들이 무엇이며 어떤 생활을 했는지 충분히 이야기했다고 생각했다. 그러나 내가 새삼 깨닫게 된 것은 이것이 끝이 아니었다는 사실이다. 내부고발자는 이미 증언한 내용 말고도 끝도 없이 자신의 인간적 진정성을 입증해야 하는 부담 속에서 살아가야 하는 존재이다.

때로 누군가가 내 입에서 나온 나의 말로 내 뺨을 때릴 때면 마음 아프지만 그건 필시 신중치 못한 나의 성격과 부족한 수양이 불러들인 결과일 거라 생각하며 흔들리는 마음을 다잡곤 한다. 나는 두 개의 갈등하는 나 가운데 하나를 오랜 시간 잊고 살아왔다. 그 하나는 리영희 선생의 재판정에 찾아갔던 열여덟 살 풋내기 법대생의 마음을 지닌 나다. 그날의 내가 있음으로 해서 검사로 부임했을 때 역사의 죄인이 되는 공안검사는 맡지 않겠다고 공언할 수 있었고, 특수부 검사로 일하는 동안 누군가의 눈치를 살피거나 부끄러움을 느끼지 않고 주어진 일에 몰두할 수 있었다. 그런데 나는 그런 나와 언제부터 슬그머니 멀어져 가게 되었던 걸까?

'파우스트의 거래' 라는 말이 있다. 괴테의 희곡 속 주인공 파우스트는 끝없이 방황하지만 멈추지 않고 진실을 추구한 대가로 신의 구원을 받으나, 젊음의 권능을 얻기 위해 그는 악마 메피스토펠레스(Mephistopheles)에게 영혼을 팔았다. 나는 언제부터 영혼의 목소리를 멀찍이 밀어둔 채 생활의 안락에 빠져들게 되었을까? 자신의 선택에 운이 따르고 모든 것이 자기 능력에 대한 대가라고 여기는 동안에는 내가 빠져 나오기 힘든 덫에 걸렸다는 생각을 하지 못했었다. 그것을 깨닫게 되면서부터 그다지 좌절의 경험이 없던 나의 자긍심은 여지없이 속으로부터 멍들어 갔다. 어쩌면 몸이 더 먼저 반응하기 시작했는지 모른다. 어느 날은 하루 종일 코피가 흘렀고 피비린내가 가시지 않는 입에 한주먹씩 약을 털어 넣을 때마다 나는 휴지처럼 구겨진 내 삶을 확인해야 했다. 돈으로 세상의 권력을 다 살 수 있다고 믿는 자들이 내 손에 적지 않은 액수의 돈을 쥐어줄 때마다 소비의 자유가 주는 달콤함과 사육당하고 있다는 자의식 사이에서 괴로워해야 했다. 마침내 임시로 빌려 입은 옷을 벗어던져야 한다고 결심하게 되었을 때 내 내면의 거울 속에는 놀랍게도 영영 잃어버린 줄만 알았던 열여덟 살짜리 내가 서 있었다.

반듯한 삶이 무엇일까라는 물음에 대한 답은 어려운 게 아니다. 일에 충실할수록 보람도 커지는 삶이 바로 그것이다. 구겨진 삶을 바로잡기 위한 나의 선택은 단순하게도 낯익은 자리로 되돌아오는 것이었다. 나는 이 자리를 다시 찾게 해준 열여덟 살의 나에게 감사한다.

비유하자면 이제 나는 세월과 세태를 거슬러 거꾸로 뛰기 시작한 셈이지만, 세상은 하루가 다르게 내가 한때 머물렀던 물신의 세계를 닮아가고 있다는 느낌을 지울 수가 없다. 삼성에 대한 고발과 증언이 탈락자의 보상심리 같은 것 아니냐는 시선과 마주칠 때면 나는 황당함을 금할수가 없다. 내 손에 남겨진 유일한 자산이 지금은 무용지물에 불과한 변호사 면허증 하나이지만, 나는 어렵게 얻어낸 이 고달픈 행복감을 삼성에서 누리던 안락과 바꾸고 싶은 마음이 추호도 없다.

지금 나는 한 지방대학의 대학원에 입학하여 학문 중에서 제일 돈이안 된다는 철학을 공부하기 시작했다. 이 늦은 공부길이 순탄할 것이라고는 생각하지 않는다. 앞으로도 나는 내 속의 두 자아 사이에서 여러 차례 갈등을 겪게 될지도 모른다. 그러나 나의 이성은 인간 구원을 위해 일생을 헌신하겠다는 사제들마저 강북 변두리 출신이 아니라 강남 8학군출신으로 채워져 가는 세상을 결코 승인하지 않을 거라는 확신은 있다.진보 그룹의 저명한 인사들마저 자식은 삼성에 입사시키기를 바라는 오늘이 지속되면 얼마 지나지 않아 우리는 선택의 자유가 완벽히 제거된끔찍한 탐욕의 세계와 맞닥뜨리게 될 것이다. 이 현실을 되돌리는 데 도움이 되는 일이라면 나는 어떠한 일도 마다하지 않을 것이다.

그 일 가운데 하나는 이 땅의 젊은이들에게 이야기를 건네는 것이라생각한다. 나는 부의 크기가 권력의 크기라고 믿는 것이 신앙인 물신의왕국을 목격한 사람이다. 그 왕국에 속한 사람들은 하나같이 세상에 돈으로 움직일 수 없는 것은 없다고 생각한다. 그러니까 그들은 돈으로 안되는 일이 생기면 답답해한다. 이런 삼성이 이 땅의 젊은이들이 안간힘으로 도달해야 할 천년왕국일 수 있을까? 얼마 전 어떤 젊은이가 내게 삼성은 어떤 곳인지 한마디로 말해달라고 한 적이 있다. 나는 잠시 생각하다가 그 무렵 한 인터넷 매체에서 접한 다른 이의 이야기를 빌어 답했다.

"삼성이 사람을 참 독하게 만들어요." 삼성반도체에서 일하다 백혈병으로 죽은 고 황민웅 씨의 부인 정애경 씨가 인터뷰에서 한 말이다. 아마 나도 그랬을 것이다. 삼성을 그만두고 나와서 조용히 3년을 살았었다. 계속 고개를 숙이고 살면 되는데, 그게 도무지 가능하지가 않았다. 삼성은 자신들의 실체를 알고 있는 내가 새로 시작한 직장도 나가지 못하게 만들었고, 나는 참지 않았다. 그것이 싸움의 시작이었다.

이 땅의 젊은이들이 부디 삼성이라는 물신과 파우스트의 거래를 하기 않기를 빈다. 그대들의 소중한 영혼을 넘겨주기에는 그들의 손이 저지른 죄가 너무 크고도 많다.

황광우

노무현 대통령 취임사의 비밀은? 외

노동에 대해 예의를 갖추지 않는 사람은 인간을 존중하지 않는 사람이다.
삼성의 탈세도 용서할 수 없는 범죄지만, 삼성의 무노조만큼
미개하고 잔혹하며 오만방자한 짓도 없다. 천하의 장사꾼 이건희가
자신의 상품에 대해선 가격 결정의 절대자유를 부르짖고선 노동자들에겐 노조를
인정하지 않는 것은 21세기 세계사에 길이 기록해 놓아야 할
삼성의 우스꽝스런 얼굴이다. 오늘의 미노타우로스(Minotauros)는 삼성이다.
역사는 이 괴물을 처치할 용사 테세우스(Theseus)를 부르고 있다.
우리의 진정한 민주주의는, 오직 '노동의 아들, 딸로 구성된 정치세력'이
출현했을 때만이 품을 수 있는 미래요, 꿈이다.

황광우 　1980년대는 이름에 시대의 흔적을 새겼다. 평범한 이름 석 자가 '민주화의 상징'이 되기도 했고, '빨갱이의 수괴'가 되기도 했다. 수많은 가명과 필명이 탄생했고, 작명 과정에서 후일담이 넘쳐났다. '정인'이란 그의 필명은 80년대 곳곳에 발자국을 찍었다. 시대의 고민과 나아갈 길을 제시한 『소외된 삶의 뿌리를 찾아서』, 『들어라 역사의 외침을』 등은 당대의 필독서였다. 그 무렵 번역한 『경제사상사』와 『경제학의 기초이론』 등도 마찬가지였다. 20대에 예수와 마르크스를 만난 건 행운이었다. '독재타도' 삐라를 돌리다 1979년 수감됐다. 한겨울에 담요 두 장을 깔고 바깥바람에 맞서던 감방에서 그는 성경을 통해 예수를 만났고, 폴 스위지의 『자본주의 발전 이론』을 몰래 반입해 마르크스를 배웠다. 낮은 곳에서 고통 받는 이들을 위해 헌신한다는 점에서 예수와 마르크스는 통했다. '역사가는 역사 밖에서 역사를 보지만, 실천가는 역사 속에서 역사를 만진다'며 감옥에서 나온 그는 노동운동에 뛰어들었다. 90년대에는 진보정당운동에 앞장섰으며 2002년에는 〈민주노동당〉 중앙연수원장을 역임하기도 했다. '자본에는 인간의 심장이 없다. 모든 것을 돈벌이의 대상으로만 보는 자본의 마수에 사로잡히면 보이는 게 없어진다'고 믿는 그는 낙향하여 꼭 필요한 것만 가지고 사는 무소유의 삶을 살고 있다. 한때 폐기종으로 하루 15시간씩 산소호흡기를 끼고 살았던 그가 몸을 일으켜 자본가 이건희를 비판하는 글을 한달음에 썼다.

노무현 대통령 취임사의 비밀은?

어떤 초대장

1998년, 늦깎이 복학생이었던 나는 대학을 졸업하기 위해 안간힘을 쓰고 있었다. 지금은 유명을 달리 하신 노(老)교수의 연구실에 들러 이런저런 한담을 즐기던 중, 선생님의 책상 위에서 낯선 청첩장 하나를 보았다. 얼른 열어 보았다. 삼성경제연구소가 주최하는 세미나 자리에 교수가 초대된 것이었다. 나는 다짜고짜로 "교수님, 교수님마저 이런 데 다니면 어쩌자는 거예요?" 추궁하였다.

내가 목격한 것은 그야말로 한 장의 초대장에 불과한 것이어서 그냥 별 것 아닌 일로 넘어가도 좋을 일이었건만, 마음이 순결한 노교수님은 서푼어치 비리를 나에게 털어놓고야 말았다. 이날 목격한, 그 하찮은 청첩장 한 장은 나에게 '거대한 부패의 거미줄'을 드러낸 징표로 다가왔다. 재벌 체제의 해체를 주장하는 이른바 '민중운동진영'의 교수에게마저 삼성의 작업이 진행되고 있다면, 도대체 대한민국의 지도층 인사들 그 누구 하나 삼성의 범죄로부터 자유로운 사람이 있을 것인가! 몸이 오싹해 졌다.

경제학을 배우다 보니, 삼성경제연구소의 싱크탱크들의 강의를 자주 접하였다. 삼성경제연구소의 임원을 지내신 모 교수로부터 한국경제론을 수강하였고, 그분의 '동북아물류중심국가론'을 재미있게 들은 적이 있었다.

"동경과 북경 사이를 통과하는 원을 그어 보라. 희한하게도 이 원의 중심에 서울이 위치하지 않은가? 21세기 세계 경제를 주도하는 경제권은 한·중·일 동북아시아권이 될 것이다. 만일 일본과 한반도를 해저 터널로 잇고, 나아가 남북을 자유로이 왕래하는 철로가 열린다면, 명실상부하게 서울이 동북아 물류의 중심이 아니 되리라는 법은 없을 것이다. 여기에다가 한반도를 관통하는 철로가 길림으로 북경으로, 블라디보스톡으로 이르쿠츠크로 이어진다면? 부산에서 김밥 도시락 하나 챙긴 다음 모스크바로 파리로 런던으로 여행하는 시대가 불가능한 꿈만은 아닐 것이다." 이런 강의를 재미있게 들은 기억이 있다.

광주는 이 나라 민주주의를 상징하는 도시였다. 그런 광주 시민의 염원으로 대통령이 된, 고(故) 노무현 전 대통령의 취임사는 나의 머리를 둔기로 내리쳤다. 취임사의 절반이, 내가 학교에서 익히 들었던, 동북아 물류중심국가론이었다. 이것, 누가 써준 원고냐?

2002년 대선에서 분명히 삼성은 노무현을 반대했다. 어떻게 해서 자신을 반대한 세력의, 그것도 가장 반노동자적인 재벌의 앵무새 노릇을, 그것도 단 한 달 만에 자임하는 일이 벌어질 수 있다는 말인가?

아니나 다를까, 신임 대통령은, 우리 서민들이 듣기에 참 답답한 말씀을 많이 하였다. "대통령 못 해 먹겠다." - '대통령이 무슨 애들 반장이람?

2003년 나는 『레즈를 위하여』를 발간하면서 답답한 마음을 이렇게
토로하였다.

나는 노무현 대통령이 남한 부르주아지의 국가주의를 폐기하고
자 나온 사람이 아니라 그것을 완성하기 위하여 나온 사람이라고 본
다. 취임사의 절반이 동북아의 중심 국가, 대한민국의 미래를 찬양
하는 수사로 덮여 있었다. 그는 자랑스럽게 전임 대통령들을 옆에
모시고 그들과의 단절이 아닌 그들의 계승을 선언하였다. 대한민국
을 선진 강국으로 만들자는 이 사상이 무엇이 나쁘다는 말인가? 하
지만 국가주의는 성장주의를 동력으로 삼는다. 그리고 성장주의는
민중의 희생을 전제한다. 성장주의는 경쟁의 심화를 의미하며, 사회
의 비인간화, 황폐화를 예고한다.

말은 맞는 말이다. 그런데 내가 읽어도 재미가 없다. 왜 이렇게 재미
없는 글을 쓴 것이냐? 요는, 문제의 '남한 부르주아지'가 추상적 개념이
었던 것이다. 구체성이 없는 단어, 생명이 없는 단어였다. 왜 나는 '삼성
의 지배'라고 못 박지 못하였던가?
나는 '삼성이 대한민국을 체계적으로 말아 먹고 있음'을 직감했지
만, 섣불리 공언할 수 없었다. 노무현과 그의 사람들이 삼성에 의해 체계
적으로 관리되고 있음을 입증할 '증거'가 내게 없었다.

노무현 대통령 취임사의 비밀은?

2005년, 마침내 비리의 물꼬가 터졌다. 노회찬 전 의원이 삼성의 X
파일을 공개한 것이다. 대한민국은 참 희한한 나라다. 어렸을 때부터 나
는 간첩을 발견하는 즉시 신고하라, 간첩을 신고하면 거액의 포상금을
준다는 교육을 받고 자랐다. 1996년 충남 부여에서 출현한 무장공비 김
동식은 내가 신고한 간첩이었다. 그런데 준다는 포상금은 오간 데 없고,
이 일로 안기부에 6개월 동안이나 불려 다니는 고초를 겪었다.

노회찬도 마찬가지였다. 삼성이 벌여온 문제의 '뇌물 공여' 테이프
에 입각하여 노 의원이 관련 인물들을 공개하자, 검찰은 오히려 노 의원
을 고소하여 버렸다. 잡으라는 범인은 잡지 않고, 잡으라고 신고한 시민
만 못 살게 군 애꿎은 사건이었다.

『삼성을 생각한다』라는 책이 나왔다. 달포 동안 살까말까 망설였다.
솔직히 말하여 나는 폭로물은 좋아하지 않는다. 일종의 의무감으로 구
입했다. 책장에 꽂아 놓고 읽지 않은 것도 한 달이 넘었을 것이다. 어느
날, 신문사들이 이 책의 광고를 거부한다는 소문이 귀에 들렸다. 그제서
야 책을 잡았다.

나는 경악했다. 이건희-노무현의 고리가 이 책에 있었다. 노무현을
삼성의 품속으로 유인한 이는 노무현의 부산상고 동문 선배, 이학수였
다. 취임사의 비밀은 이것이었다. 김용철 변호사의 육성을 들어 보자.

2002년 대선 당시, 구조본 팀장회의 참석자들은 대부분 이회창
을 지지하는 분위기였다. 이회창 후보의 지지율이 올라가면 반가워
했고, 그렇지 않으면 노골적으로 낙담했다. 그런데 예외가 있었다.

나와 이학수 실장이다. 하지만 나는 속내를 드러내지 않았고, 이학수는 솔직하게 이유를 말했다. 이학수는 부산상고 후배인 노무현과 인간적으로 아주 친했다. 노무현은 대통령이 되기 전부터 이학수를 '학수 선배'라고 부르며 잘 따랐다고 한다. 그래서인지 이학수는 노무현 후보의 당선이 삼성에도 나쁘지 않을 것이라고 말했다. 실제로도 그랬다. 노무현 정부 정책 가운데 삼성에 불리한 것은 거의 없었다. 대신, 삼성경제연구소에서 제안한 정책을 노무현 정부가 채택한 사례는 아주 흔했다.(147쪽)

나는 이학수가 노무현의 동문 선배라는 것을, 이학수가 삼성 구조본의 실세라는 것을 까마득히 모르고 있었다. 노무현과 이학수가 아주 가까운 사이라는 사실을 김용철 변호사는 담담하게 술회하였다. 이어 그는 고백하였다.

당시 이학수는 아침 모임만 하루 두 번씩 가졌다. 이렇게 일 년이 지나니, 호남 출신 주요 인사들이 대부분 삼성과 인연을 맺게 됐다. 정권이 바뀌어도, 재벌이 주요 인맥을 장악하는 데는 일 년이면 충분했다."(180쪽)

이 대목에서 나는 노무현 전 대통령의 푸념을 다시 떠올렸다. "권력은 시장으로 넘어갔다." 이 말은 청와대 인사들이 전원 삼성의 로비망에 포섭 완료되었음을 고백한 선언이었다.

이제 모든 것이 밝혀졌다. 무려 400여 쪽의 지면에 삼성의 비리가 올올이 새겨졌다. 이제 이건희로 인하여, 국민은 "과연 대한민국이 법치 사회인가?"라는 아주 창피한 물음 앞에 머리를 잡아 뜯게 되었다. 이건희로 인하여, 로스쿨 학생들은 다음과 같은 골치 아픈 논제에 답변을 제출해야 하는 의무가 발생하게 되었다.

"사회적 특수 계급의 제도는 인정되지 아니하며, 어떠한 형태로도 이를 창설할 수 없다는 헌법 11조 2항은 유효한가?"

대한민국의 헌법은 "자유와 평등"을 사랑한다. 나도 "자유와 평등"을 사랑한다. 이건희로 인하여 우리는 그 "자유와 평등"의 실체에 대해, 혹 이 위대한 문구가 빛 좋은 개살구가 아닌지, 의심하지 않을 수 없게 되었다. 대한민국, 나라 맞아?

진정 훌륭한 나라를 후손들에게 물려주려면, 이건희의 탈법만큼은 단죄하고 넘어가야 한다. 10억 원의 재산을 상속할 경우 4억 원을 상속세로 국고에 귀속하는 것이 대한민국의 법률이다. 200조가 넘는 매출을 자랑하는 삼성, 그 삼성의 소유권을 넘겨주기 위해 이건희와 이재용이 나라에 바친 세금이 고작 16억 원이었다는 것을, 우리의 어린아이들이 알게 된다면 우리는 뭐라 해명할 것인가?

'삼성독재'에 항거하며

"내 눈에 흙이 들어가는 날까지 노동조합을 볼 수 없다"는 명언을 이병철 전 삼성 회장은 유훈으로 남겼다 한다. 노동자의 단결을 인정하지 않겠다는 것은 노동자를 사람으로 인정할 수 없다는 얘기다. 노동 3권을 인정하지 않는다는 것은 헌법을 부정하며 살겠다는 것을 의미한다.

그렇다면 이건희 일가만이 "자유와 안전과 재산"의 자연권을 부여받은 대한민국의 국민이고, 대한민국의 모든 서민들은 밤낮 일만 해야 하는 소이고, 주인에게 알이나 까바치는 양계장 닭이며, 평생 주인에게 충성하다 복날 비명에 가는 똥개라는 얘기다. 정말이지 이것이야말로 21세기의 세계사가 기록에 남겨두어야 할 삼성의 야만이요, 한국의 치부이다. 삼성에게, 한국인들은 사람이 아닌 것 같다.

우리들은 군사독재에 항거하며 젊은 시절을 보냈다. 이제 '삼성독재'에 항거하며 마지막 인생을 보내야 할 것 같다. 나는 상상한다. 오는 7월 4일 미국 독립 기념일, '자유의 여신상'이 삼성의 옷을 입고 나와 이렇게 말하는 거다.

"인간은 불평등하게 태어났다. 유럽인들은 평등하게 태어나지만, 특히 한국인들은 불평등하게 태어난다."

혹은 상상한다. 오는 7월 14일 프랑스 혁명 기념일, 파리의 개선문에서 나폴레옹이 삼성의 로고가 새겨진 옷을 입고 나와 이렇게 말하는 것이다.

"내가 성취한 고고학상의 가장 위대한 업적이 로제타석의 발견이었다면, 이건희가 성취한 세계 역사상 가장 위대한 기술 혁신은 불법 상속이었다."

마지막으로 이재용 씨에게 한마디 전하고 싶다. "인간은 서로 억압하고 착취하며 살지만, 자연은 인간에게 절대적 평등을 선물합니다. 그 선물은 바로 죽음입니다."

성북동의 길상사를 방문해 보길 권한다. 길상사는, 시인 백석을 사랑한 고 김영한 님이 평생 모은 재산 1,000억 원을 법정 스님에게 의탁하여 세워진 절이다. 김영한 님은 거액을 기부하면서 이렇게 말했다.

"내가 모은 재산은 백석 시인이 남긴 시 한 구절의 가치도 없다."

부디 일가의 오류를 성찰하고 국민들에게 존경받는 기업인으로 다시 태어나길, 호소하는 바이다.

나는 왜 삼성과 싸우는가

매를 맞아도 싸지

서울 생활을 접고, 시골로 귀향하여 산 지 어언 20년이 다 된다. 내가 고향 광주로 내려오게 된 이유는 어떤 정치적 전망과 관련이 있었는데, 3년 전 중풍으로 쓰러지면서, 나의 정치적 실험은 실패한 것으로 자인해야만 되었다. 지금은 아무도 만나지 않은 채 아이들을 가르치면서 조용히 세월을 보내고 있다. 돌이켜 보면 젊은 시절 내가 내렸던 선택들 가운데에는 미망에 휘둘려 내린 어리석은 것들이 많았는데, 서울을 버리고 광주로 내려온 것은 그중에 속하지 않는다. 서울을 떠난 것은 잘한 일이었다.

하나를 얻으면 하나를 잃는다. 나는 서울의 빠름, 탁함, 사물화된 인간관계를 버리고, 이곳 광주의 느림, 깨끗함, 소박한 인정을 얻었다. 하지만 대학 생활 이후 서울에서 넓혀온 인간관계들을 잃었다. 시골에 살면서 후회하는 것은 아니지만, 가끔 세상 돌아가는 이야기를 들려주는 벗들이 없다는 것이 답답할 때가 있다. 삼성 관련 논쟁에 연루된 지난 3월 특히 그랬다.

김용철 씨의 책을 읽고서 "시일야방성대곡(是日也放聲大哭)"하며 분개하지 않는 사람은 드물 것이다. 〈한겨레신문〉, 〈경향신문〉까지 김용철 씨의 책 광고를 해태하였다니, 우리가 키워온 정의가 고작 이것이란 말인가? 특히 시대에 대해서 비판의 책임을 지고 있는 지식인들이 예의 삼성 사태 앞에서 침묵을 지키는 것은 참 이해하기 힘든 일이었다.

누구나 준수해야 하는 대한민국의 세법을 온갖 탈법적 수단들을 동원하여 빠져나가고 있는 국민이 있다면 국세청과 검찰청은 그 국민에게 온당한 형벌과 벌금을 강제하는 것이 우리의 상식이다. 그 국민이 평범한 시민이 아니고 권력자였다면 더더욱 법은 엄정하게 집행되어야 할 터, 지금 우리의 주먹을 불끈 쥐게 하는 사람은 대한민국에서 가진 게 돈밖에 없다는 재벌 아저씨 이건희다. 지금껏 그 거만의 부의 탑을 쌓기까지 '사카린 밀수'를 포함해 온갖 뇌물공여, 수의계약 등 가장 많은 불법을 저질러 왔고, 지금껏 조세감면, 특혜금융 등 가장 많은 국가의 혜택을 누려온 이건희가, 입으로는 정직한 사람이 되자, 글로벌 스탠더드를 씨부리면서 대한민국을 더러운 나라로 통칠하고 있는 이 사태 앞에 우리는 분개하지 않을 수 없다.

은둔과 방관도 지혜로운 삶의 한 방편이지만, 사회 정의를 박살내는 강자의 횡포 앞에서 침묵을 지키는 것은 범죄를 묵인하는 것이다. 적어도 나는 그렇게 배웠다. 「노무현 대통령 취임사의 비밀은?」이라는 글은 이런 소박한 의무감에서 나온 글이다. 그런데 이 글이 그다지 사람의 마음을 아프게 할지 정말 몰랐다.

나의 글을 반박하고 나선 용감한 지식인은 전 민주주의 2.0개발팀원이라고 밝힌 권순욱이라는 분이었다. 고 노무현 전 대통령과 상당한 관계가 있어 보이는 분이었는데, 권순욱 씨는 황광우의 무지를 예리하게 파고들면서 비판의 회초리를 휘둘렀다. 노무현 전 대통령의 취임사에 등장하는 '동북아물류중심국가론'은 김영삼 정권 시절부터 추진되어 온 것이어서 이걸 가지고 취임사의 원고를 삼성이 써 준 것 아니냐 추정한 황광우의 글쓰기는 애시당초 소설에 불과하다는 것이었다. 사실에 입각하여 글을 써야 할 작가가 글쓰기의 기본도 모르고 있다는 질타였다.

복학생 시절 재미있게 들었던 강의 하나로 전부를 규정하는 것은 대단히 무모한 행위라고 할 수 있다. 내 눈에 보이는 것만이 전부는 아니다. 그래서 내가 아는 것이 진실이 아닐 수 있다는 스스로의 한계를 가지는 것이 지성인의 자세다.(권순욱, 「황광우 씨의 글을 반박한다」, 〈프레시안〉, 2010. 03. 12.)

참으로 당혹스러웠다. 얼굴이 후끈거렸고, 쥐구멍이라도 있으면 숨고 싶은 심정이었다. 인터넷 논쟁은 정말 무서운 것이다. 내 깐에는 취임사와 삼성의 연관이 분명하여 쓴 글인데, 정작 증거를 대라 하니 막막할 노릇이었다.

나는 권 씨를 반박할 자료를 얻기 위해 즉각 서울로 올라갈까 생각도 하였다. 언론사에 종사하는 친구들을 만나면 적잖은 조언을 얻을 성도 싶었다. "어떤 주장을 할 때는 자신의 제한된 범위에서의 지식과 경험에 갇히지 않기 위한 노력을 해야 한다"는 말까지 들어야 하는 상황은 참으로 치욕스러웠다.

상대의 비판에 대해 정직하게 답변을 공개하는 것은 논객의 ABC이다. 상대방의 비판을 침묵으로 넘기는 것은 비겁한 짓이다. 서둘러 권 씨의 반박에 대한 답변서를 작성했다.(황광우, 「권순욱 씨의 반론에 답한다」, 〈프레시안〉, 2010. 03. 15.) 근거 없는 발언을 했다면, 매를 맞아 싸지.

궁지에 빠진 황광우를 구명해 준 이가 나타났다. 전 〈열린우리당〉에서 원내 기획실장을 맡았던 윤석규 씨였다. 윤석규 씨는 권순욱 씨의 까탈스런 사실 집착증을 의식한 탓이었던지, 오로지 자기가 보고 들은 것만을 말하겠다고 전제했다. 윤석규 씨의 증언은 자못 충격적이었다. 내가 취임사에서 느꼈던 심증과는 비교가 되지 않는 구체적 확증들을 제기했다.

삼성과 노무현 캠프의 밀착관계에 대해 더 강한 확신을 갖게 된 것은 노무현 후보가 민주당의 정식 후보가 된 직후였다. 또 이광재 씨다. 2002년 5월 어느 날 이광재 씨는 삼성경제연구소에서 출간한 『국가전략의 대전환』이라는 책을 들고 다니며 소개했다. 당시 후보의 정책팀장이었던 나에게도 소개하면서 노무현 후보의 대선공약에 반영하자고 했다. 나는 특별한 답을 하지 않았지만 속은 퍽 씁쓸했다.(윤석규, 「노무현의 불행은 삼성에서 비롯됐다」, 〈프레시안〉, 2010. 03. 17.)

민주주의란 무엇이냐

얼마 전 헌책방에서 구입한 『씨올의 소리』를 뒤적이다, 김대중 전 대통령이 기고한 한 편의 글을 목격하게 되었다. 『씨올의 소리』1975년 4월호에 실린 글이다. 「민족에의 경애와 신뢰」라는 제목을 단 이 글은 선생이 일본에서 피납되기 직전 일본의 언론과 인터뷰한 내용이 소개되어 있는 글이었다. 문체가 기백이 넘쳤고, 내용도 훌륭했다.

내가 1973년 8월 8일 일본 동경에서 납치되기 얼마 전에 일본의 가장 유력한 어떤 월간지의 책임자와 대담이 있었다. 이 대담 기사는 나의 강제 귀국 직전 같은 잡지에 상당히 큰 기획물로 보도되었다. 나는 그 대담 속에서 '내가 지금 이와 같이 언제 끝날지도 모르는 망명생활을 홀로 치루면서도 결코 실망하지 않고 싸워 나가는 유일한 근거는 우리 민족에 대한 한없는 경애심과 신뢰심이다. 나는 위대한 우리 국민이 반드시 오늘의 부조리를 극복하고 그들의 소망인 민주 회복을 머지않아서 달성하리라 확신한다. 지금 거의 불가능사 같이 보이는 남북의 평화적 통일도 기필코 장래에 성취하고야 말 것이다.' 라고 밝혔다.

박정희 군사정권의 그 짐승 같은 탄압을 온몸으로 받는 외로운 처지에서 민주주의에 대한 희망을 이처럼 확고하게 품었다니, 가히 경이스러울 따름이다. 김대중 선생의 이 글을 대하노라면 민주주의와 평화통일이 내일 모레 조만간 이루어질 것 같은 신념이 손에 잡히지 않는가? 이후 14년의 세월이 더 걸려 우리는 민주주의를 회복하게 되었지만, 칠흑의 어둠을 뚫고 간 선생의 신념은 후대의 존경을 받아 마땅하다. 김대중 선생은 자신의 신념을 역사 속에 새긴 분이었고, 역사는 선생의 신념과 함께 뻗어 나갔던 것이다.

2010년 7월, 김대중 선생이 「민족에의 경애와 신뢰」를 밝힌 지 어언 37년의 세월이 흐른 지금, 한국의 경제력이 세계 10위권을 넘나들며 두 번이나 평화적 정권교체에 성공한 지금, 짧은 시간 안에 산업화와 민주화를 동시에 성공시킨 나라라며 주변의 부러움을 사고 있는 지금, 나는 생각한다. 우리는 왜 민주주의를 위해 싸워야 했던가? 민주주의란 나의 인생에서 무엇인가?

　1972년 10월 17일 라디오에서 10월 유신의 선포를 들은 광주의 한 청년은 공부하던 책을 연필로 내리찍고, 그날부터 독재와 투쟁하는 삶을 살았다 한다. 광주민중항쟁이 낳은 최후의 수배자, 고 윤한봉 선배의 이야기다. 1974년 4월 박정희 군사정권이 하루아침에 인혁당 관련 인사들을 모조리 처형해 버렸다는 소식을 듣고 청년 윤한봉은 다시 몸을 부르르 떨었다고 술회한다. "이 한 몸, 역사의 제단에 바친다." 민주주의가 뭐길래 공부밖에 모르던 한 청년을 독재정권에 항거하는 고난의 길을 걷도록 한 것일까? 청년 윤한봉으로 하여금 똥가방 하나 들쳐 메고 한국에서 미국까지 떠돌아다니도록 강제한 것은 역사의 지엄한 명령도 아니요, 이념에 대한 확신 때문도 아니었다.

　인간의 자존감 때문이었다. 국민을 벌레만도 못한 존재로 취급하는 군사정권을 어떻게 그대로 두냐는 것이었다. 수류탄이라도 있으면, 너 죽고 나 죽고 까불고 싶은 심정이었다고 한다. 군사독재정권은 인간성을 파괴하는 괴물이었다. 청년 윤한봉에게 민주주의란 고상한 이념의 집합이기 이전에 이 괴물 앞에서 인간의 자존을 지키고자 한 절규였다. 민주주의란 인간 존엄이었다.

　그런데 나는 다시 묻고 싶다. 인간의 존엄은 무엇인가? 이 물음에 대해 사람마다 추구하는 가치가 다르므로 저마다 다른 답을 제출할 것이라고 나는 생각한다. 상아탑의 학자들에게 인간의 존엄은 진리의 탐구일 것이요, 성직자들에게 있어서 인간 존엄은 신의 경배일 것이요, 음악가에게 있어서 인간의 존엄은 화음의 열락(悅樂)일 것이다. 만일 학자들에게 진리 탐구의 자유를 허여하지 않는다면, 그가 서 있어야 할 곳은 독재자와의 싸움터일 것이요, 만일 성직자들에게 신을 모독하는 종교 탄압이 가해진다면, 그가 가야 할 길은 순교의 길일 것이요, 만일 음악가에게 천상의 소리를 들을 자유가 박탈된다면 그 음악가가 해야 할 일은 피아노를 부수고 거리에 나서는 일일 것이다.

누가 나에게 인간의 존엄이 무엇이냐고 묻는다면 나는 좀 다른 답을 제출하겠다. 나에게 인간의 존엄은 '노동에 대한 예의' 라고 말하고 싶다. 인간의 존엄이 무엇이냐? 하루 밥 벌어먹기 위해 자신의 노동을 판매하지 않으면 생존을 유지할 수 없는 임금노동자에게 과연 인간의 존엄이 보장되고 있는가? 온종일 식당의 어두운 구석에서 설거지하며 고단한 하루를 보내야 하는 식당 아주머니가 과연 인간다운 삶을 살고 있다고 말할 수 있는가?

도덕 교과서마다 민주주의란 인간의 존엄에서 시작한다고 말하지만 현실에 돌아와 인간의 얼굴들을 구체적으로 들여다보면, 인간들의 99퍼센트는 땀 흘려 일하는 사람들의 얼굴이다. 이 99퍼센트의 일하는 사람들을 지배하고, 이용하고, 갈취하고, 명령하고, 통제하고, 억압하는 자가 1퍼센트의 자본이다. 자본은 강자이고, 노동은 약자이다. 따라서 말로는 인간의 존엄을 외치면서, 삶 속에서 노동에 대한 예의를 망각하는 것은 곧바로 자본의 이익을 위해 봉사하는 꼴이다. 내가 생각하는 민주주의란 추상적인 인간의 존엄을 넘어, 사회적 약자인 노동에 대해 배려하는 것이다.

나는 김대중 씨가 박정희 군사독재와 외로운 싸움을 벌여온 것에 대해 경외한다. 선생의 신념대로 우리 국민이 이렇게 민주주의를 회복한 것을 나는 진심으로 자랑스럽게 생각한다. 하지만 민주주의라는 것이 국회의원을 내 손으로 뽑는 것에 지나지 않는 것이라면 이는 너무 허망한 빈

껍데기이지 않는가? 노동에 대한 예의를 갖추지 않고, 노동자의 기본권을 억압하며, 노동의 지도자들을 감옥에 보내는 것을 일삼는 정권이라면, 진정한 의미에서 나는 그 정권을 민주주의 정권이라고 부르고 싶지 않다.

노동에 대한 예의

노동이란 인간이 인간다움을 실현하는 활동이다. 노동을 통하여 인간은 자연과 교감하고, 노동을 통하여 인간은 사회와 소통한다. 따라서 노동을 천시하는 사회는 인간다움을 천시하는 사회요 구제불능의 타락한 사회이다. 노동을 천시하는 사회가 어떻게 하여 사회구성원들의 행복한 삶을 약속이라도 할 수 있다는 말인가?

노동을 차별하는 사회는 인간을 차별하는 사회이다. 언제부터 우리 사회가 이처럼 인간의 노동을 경멸하였을까? 그것은 분명 IMF 이후이다. 1980년대 군사독재정권 치하에서도 지금만큼 노동을 경멸하지 않았다. 언제부터 우리 사회가 이처럼 노동을 차별하였던가? 그것은 분명 '국민의 정부' 밑에서이다. 비정규직 노동자들이 800만 명을 웃돌기 시작한 것은 나의 기억에 의하면 분명 '국민의 정부'의 일이었다.

차별받는 노동의 배후엔 차별받는 여성이 있다. 역사적으로 노동자의 권리와 여성의 권리는 수레의 두 바퀴와도 같은 관계였다. 노동자에게 참정권이 보장되면서, 여성에게도 참정권이 보장되기 시작했고, 노동조합운동의 사회적 지위가 상승하면서 여성의 사회적 지위도 높아졌다. 왜냐하면 노동자의 절반이 여성이기 때문이다. 미국의 흑인들이 인종차별을 받아왔듯이, 지금 대한민국에는 비정규직 노동자들이 인종차별을 당하고 있는데 이 비정규직 노동의 실질적 담지자들은 태반이 여성이다.

노동에 대해 예의를 갖추지 않는 사람은 인간을 존중하지 않는 사람이다. 삼성의 탈세도 용서할 수 없는 범죄이지만, 삼성의 무노조만큼 야만적이고 미개하고 야수적이고 잔혹하며 오만방자한 짓도 없다. 노동조합이란 게 별건가? 노동자의 임금을 집단적 교섭력에 의거하여 결정하겠다는 의지의 조직적 표현에 불과하다. 자본주의 사회에서 상품의 판매자는 누구나 자신이 소유하는 상품의 가격을 결정하고 흥정할 권리가 있다. 천하의 장사꾼 이건희가 자신의 상품에 대해선 가격 결정의 절대 자유를 부르짖고선 자신의 노동자들에겐 노동조합을 인정하지 않는 것은 21세기 세계 역사에 길이 기록해 놓아야 할 삼성의 우스꽝스런 얼굴이다.

"니네들이 인간 맞어?" 삼성의 노동자들은 노예들인가 보다. 삼성의 노동자는 자신의 상품 가격을 결정할 인격 주체가 못된다는 이건희의 확신, 삼성의 무노조를 보노라면 한 인간의 생사여탈권이 주인에게 있어, 주인의 주검 앞에서 둔기로 뒤통수를 얻어맞고 무덤에 함께 묻혀야했던 고대 노예들의 순장이 떠오른다.

문제의 심각성은 20여만 삼성의 노예들에게만 있지 않다. 삼성은 삼성의 노동자들만 지배하고 있는 게 아니라, 5천만 대한민국 국민의 삶을 총체적으로 지배하고 있다. 지난 60년 한국 자본축적 과정의 모든 파란만장을 겪고 마침내 자본의 천하통일을 이뤄낸 시장의 진시황 삼성은 지금 그 무소불위의 힘을 청와대와 여의도에, 검찰과 국세청에 들이대고 있다. 노동자의 단결이 자본에 대항하는 물질적 힘이듯, 국민의 연대 정신은 자본의 둑을 무너뜨리는 홍수이다.

일찍이 삼성은 "2등은 없다"는 구호를 외치며, 자라나는 청소년들을 경쟁주의의 괴물 앞으로 몰아갔다. 해 년마다 얼마나 많은 수의 학생들이 이 경쟁의 괴물에게 희생되는지 그 수를 다 헤아릴 수 없다. 지금 대한민국의 청소년들은 전쟁을 치르고 있다. 그렇게 대학입시의 전쟁을 치른 청소년들은 또다시 그 알량한 월급쟁이가 되기 위해 취업전선 속으로 뛰어들어야 한다. 1천만 청소년들을 죽음의 경쟁 속으로 채찍질하고 있는 이 모든 비극의 배후 연출자는 삼성이다.

오늘의 미노타우로스(Minotauros)는 삼성이다. 역사는 이 괴물을 처치할 용사 테세우스(Theseus)를 부르고 있다. 사람들은 〈한나라당〉과 삼성이 한 몸이라면서, 〈한나라당〉이 싫으니까 〈민주당〉을 밀어주자 한다. 그런데 역사는 이미 보여주지 않았던가. 〈한나라당〉이 삼성의 본처라면 〈민주당〉은 삼성의 첩이다. 우리의 진정한 민주주의는, 오직 '노동의 아들, 딸로 구성된 정치세력'이 출현했을 때만이 품을 수 있는 미래요, 꿈이다.

조국

누가 '맘몬'의 목에 고삐를 채울 것인가

민주공화국의 원리를 삼성왕국의 성안으로 관철시키려면
'삼성왕국의 게릴라들'만이 아니라 대규모 '정규군'이 필요하다.
그 정규군은 물론 민주공화국 대한민국의 주권자이다.
스웨덴과 핀란드의 두 재벌이 '경주 최 부자' 같은 모습을 띄게 된 것도
두 나라에 강력한 노동조합과 사회(민주)주의 정치세력이 존재했고,
이에 기초하여 자본과 노동 사이에 대타협이 이루어졌기 때문이다.
삼성에 노조가 만들어지고, 진보정당이 원내교섭단체를 구성할 수 있을 때
삼성은 비로소 발렌베리나 노키아 쪽으로 한 걸음 움직일 것이다.
민주주의를 위협하는 맘몬의 목에는 고삐가 채워져야 한다.

조국   2008년 삼성경제연구소는 정세분석과 관련한 비공개 보고서를 작성했다. 이 보고서에는 다음 세대를 이끌 정치인으로 안철수, 박경철 등과 함께 조국을 거론했다. 물론 이 보고서는 본인들의 의향을 묻지 않은 것이었다. '학문과 앙가주망은 나의 의무'라고 말하는 그는 민감한 사회 현안에 대해 기고와 강연 등 사회적 발언을 아끼지 않는다. 80년대 말 대학원 조교로 있던 당시 '남한사회주의노동자동맹(사노맹)' 핵심 간부였던 고향 선배 백태웅(현 캐나다 브리티시컬럼비아 대 교수)을 도운 혐의로 93년 국가보안법 위반으로 구속돼 5개월간 구치소 생활을 하기도 했다. 헌법은 휴지 조각에 불과하고, 형사법은 강압적 통치 도구에 불과했던 그 시절의 경험은 '육법당(陸法黨)'의 일원은 되지 않겠다는 결심을 하게 했고 그 삶은 현재에 이르고 있다. "이룰 수 없는 꿈을 꾸고, 이룰 수 없는 사랑을 하고, 싸워 이길 수 없는 적과 싸움을 하고, 견딜 수 없는 고통을 견디며, 잡을 수 없는 저 하늘의 별을 잡자"는 돈키호테의 호언은 언제나 그의 가슴을 뛰게 한다. 미국 캘리포니아 버클리 로스쿨에서 박사학위를 받았으며 울산대과 동국대를 거쳐 현재 서울대 법학전문대학원 교수로 있다. 2000년 이후 참여연대 사법감시센터 부소장 및 소장으로 시민운동에 참여했으며, 2007년 12월부터 국가인권위원을 겸임하고 있다. 펴낸 책으로 『양심과 사상의 자유를 위하여』, 『성찰하는 진보』, 『보노보 찬가』 등이 있다.

누가 '맘몬'의 목에 고삐를 채울 것인가

'삼성왕국' 대 '민주공화국'

2010년 1월 9일, 이건희 삼성그룹 회장은 미국 라스베이거스에서 열린 전자기기 박람회장에서, 우리 사회에 대하여 "각 분야가 정신을 좀 차려야 한다"는 메시지를 날렸다. 이어 2월 5일 이병철 삼성그룹 창업주 탄생 100주년 기념행사에서는 "모든 국민이 정직했으면 좋겠다. 거짓말 없는 세상이 되기를 바란다"며 전 국민을 향해 훈계조 지시를 내린 바 있다. 이 회장의 발언에 대한 보도를 접하면서, 필자는 이 회장은 자신은 '거짓말' 하지 않는 '정직'한 사람이며 '정신 차린' 사람인 반면, 국민은 '정신 차리지 못한' 채 '거짓말'을 많이 하는 '부정직'한 사람들이라고 생각하고 있음을 감지하게 되었다. 기억상실증에 걸린 것이 아니라면 자신이 횡령·배임·탈세 등 갖가지 중대 범죄로 유죄판결을 받았고, 머리 숙여 대국민 사과도 했음을 분명히 알고 있을 터인데 왜 그는 이런 과감한 발언을 하는 것일까?

민주화 이후에도 정치적 민주주의의 기본 틀은 유지되고 있다. 이명박 정부 출범 이후 표현의 자유 등 정치적 기본권이 현격히 후퇴하였지만, 야당이 불법화되거나 정치권력에 대한 비판 자체가 금압되는 수준은 아니다. 자유롭고 정기적인 선거는 정상적으로 운영되고 있기에 주권자가 정치권력을 교체할 수 있는 기회는 제도적으로 보장되어 있다. '사이버 모욕죄'를 도입하겠다는 한나라당의 시도가 있었지만, 보통 시민들은 대통령이나 권력자에 대한 모욕을 두려워하지 않고 있다.

반면 민주화 이후 시장권력은 정치권력의 강압과 속박에서 벗어났음은 물론, 이제 정치권력을 뒤에서 주무르고 있다. 시장권력에게 민주화는 자본축적과 증식의 고삐 풀린 자유화를 의미할 뿐이었다. 현재 시장권력은 정치·시민사회의 전면에 나서서 움직이지는 않지만, 그 배후에서 '수렴청정'을 하고 있다. 정치권력은 비판받고 교체되기도 하지만, 그 뒤에 턱 하니 자리 잡고 있는 시장권력은 자신에 대한 비판도 교체도 용납하지 않는 성스러운 '맘몬'(Mammon)이 되었다. 이 재물신(財物神) 앞에서는 노무현도 이명박도 5년짜리 계약직 고용사장일 뿐이다. 2005년 5월 청와대에서 열린 대기업과 중소기업 간의 협력 강화를 위한 대책회의에서, 그리고 2009년 발간된 유고집(『진보의 미래』)에서 노무현 대통령은 권력은 시장권력, 즉 자본으로 넘어갔다는 현실 진단을 내린 바 있지 않았던가.(같은 책 306~307쪽)

게다가 이 막강한 시장권력은 세세손손 혈통을 따라 계승된다. 한국 재벌체제에서 '오너'의 피가 섞이지 않는 사람이 경영권을 이어받는 일은 극히 희소하다. 삼성전자 부사장이자 CEO(최고운영책임자)인 이재용 씨의 경우 삼성의 성장과 발전을 위하여 어떤 업적을 쌓았고 또 어떤 기여를 했는지 확인되지 않는다. 그가 '삼성왕국'의 유일 '왕자'가 아니라면 그 자리에 오를 수 있었을까? 북한 정권이 김일성, 김정일, 김정은으로 3대 세습되고 있듯이, 삼성의 권력도 이병철, 이건희, 이재용으로 3대 세습되고 있다. 이 혈통에 따른 승계선상에 있는 '총수' 및 그 일가에 대한 내부 비판은 상상할 수 없다. 삼성 내부에서는 삼성을 비판하는 단체의 사이트는 접근이 불가능하도록 차단되어 있다.

한편, 재벌이라는 혈연적 대기업 집단이 고수하는 1인 중심의 의사결정과 전제적 경영구조, 불법적 경영권 승계와 세금포탈 등 각종의 범죄에 대한 비판은 나라 경제의 동력인 기업의 발목을 잡는 반(反)경제적·반(反)시장적 주장으로 매도당하기 일쑤이다. 권위주의 체제 하에서는 '빨갱이'라는 호칭이 인생을 끝장내는 낙인이었다면, '기업사회'가 된 지금은 '반(反)기업'이라는 낙인이 이를 대체하였다. 게다가 정·관·언론계는 "삼성이 나라를 먹여 살린다", "삼성이 망하면 한국도 망한다" 등의 주술(呪術)을 서로 앞장서서 퍼뜨린다. 그리하여 삼성을 위시한 재벌을 비판하는 사람은 순식간에 '매국노'가 되고 만다.

그리고 대한민국은 '민주공화국'이지만, 이 민주공화국의 원리는 '삼성왕국'의 성벽 앞에서 멈춘다. 예컨대, 삼성의 불법이 드러나도 수사기관은 수사를 머뭇거리고 공소기관은 기소를 주저하며, 법원은 '솜방망이 판결'을 내리고 유죄판결이 나도 대통령은 특별사면을 해준다. 2005년 세상에 드러난 삼성그룹의 'X파일' 사건을 상기해 보자. 1997년 대선을 앞두고 당시 안기부 직원이 불법 도청한 'X파일'에는 〈중앙일보〉 회장인 홍석현 씨와 삼성그룹 부회장인 이학수 씨가 특정 후보에게 정치자금을 제공하는 한편, 전·현직 검찰 고위 간부에게 '떡값'을 주는 계획을 세우는 내용이 들어 있었다. 그런데 'X파일'이 공개된 이후에도 삼성과 〈중앙일보〉 수뇌부의 경우 공소시효가 지났기에 수사도 기소도 되지 않았고, 검찰 고위 간부에 대한 조사도 형식적으로 마무리 되었다. 한

편 삼성그룹이 이건희 일가의 그룹 지배를 영속화하기 위해서 금산분리 정책의 완화를 추진하자 정부와 국회는 이를 기꺼이 수용한다. 산업자본의 금융 지배의 위험성에 대한 경고, 국민의 막대한 세금이 투여되어 살려 놓은 은행이 대기업의 사금고로 전락할 위험성에 대한 경고 등은 모두 무시된다. 삼성생명은 손실이 날 경우 주주 외에 계약자도 부담을 지도록 운영하면서 성장해 왔는데, 금융감독위원회는 생명보험사 상상 시 계약자의 몫을 '0'으로 만드는 "대국민 사기극"(이동걸 전 금융연구원장, 〈한겨레신문〉 2010. 05. 05. 인터뷰 참조)을 벌여 삼성생명에게 조 단위의 선물을 안겨준다.

그리고 헌법은 노동기본권을 명백히 보장하지만, 삼성은 "내 눈에 흙이 들어가기 전에 노조는 안된다"는 이병철 선대 회장의 유훈을 지키기 위하여 온갖 비판과 부작용을 감수하며 '무노조 경영'을 유지한다. 대부분의 기업이 노조를 좋아하지 않으면서도 노조 자체는 인정하는 것과는 너무도 다른 행태이다. 노조 와해를 위한 삼성의 '휴대폰 위치추적' 사건을 다룬 〈오마이뉴스〉 기사(2007. 11. 21.과 2009. 02. 23.)에 따르면, 삼성 직원이 노조를 준비하기만 해도 개별 면담과 일대일 감시가 이루어지고 심지어 휴대폰을 불법 복제하여 위치 추적을 하며, 그래도 노조 결성을 추진하면 각종의 인사상의 불이익이 가해지고 마침내는 여러 이유를 들어 해고되고 만다. 나아가 이러한 삼성의 무노조 정책은 삼성그룹을 넘어서 하청업체에까지 영향을 미친다. 〈프레시안〉의 한 기사(2008. 01. 14.)에 따르면, 대구의 태양기전, 구미의 KH바텍, 청주의 월드텔레콤 등 삼성의 하청업체의 경우를 보더라도 노조가 생기면 물량을 주지 않겠다는 삼성의 위협 때문에 노조가 와해된다. 또한 한솔홈데코나 이마트 등의 경우처럼 삼성에서 벗어나도 '무노조 경영'이 고수된다. 올해 4월 발간된 한 주간지(『한겨레21』 2010. 04. 26.) 한 표지기사에는 호텔급 콘도에서 시행되는 신입사원에 대한 삼성의 1박 2일 '무노조 교육'의 실상이 구체적으로 기술되어 있다. 요컨대, 헌법과 노동법의 규정은 삼성 앞에서 휴지조각에 불과한 것이고, 경찰과 검찰과 노동부는 삼성의 부당노동행위와 범죄에 대해서 손을 놓고 있다.

이상과 같은 현실 앞에서 필자는 토마스 모어가 1516년 출간한 『유토피아』의 다음과 같은 문구를 떠올리게 된다.

> 오늘날 번영을 구가하는 여러 공화국(commonwealth)들에서 내가 찾아볼 수 있는 것이라고는 단지 공화국이라는 이름 아래 자신의 이익만을 불려나가는 부자들의 음모뿐입니다. 그들은 사악하게 얻은 것을 지키기 위해 온갖 수단과 방법을 동원하고, 가난한 사람들의 노력과 수고를 가능한 한 헐값에 사들일 계획을 세웁니다. 그런 것을 두고 부자들이 공화국의 이름으로 지켜야 하는 것인 양 주장하면 곧 법이 됩니다.(토머스 모어 지음, 주경철 옮김, 『유토피아』, 을유문화사, 2007, 152쪽)

사실 전제군주가 지배하는 나라에서 법과 윤리의 판단자는 군주이다. 따라서 '삼성왕국'의 왕인 이 회장은 마음 속 깊은 곳에서는 자신이 왜 수사를 받고 유죄판결을 받아야 하는지 납득하지 못할 것이다. 자신이 겪은 수모나 삼성에 대한 비판은 '부정직'한 국민의 '거짓말'과 음해 때문에 생겨난 것이라 생각한다. 이 회장은 자신과 측근의 범죄와 관련하여 대국민 사과를 하였지만, 흉중에는 "내가 이 나라를 다 먹여 살리는데"라는 생각이 사라지지 않고 있을 것이다. 그리고 삼성의 직원들은 자신이 주는 녹봉으로 먹고 사는 '신하' 또는 '하인'일 뿐인데 이들이 노동조합을 만들어 '왕'과 대등하게 교섭한다는 것 자체를 용납할 수 없는 것이다. 이런 맥락에서 국민에게 정직하라는 그의 발언은 자신의 '은혜'로 살아가고 있는 한국의 현실을 인정하라는 대국민 '칙령'이었던 것이다.

민주화 10년과 좌초한 경제적 민주주의

그런데 권위주의 체제에 가열 차게 맞섰던 민주화운동 세력도 경제민주화에 대해서는 분명한 비전과 구체적 계획을 가지고 있지 못하였다. 노동 3권의 인정과 임금 인상 정도의 요구를 넘어 한국 경제의 구조를 어떻게 바꿀 것인가에 대한 고민이 취약했다. 대안경제체제의 전망으로는 1970년대 박현채 교수의 '민족경제론', 김대중 대통령 후보의 '대중경제론' 정도가 제시되고 있었다. 진보·개혁진영은 '재벌 해체', '독점자본 국유화' 등의 추상적인 구호성 정책만을 가지고 있었다. 구소련식 또는 북한식 경제체제를 모방하려는 경향도 강하게 존재했다. 노동자의 경영 참가를 비롯한 '산업 민주주의'의 실현, 근무 형태 변화를 통한 노동시간 단축과 일자리 창출, 비정규직에 대한 동일노동 동일임금 원칙의 적용, 단체협약이나 노동조합의 자사주 취득 등을 통한 노동조합의 경영 참여, 실업·산업재해·노령·질병 등의 사회적 위험으로부터 국민을 보호하는 사회안전망의 구축, 복지를 통한 고용창출과 성장동력 확보 등에 대하여 소수 학계의 연구가 있었지만, 이는 진보·개혁진영의 비전과 정책으로 자리 잡지 못하였다.

김대중, 노무현이라는 탁월한 민주화운동의 지도자가 이끈 두 번의 '민주정부' 도 이내 시장권력의 논리에 포섭되었다. 두 사람 모두 경제개혁, 재벌개혁을 외쳤으나, 집권 후에는 성장 위주의 경제정책, 재벌 중심의 경제 운용, 관료 의존의 정책 판단의 틀을 벗어나지 못하였다. '대중경제론' 의 주창자 김대중 대통령이 이끈 '국민의 정부' 는 'IMF 위기' 를 극복하기 위하여 IMF의 요구를 충실히 따르며 대량해고와 구조조정, 노동시장의 유연화 정책을 집행하였다. 당시 집권세력 내에 경제민주화 담론은 끼어들 자리가 없었다.

'노동변호사' 로 맹활약했던 노무현 대통령이 이끈 '참여정부' 도 경제민주화를 추진하지 못했다. 심지어 경제민주화운동을 비난하기까지 하였다. 두산중공업 노동자 배달호 씨의 분신을 두고 '민주화된 시대에……' 라고 혀를 차던 대통령의 문제는 접어두더라도, 예컨대 노무현 대통령 후보 선대위 정치개혁운동본부 사무처장과 〈열린우리당〉 원내기획실장을 지낸 윤석규 씨의 증언에 따르면(「내가 지켜본 노무현–삼성 관계」, 〈프레시안〉 2010. 03. 17.), 2002년 참여연대가 '소액주주운동' 의 일환으로 이학수 씨의 이사 선임을 반대하였을 때, '386 운동권' 출신으로 당시 노무현 대통령 후보의 오른팔로 불렸던 이광재 씨는 이 운동을 주도하던 장하성 교수를 "빨갱이" 라고 호칭하며 비난했으며, 삼성경제연구소가 출간한 『국가전략의 대전환』이라는 책을 대선공약에 반영하자고 주장하였다고 한다. 경제민주화에 대한 전망이 없는 이들에게 참여정부의 등장은 민주화의 완성을 의미하는 것이었고, 자본의 현란한 능력은 '민주화 이후' 에 대한 자신들의 전망 부재를 메워줄 멘토로 받아들여졌던 것이리라.

사실 삼성경제연구소는 이명박 정부 때는 물론 노무현 정부 하에서도 여러 국책용역사업을 수주하면서 자신의 입장을 정부의 정책으로 반영시켜 왔다. 2005년에는 이언오 삼성경제연구소 전무가 국가정보원 최고정보책임자로 영입되기도 하였다. 참여정부는 '조폭언론'과 싸우면서도 〈중앙일보〉를 예외로 두려는 제스처를 보냈는데, 그 배경에 삼성의 존재가 있었다. 시작도 그러하였지만 삼성은 참여정부 내내 '예외적인' 위상을 권력으로부터 보장받는 존재였다. 이처럼 친(親)삼성 정책이 강화되면서, 참여정부 내에서 '개혁 3인방'이라고 불리던 이정우 정책실장, 이동걸 금감위 부위원장, 정태인 동북아경제중심추진위원회 기조실장 등은 물러나야 했다.

이와는 대조적으로, 2009년 이광재 전 의원은 평창 동계올림픽 유치를 위해 이건희 삼성 전 회장에 대한 사면복권이 이뤄져야 한다는 입장을 밝혔고, 이후 강원 지역 국회의원들과 함께 이귀남 법무부 장관을 방문하여 이 전 회장의 사면복권을 공식 요청하였다. 이에 대한 답례였을까? 이명박 대통령 단독 특별사면으로 삼성전자 회장으로 복귀한 이건희 씨는 이광재 강원도지사 당선자를 삼성그룹 영빈관인 한남동 승지원으로 초청, 저녁 식사를 함께 하는 자리를 마련했다. 그래서 "'이명박 정부를 심판하겠다는 도민의 의지 표현으로' 도지사에 선출되고도 정상적으로 집무에 임하지 못하고 있는 이광재 지사가 회장님의 음덕으로 직무정지에서 벗어나는 날을 조용히 기다리"라는 것인가라는 김상봉 교수의 야유가 허투루 들리지 않는다.(김상봉, 「삼성과 노동조합」, 〈경향신문〉 2010. 07. 13.) 이 작은 에피소드는 삼성이 여야를 초월하여 한국 사회를 지배하고 있는 근본적 권력이라는 사실을 일깨워 주는 상징적인 사건이다. 이것이 이른바 '기업국가'에서 국가나 의회가 자본과 맺는 관계의 전도된 위상이며, 법이 공공성의 규범이 아니라 그것을 유린하는 도구로 작동하는 현실인 것이다. 우리는 '주식회사 대한민국'의 CEO 이명박 치하에서 이 '기업국가'의 실체가 현실로 드러나는 모습을 수도 없이 목격하게 될 것이다. '삼성 비자금 5인방'이라 불리는 이학수, 김인주를 포함한 삼성 전·현직 임원들이 범법자에서 '경제 살리기'의 선수들로 탈바꿈되어 '삼성왕국'에 머지않아 복귀할 것이라는 전망도 포함하여 말이다.

민주주의를 위태롭게 하는 '맘몬'의 목에 고삐를 채워야 한다

외국 출장이나 여행을 갔을 때 삼성 등 한국 대기업의 광고를 만나면 반갑다. 외국 사람들이 한국 기업의 제품을 사용하고 있으면 뿌듯하다. 그러나 이러한 즉자적·원초적 '애국심'에만 호소하고 한국 재벌체제의 문제점을 직시하고 뜯어 고치지 않는다면 한국 기업이 국민적 존경을 받는 기업이 될 수 없음은 물론, 기업의 지속가능한 발전도 불가능하다. 삼성은 항상 '글로벌 스탠더드'를 내세우고 '세계 1등 기업'을 자부한다. 그러나 한국의 젊은이들이 '최고의 직장'으로 꿈꾸고 "한국을 먹여 살린다"고 자랑하는 그 삼성이, 만일 그 성공의 신화를 창조하는 데쓴 막대한 자금들의 상당 부분들을 아시아의 노동자들에 대한 강도 높은 착취로부터 거둬들인다는 사실이 백일하에 드러난다고 해도 그때도 '한국인의 자랑'일 수 있을까?(장대업, 「또 하나의 가족, 아시아의 삼성」, 인권잡지 『세상을 두드리는 사람』 2010년 5·6월호 참조)

노무현 대통령은 권력 재창출에 실패한 후 서거 직전까지의 고독 속에서 제러미 리프킨의 『유러피언 드림』을 탐독하고 이 책의 함의에 공감을 표했다고 한다. 그러나 그의 재임 중 한국 사회는 유럽식 자본주의가 아니라 영미식 자본주의 방향으로 더 나아갔다. 그와 그의 참모진이 집권 전에 이 책을 읽고 집권 후 '유러피언 드림'의 한국판을 실현하려고 노력했더라면 한국 사회의 모습은 달라졌을지도 모른다. 삼성에 의한 참여정부 포획이라는 민주화의 가장 큰 역설적 비극은 노무현 개인의 한계만이 아니라, 진보·개혁진영 다수의 한계이기도 했다. 이 비극은 1987년 6월 항쟁에 이어 일어났던 노동자 대투쟁의 요구를 제도에 반영시킬 비전과 정책을 강구하지 못했던 진보·개혁진영의 이론과 실천에서 이미 예고된 것인지 모른다. 그 결과는 '노동에 대한 예의'의 실종과 '자본의 힘'에 대한 맹신으로 나타났다. '노동변호사' 출신 대통령의 집권 기간에도 삼성에 노조를 만들려다 투옥된 삼성일반노조 김성환 위원장의 석방은 외면되었고, 국가기념일이나 취임 몇 주년만 되면 재벌 회장 등 경제사범들은 빈번히 감옥 문을 열고 나오거나 사면장을 받았다.

그렇다면 '유러피언 드림'이 재벌에 적용된다는 것은 무엇을 의미할까? 두 나라의 예를 보자. 스웨덴에는 6대째 약 150년 동안 세습경영을 하면서 일렉트로룩스, 에릭슨, ABB, 사브, 스카니아 등 세계적 기업을 거느리고 있고, 총 시가총액이 스웨덴 주식시장의 40퍼센트를 넘는 '발렌베리'(Wallenberg) 그룹이 있다. 발렌베리 가문은 '차등의결권'을 통하여 자회사의 기업 지배권을 보장받고 있지만, '황제경영'을 하지 않는다. 발렌베리의 자회사는 각각의 이사회를 중심으로 독립적으로 운영된다. 발렌베리의 자회사에서 '발렌베리'라는 단어는 찾아볼 수 없다. 자회사의 경영은 거의 전적으로 전문 경영인에게 일임되고, 사주 일가는 투자자로서 구조조정, 인수합병, 최고 경영자 선임 등의 중요 사안에만 관여한다. 발렌베리 가문 사람으로 최고 경영자가 되려면 부모 도움

없이 명문대를 졸업할 것, 혼자 몸으로 해외유학을 마칠 것, 해군 장교로 복무할 것, 이 세 가지 요건을 충족해야 한다. 최고 경영자가 된 발렌베리 일가 사람들은 보통 시민들과 어울려 사는 소탈한 생활 방식을 유지한다. 그리고 발렌베리는 탈세나 분식회계를 하지 않고 불법적 재산 상속도 하지 않으며, 이익의 85퍼센트를 법인세로 납부하고 공익 재단을 통해 사회공헌 활동을 벌인다. 발렌베리는 노동조합을 인정함은 물론 노동조합을 경영 파트너로 인정한다. 예컨대, 에릭슨의 이사회 구성원 15명 중 6명은 노동조합의 대표이다.[발렌베리가에 대해서는 『존경받는 기업 발렌베리가의 신화』(장승규 지음, 새로운 제안, 2006)를 참조할 것.]

휴대전화 모토로라로 유명한 핀란드의 '노키아'(Nokia)도 자국에서 삼성과 비슷한 위치를 차지하는 대기업 집단이다. 그런데 노키아에는 재벌 일가의 경영권 독점과 불법 세습이 없다. 또한 노키아는 투명한 지배구조와 재무구조를 갖추고 있다. 그리고 핀란드 사회는 한국 사회가 부자를 대하는 것과 다르게 부자를 대한다. 예컨대, 핀란드는 소득이 높을수록 벌금을 많이 부과하는 '반(反)부자 제도'를 가지고 있다. 2002년 노키아 부사장 안시 반요키는 할리 데이비슨 오토바이를 타고 시속 50km 제한도로에서 75km로 달리다가 11만 6,000유로(약 1억 6천만 원)의 벌금형을 받았다. 이에 대하여 "부자를 괴롭히는 나라"라고 항의하는 부자는 찾기 힘들다. 핀란드는 기업 범죄에 대해서는 엄격한 법집행을 하여 기업이 '접대비'를 비용으로 처리해도 형사처벌하므로 탈세나 분식회계는 상상하기 어렵다. 노키아도 여러 사업 분야에 발을 뻗고 있으나 한국 재벌과 같은 문어발 확장을 하지 않는다. 노키아에는 당연히 노동조합이 있다.

발렌베리도 노키아도 처음부터 이렇지는 않았다. 군수산업을 운영하는 발렌베리가 군부 고위층에게 뇌물을 주는 스캔들이 일어나기도 했고, 경영권을 둘러싸고 '형제의 난'이 벌어지기도 했다. 지금도 문제점을 가지고 있을 것이다. 그러나 한국의 재벌 상황과 비교하면, 이러한 재벌 일가에게는 기업 지배권을 주어도 '행복'할 것 같고, 이 일가 사람들을 '사랑'하고 '존경'하고 싶어진다. 스웨덴 국민이 왜 발렌베리 가문의 사람들이 '차등의결권'을 갖는 것을 수용하였는지, 스톡홀름 시청 앞에 발렌베리 가문 창업주 앙드레 발렌베리의 아들 크누트 발렌베리의 동상이 서 있는지 등도 짐작이 된다.

과거 1995년 삼성 이건희 회장은 베이징에서 "기업은 이류, 공무원은 삼류, 정치는 사류"라고 당당하게 발언한 적이 있다. 이후 삼성은 세계 일류 기업임을 자처하고 있다. 그러나 이상의 예와 비교해 보면, 삼성이 도대체 몇 류가 될 수 있을지 의문이 든다. 삼성은 이러한 스웨덴과 핀란드 재벌이 갖추고 있는 '글로벌 스탠더드'는 완벽히 외면한 채, 차등의결권 등 권한만을 늘리기 위해 노력하고 있으니 말이다. 이건희 회장 일가의 주식 지분은 2퍼센트 남짓에 불과한데 '순환출자'라는 기법으로 삼성 전체를 지배하는 구조가 '세계 일류' 회사의 지배구조일 수가 없다. 그리고 현재와 같은 총수 1인에 의존하는 삼성의 경영 방식과 지배구조가 얼마나 지속될 수 있을지도 의문스럽다. '무노조 경영'의 경우도 마찬가지이다. '무노조 경영'의 원조인 미국의 월마트도 2006년 중국 노조의 반대에 부딪쳐 노조를 허용했듯이, 삼성 창업주 이병철의 '유훈'도 영원할 수는 없다. 직원을 '동료'(associates)라고 부르며 동료는 노조가 필요 없다는 월마트의 주장만큼, 삼성 직원은 노조를 원하지 않는다는 주장은 허위이다.

삼성을 발렌베리나 노키아로 만드는 것은 삼성의 '자각'으로 이루어지지 않을 것이다. 사실 2003년 이건희 회장은 이재용, 이학수 씨 등을 데리고 발렌베리 그룹을 방문했지만 학습효과는 전혀 없었다. 기업 범죄에 대한 엄정한 법집행, 공정거래질서의 확립, 기업의 준법경영과 사회적 책임경영(CSR; corporate social responsibility)이 가능하려면 이를 법과 제도와 문화로 구현시킬 수 있는 정치세력·사회세력이 있어야만 한다. 사실 삼성의 시장/사회 지배와 경제력 남용 등은 업무상 횡령·배임죄, 세법, 공정거래법, 하도급거래 공정화에 관한 법률 등만 제대로 집행해도 상당 부분 줄 것이다. 그러나 이 법을 집행할 수 있는 주체인 검찰, 국세청, 공정거래위원회의 의지가 문제이다. 이들이 제대로 공무원으로서 '밥값'을 하려면 경제민주화에 대한 비전과 의지가 있는 권력이 세워져야 한다. 민주공화국의 원리를 삼성왕국의 성 안으로 관철시키려면 '삼성왕국의 게릴라들'(《프레시안》 특별취재팀 지음, 손문상 그림, 『삼성왕국의 게릴라들: 삼성은 무엇으로 한국 사회를 지배하는가』, 프레시안북, 2008)만이 아니라 대규모 '정규군'이 필요하다. 그 '정규군'은 물론 민주공화국 대한민국의 주권자이다.

만약 주권자가 '먹고사니즘'에 빠져 있을 때 국민은 영원히 '삼성왕국'의 '신민'(臣民)일 뿐이다. 삼성이 마음대로 이윤을 축적하도록 내버려두면 국민에게도 '떡고물'이 떨어지고 국가 경제도 좋아진다는 주술에서 벗어나야 하다. 그리고 삼성왕국이라는 현상을 타파하는 임무를 직접적으로 떠맡는 것은 정당, 노동조합과 시민단체이다. 사실 스웨덴과 핀란드의 두 재벌이 '경주 최 부자' 같은 모습을 띄게 된 것도 두 나라에 강력한 노동조합과 사회(민주)주의 정치세력이 존재했고, 이에 기초하여 자본과 노동 사이에 대타협이 이루어졌기 때문이다. 삼성에 노조가 만들어지고, 진보정당이 원내교섭단체를 구성할 수 있을 때 삼성은 비로소 발렌베리나 노키아 쪽으로 한 걸음 움직일 것이다.

대한민국 헌법은 사적 소유와 재산권을 인정한다. 그러나 이것의 의미가 자본주의를 "사적 이윤이 그 어느 다른 이해보다도 우위에 있고, 따라서 사회도 피고용인도 기업 경영에 어떤 영향도 미치지 못하는 일종의 사회 제도"로 이해하라는 것은 결코 아니다.(잉그바 카를손·안네마리 린드그렌 지음, 윤도현 옮김, 『사회민주주의란 무엇인가』, 논형, 2009, 90쪽) 로버트 라이시(Robert B. Reich)의 용어를 빌자면, 헌법이 용인하는 자본주의는 '슈퍼 자본주의'가 아니라 '민주적 자본주의'이다.(로버트 라이시 지음, 형선호 옮김, 『슈퍼 자본주의』, 김영사, 2008) 자본주의는 민주주의의 틀 내에서 작동되어야 하며, 이 때 민주주의는 정치적 민주주의만이 아니라 경제적 민주주의를 포함하는 의미이다. 민주주의의 요청을 무시하고 민주주의를 위태롭게 하는 '맘몬'의 목에는 고삐를 채워야 한다.

홍윤기

김연아 연기가
보기 불편했던 이유 외

'이건희' 아이콘은 무소불위의 방자함을 기준으로 자본 만능주의
경쟁판을 만들어온 21세기 초반 대한민국 시민 전체의 욕망을 기반으로
만들어진 이상형이다. 오직 한 명만 '이건희'라는 아이콘을 가질 수 있음에도 불구하고,
우리 모두가 '이건희'가 된 기분에 삼성을 '이건희'에 헌납하고 그 우상 앞에서
순응하는 '루저'(loser)가 되어 왔다. 김연아의 신품 연기를 뒷받침해 준
'매력의 삼성'과 김용철 변호사가 전해주는 '추악한 삼성'의 이미지. 비천무를
연상시키는 연기를 아로새겨 감격의 금메달을 따낸
김연아의 신체 위에 바로 한 달 전 승천행을 선택한 삼성전자 부사장의 죽음이
어른거린다는 것은 너무나 견디기 힘든 고통이었다.

홍윤기　2007년 11월 19일 이용철 전 청와대 비서관의 삼성 뇌물 폭로가 있었던 그 시간 서울 태평로 삼성 본관 앞에서는 '전국철학자앙가주망네트워크(PEN)'의 이름으로 삼성 특검법 도입을 촉구하는 성명이 발표됐다. 국회의 특검법 통과에도 큰 영향을 미친 이번 성명 뒤에는 신속하게 철학자들의 뜻을 모은 전남대 김상봉 교수와 또 한 사람의 철학자가 있었다. 홍윤기 동국대 교수였다. 2주일 전 두 사람이 만났을 때 "뭔가 해야 하지 않겠느냐"는 김 교수의 말에 그는 고개를 끄덕였다. 그가 초안을 쓴 성명서에는 모두 210명의 철학자가 서명했다. '진실과 허위를 캐는 학자의 시선은 늘 현실 속에 있어야 한다'고 믿는 그는 독일 베를린 자유대학 대학원에서 철학을 연구하고 돌아온 뒤로도 학교에서 가르치는 일 외에 신문이나 잡지에 논문을 기고하거나 토론패널로 참여하는 등 왕성히 활동해 왔다. 그의 관심사는 언제나 이념적 자기주장보다는 인간의 기본권인 '행복추구권'이다. 궁극적으로 국가의 구성원들이 먹고 살고 자식 키우는 데 부족함이 없게 만들어주는 것을 지향해야 한다는 것이다. 그런 의미에서 '강한 중도'를 주창하기도 했는데, 그에 따르면 그것은 어떤 면에서 '진보보다 더 급진적이고 보수보다 더 안정적인' 것이라고 한다. 그는 사회를 보는 철학자의 눈은 가장 근본적인 성찰의 지점에 놓여야 한다고 생각한다. 이 책에도 실린 앞서의 성명서는 '한 인간이 양심선언을 할 때 그 양심을 어떻게 이해할 것인가'에 초점이 맞추어져 있다.

김연아 연기가 보기 불편했던 이유

철학의 이름으로 – 자발적 복종에 대하여

아마 이건희 삼성그룹 전(?) 회장이 지난 2월 5일 자신의 선친인 이병철 삼성 창업주 회장 탄생 100주년 기념식에서 "모든 국민이 정직했으면 좋겠다. 거짓말 없는 세상이 돼야 한다"는 말만 하지 않았어도, '삼성'에 관해 '뭔가 다시 생각해야 한다'는 생각 자체가 내게 들지는 않았을 것이다. 그런 훈계는 설사 그럴 자격과 권능이 있는 이가 정말 죄 지은 사람에게 하더라도 자신을 한 번쯤 돌아보지 않고는 그렇게 당당하게 입 밖에 내기 힘든 언사일 것이다.

하지만 속에서 치미는 역겨움에도 불구하고, 나는 김용철 변호사의 『삼성을 생각한다』라는 책 광고가 온갖 언론에서 거절 당하지만 않았더라도, 별 효과는 없을 수도 있겠지만 '삼성'을 상대로 '이제는 뭔가 해야 한다'는 섣부른 의지를 우려내지는 않았을 것이다. 이 책의 광고 거절에서 내게 아주 심각하게 느껴진 문제는, 삼성 측에서 이 책의 광고를 거부하도록 명백한 압력을 행사했다는 정황이 거의 인지되지 않는 상태에서 관련 매체들이 '알아서 자발적으로 거절' 했다는 점이다.

아주 뜻밖에도 〈경향신문〉에서 이 책을 다룬 김상봉 교수의 칼럼을 게재하지 않기로 했다는 소식을 김 교수 자신으로부터 전해 들었다. 나는 그 전언에서 삼성이 〈경향신문〉에 김 교수의 칼럼을 싣지 않도록 압력을 가했다는 얘기를 전혀 듣지 못했다. 그런데 〈경향신문〉은 삼성 측으로부터 그런 명시적 압력이 전혀 없음에도 불구하고, "제발 우리 사정도 감안해 달라"는 통사정과 함께 김 교수의 칼럼을 '알아서 자발적으로 거절' 할 수밖에 없다는 의사를 전했다. 〈경향신문〉의 정기기고자임에도 불구하고 원고를 거절당하자, 〈프레시안〉과 〈레디앙〉으로 원고 망명을 감행한 김 교수의 글을 나는 그 뒤 뒤늦게 읽을 수 있었다.

도무지 문제될 것이 없어 보이는 이 글을 실었다고 해서 신문에 무슨 일이 일어날 것인지, 내 식견으로는 통 짐작할 수 없었다. 그러면서 손발이 저리도록 내 몸이 잦아드는 공포의 내용은 평소 내가 제발 그러지 말았으면 하고 바랐던 두려운 사태 그 자체였다. 즉, 이제 삼성은 대한민국 시민 전체는 아니더라도 여야와 계층을 막론한 한국 사회의 지배 엘리트와 여론 주도층이 알아서 자발적으로 순종해야 하는 최강 권력이 되어 있다는 것이다. 대한민국 공론장의 저변인 시민 대중은 몰라도 제도권과 비제도권, 온라인과 오프라인을 망라한 공론장의 주도체들은 이제 삼성이 손수 손보는 수고를 할 필요도 없이 삼성에 대한 공포 때문에 알아서 자발적으로 기어주게끔 돼 있다는 것이다. 삼성은 이제 대한민국 사회와 정치, 그 모든 권력 관계에서 확실하게 비폭력 패권, 즉 헤게모니를 장악한 듯이 보인다.

평소 나는 어려운 사정에도 불구하고 언론의 정도를 걷고 있는 〈경향신문〉을 전혀 돕지 못했다는 점에 대해 부채감과 죄책감을 동시에 느끼고 있었다. 그리고 김 교수의 글을 거절할 수밖에 없는 그 사정의 통절함에 대해 "〈경향〉을 원망하지 않겠습니다"는 김상봉 교수의 심정에 글자 그대로 동감했다. 그뿐만 아니라 나는 김 교수의 글을 알아서 거절한 그 충정을 인정받아 〈경향신문〉이 삼성으로부터 광고나 듬뿍 수주해 그 어려운 경영난을 타개했으면 하는 바람까지 보태었다. 내가 키우지 못하는 내 자식이 평소 마뜩치 않게 여겨 왔던 남에게라도 밥숟가락 얻어먹고 호시절 올 때까지 살아남기나 했으면 하는 애타는 부모 심정이라고나 할까.

어쨌든 이런 일로 인해 나는 내 일정상 한참 뒤에나 읽었을 김용철 변호사의 책을, 그것도 동네 서점에서 주문해서 조기에 사들여 읽었다.

나는 거기에서 2007년 10월에 있었던 김용철 변호사의 양심선언에 210명에 달하는 철학계 인사들이 호응하여 〈전국철학앙가주망네트워크(PEN)〉의 이름으로 같은 해 11월 19일 아침 소공동의 삼성 본관 앞에서 닥쳐오는 초겨울의 쌀쌀한 바람을 맞으며 "철학의 이름으로" 발표했던 선언과 요구가 그 뒤 2년 동안 어떻게 누구도 모르게 또 아무렇지 않게 배신당했는지를 확인할 수 있었다.(이 글 뒤에 그날의 '선언'을 덧붙인다.)

PEN에 동참했던 철학자들은 당시 삼성과 관련된 각종 비리 사건, 즉 삼성 X파일 사건, 삼성 에버랜드 불법 상속 사건, 그리고 결정적으로 김 변호사가 밝히고 나선 삼성의 권력 관리용 비자금 사건을 제대로 수사하기 위해 특검의 가동을 요구했었다. 우리가 특검을 요구한 것은 당시 노무현 정부의 집권 말기 검찰총장 내정자였던 임채진 씨를 비롯해 검찰 고위층 대부분이 삼성의 관리자 명단에 올라 있었기 때문이었다. 그런데 이번에 나온 김 변호사의 책을 보니 그런 요구는 애초에 그 취지대로 실행될 성격의 것이 아니었다. 어느 면에서 특검 요구는 당시 검찰에게 삼성을 수사할 부담을 덜어주었을 뿐만 아니라 삼성에게 아주 쉬운 로비 대상을 풀어준 격이 되었다. 삼성과의 관계에서 이해관계가 없을 것으로 기대되었던 특검은 삼성이 아니라 거꾸로 고발인 격인 김용철 변호사를 수사하고, 비자금으로 은닉되어 있던 돈들을 이건희 회장 개인 재산이라고 돌려주기도 하였다. 우리 모두가 알고 있듯이 결국, 정권의 변화와 무관하게 삼성 특검 수사는 삼성과 이건희 전 회장의 죄를 추궁한 것이 아니라 오히려 포괄적인 면죄부를 주는 것으로 끝났다.(「특검은 왜 삼성이 아니라 나를 수사하나」, 『삼성을 생각한다』, 59~88쪽)

이때 아마 처음으로 210명의 철학자들이 제기했던 삼성불매운동의 제안은 그 결말이 더 참담하다. 문제는 누구를 탓할 것도 없이 나 자신이다. 당시 우리들은 삼성 족벌체제를 응징하기 위해 단지 삼성의 기부금이나 사회적 기여금을 거부할 뿐만 아니라 아예 삼성 제품 자체에 대한 불매운동을 시민사회에 제안했었다. 그러나 삼성이 사회세력상으로 별 볼일 없는(?) 철학자들에게 그 어떤 기부금을 애초에 줄 리가 만무한 것이었다. 그리고 삼성 제품 불매도 그 어떤 조직적 활동을 준비했다기보다 일단 삼성에 대해 이런 목소리도 나올 수 있다는 것을 시위하기 위한 일종의 경고탄 정도였다. 이 경고탄조차도 제대로 터지지 않았다는 것은 다름 아닌, 지금 이 글을 쓰고 있는 나의 그 뒤 생활을 보면 여실하게 입증된다.

이 글을 쓰기 전에 새삼 정신 차리고 꼽아 보니 지난 2년 동안 내 집 안에 삼성 제품이 줄어들기는커녕 더 늘어나 있었다. 너나 할 것 없이 삼성 제품에 대한 단순한 애용자가 아니라 중독자가 되는 증상은 더 심화되었다. 어쨌든 삼성에 잘못된 부분이 있어도, "국산이라서", "품질 좋아서", 또 "AS를 잘 해주니까", "직원이 너무 친절해서", 그리고 무엇보다 "믿을 수 있어서" 등……. 갖가지 이유로 정신없이 삼성 제품을 사서 써

댄 나와 내 가족도 알게 모르게 가담한 셈이다.

김연아 연기가 보기 불편했던 이유

어쨌든 본의 아니게 조기 독서를 하게 된 『삼성을 생각한다』를 주의 깊게 보면서 나는 현재의 삼성에 대해 이제는 정말 내가, 그리고 우리가, 더 이상 그 어떤 조처를 미룰 수 없다는 생각이 깊어졌다. 이 시기는 기묘하게도, 비단 나에게만 그런 것이 아니었겠지만, 삼성이 광고와 스폰서링을 통해 전폭적으로 후원한 김연아의 피겨가 나를 내내 매료하고 있던 밴쿠버 동계올림픽 기간과 겹쳐 있던 때이기도 했다. 그것은 정신적으로 혹독한 시련이었다.

김연아의 신품 연기를 뒷받침해 준 '매력의 삼성'과 김용철 변호사의 진정 어린 목격이 전해 주는 '추악한 삼성'의 이미지가 눈앞을 어지럽히는 가운데, 지금 당장이라도 세계 최고인데 그것을 넘어서는 '무결점 삼성'을 생각하려고 애쓴다는 것은 거의 정신적 고문이었다. 김 변호사의 책이 아니더라도, 비천무를 연상시키는 연기를 아로새겨 2월 26일 감격의 금메달을 따낸 김연아의 신체 위에 바로 한 달 전인 1월 26일 승천행을 선택한 삼성전자 부사장의 죽음이 어른거린다는 것은 너무나 견디기 힘든 고통이었다. 그리고 내 주변에는 삼성 빼놓고 모든 곳에 다 취직하라고 자식들에게 말하는 전직 삼성 직원들이 한두 명이 아니라는 것도 삼성 생각을 송곳처럼 아프게 만드는 일이었다.

나는 비단 한국 사람뿐만 아니라 세계인이 부러워하는 삼성전자 부사장이 그 잘나가던 자리를 박차고 왜 하늘나라로 날아가는 길을 택했는지 그 앞뒤 사정을 모르겠다. 그러나 이 자살 사건과 비슷한 시기에 나온 『삼성을 생각한다』를 읽으면서 결국 김 변호사가 살기 위해 참으로 당연한 선택을 했다는 확신이 들었다. 그러면서 내가 슬며시 웃었는데, 김 변호사여, 용서해 주시기 바란다. 나는 그가 용기 있는 결단을 내려서 삼성을 폭로하고 나선 줄 알았는데, 죽음을 택한 삼성전자 부사장과 비교해 보니, 김 변호사의 양심고백은, 알고 보니 죽기 싫어 단말마의 비명을 지른 것에 지나지 않았다. 사정이 그렇다면 누구나 자살하는 것보다 "삼성 쟤 좀 봐요!"하고 비명 지르고 나오는 게 상책인 것이다. 그래야 죽지 않는 것일 게다.

하지만 그 다음에 따라오는 상념은 결코 웃을 일이 아니다. 우리 대부분이 잘 모르지만, 삼성은 이제 그 안의 그 누구에게인가는 항상 죽음이 어른거리는 직장이 되어 있는 것이다. 돈 벌어서 행복하게 살자고 들어간 직장 생활이, 그 어떤 이유든, 자살로 마감될 수가 있다면, 그런 직장과 나 자신을 다시 한 번 생각해 봐야 한다.

삼성의 장점과 업적을 상찬하는 연구서나 글들은 지천으로 쌓아놔도 높은 줄 모르겠으니 그만 두기로 하자. 삼성의 문제는 김 변호사의 책을 자세히 읽어보면 정말 실감나게 인지할 수 있다. 이제 문제는 왜 우리가 삼성을 제대로 생각하고, 방치라도 해서는 안 되는지 그 근거를 우리 자신들이 진지하게 정리해 보는 일이다.

김용철 변호사의 책을 보면 2년 전보다 더 절실하게 삼성이 사실상 우리 대한민국 국가와 사회, 그리고 경제계 전반을 상대로 자신들이 축적한 자본을 휘둘러 일종의 비폭력 쿠데타, 정권에 대한 끊임없는 권력

개입을 하고 있다는 점이 뚜렷해 진다. 전국의 삼성 관련 직계 및 방계 기업들은 단지 생산 및 유통을 위한 경제 조직이 아니라 각 지역별로 지방권력의 말초신경까지 관리하고 감시하는 정보 및 행동 조직이라는 점 또한 분명해 진다.

이런 삼성의 조직체계가 단지 돈을 벌기 위해 벌이는 온당한 영리활동뿐만 아니라 모든 법질서를 꿰뚫고 그 위에 군림하기 위해 온갖 탈법적인 행위를 언제든 자행할 용의가 있는 탈법치주의 조직이라는 것이 근본적인 문제이다.

그런데 삼성의 이런 탈법성에는 그 어떤 위법에도 불구하고 그 어떤 처벌은 물론 단순한 제재도 받지 않으려는 '초법성에의 집착'이 강력하게 연관되어 있다. 사실 단순한 기업이라면 돈만 벌면 그만이다. 그런데 삼성의 행태를 보면 단지 돈 버는 것에만 만족하지 않으려는 '독단독재(獨斷獨裁)'의 권력의지가 번뜩이는 경우가 한두 번이 아니다. 그 어떤 나라의 기업도 자기가 축적한 자본력을 내세워 이렇게 국가를 전방위적으로 말아먹으려는 권력의지를 노골적으로 행사하는 경우는 거의 없다. 오직 삼성만이 그리 절실하지도 않는 사안을 명분으로 대통령의 단독 특별사면을 받아낼 수가 있다. 아니, 이 때 '삼성'이라고만 말하면 인식해태이다. 엄밀하게 말해 삼성 권력의 초점에 사실은 '이건희'라는 아이콘이 있다.

이제 '이건희'라는 아이콘을 폐기하자

'이건희' 아이콘은 그 우수한 인력들이 결집한 삼성의 맨파워 그룹을, 시간만 지나면 인간적으로 아무짝에도 쓸모없는 허접스런 부패 행각으로 빨아들이는 블랙홀이 되어 있다. 그리고 이렇게 국내에서 단련된 탈법성은 해외에서도 그대로 발휘된다.

2001년 9월 독일에서 세계 유수기업들의 탈법성과 반도덕성, 반인권성을 낱낱이 파헤쳐 스페인어 등 7개국 언어로 번역되어 반(反)세계화의 성전 반열에 오른 『유수기업 흑서(黑書)』(Schwarzbuch Markenfirmen, 한국어판 제목은 『나쁜 기업 — 그들은 어떻게 돈을 벌고 있는가』)를 지은 한스 바이스와 클라우스 베르너는 핸드폰 제조에 반드시 들어가야 하는 탄탈 금속의 원광에 어떤 기업이 눈독을 들이는가를 알아보기 위해 12개 전자제품 생산업체에 장기간 공급을 보장한다는 내용을 담은 판매제안서를 보냈다.

이 메일에 대해 삼성의 금속 무역 담당이 런던에서 연락을 보내 관심을 표명했을 때 바이스와 베르너는 자신들이 취급하려는 탄탈 원광이 "콩고 반군의 통제를 받고 있다는 점"을 분명히 밝혔다. 돌아온 대답은 "콩고의 경제적 혼란이 개입"되어 "반군과의 신중한 거래"가 필요함에도 불구하고 삼성은 이미 "구리를 콩고에서 들여온 적이 있으며 지역적 인프라 구축과 그것의 어려움을 잘 알고 있다"는 것이었다. 그리고 당장 내놓을 탄탈 원광에 대해서는 그 비싼 광물만 구할 수 있다면 그것을 "시장에 내보내는 것이 아니라 삼성 자체 수요로 전자업 쪽에서 가공될 것"이라는 확답을 들었다. 삼성 쪽에서 보면 참으로 야비하게 보였을 태도이지만, 이 두 저자는 삼성 발신인이 명기된 팩스 수신문과 런던에서 직접 날아온 관계자와의 대담만 채록하고는 더 이상의 연락을 끊었다. 이 사실을 이 두 저자는 '삼성이 걸려들다'라는 소제목으로 기술하고 팩스 원문을 사진으로 공개했다.

국내에서는 용인되는 작태도 진짜 경쟁이나 시민 감시가 치열한 해외 시장에서는 크게 걸려드는 수가 있다. 대한민국의 대통령이 특별사면한 이건희 회장도 IOC의 중징계는 피해갈 수 없었다. 결국 중범죄인을 사면한 대한민국 최고 통치권자의 체면과 그가 그렇게 중시하는 국격(國格)이 있는 대로 상한 것이다.

결국 이건희란 아이콘에 얽힌 삼성으로부터 그 마법의 줄을 끊기 전에는 삼성의 이미지나 대한민국 국가 브랜드 모두가 경우에 따라서 치명상을 입을 수 있다는 결론이 나온다. 누가 이 사태를 어떻게 막아야 할 것인가?

우리는 김용철 변호사가 자기 인생을 걸고 전해준 삼성 이야기에서 단지 삼성과 그 총수 일가의 알 수 없는 탐욕과 권력욕, 그리고 참으로 갖가지의 기기묘묘한 탈법 행태만 보는 것이 아니다. 그것은 우리가 19세기 초의 조선 사회를 알려면 정약용의 『목민심서』를 봐야 하듯, 21세기 초의 대한민국 사회를 알게 만드는 심층의 비리 코드를 내장하고 있다. 그것은 우선 자본독재가 경제적으로 성립되고, 정치적으로 관철될 뿐 아니라 문화적으로 공고화된 실상을 적나라하게 보여준다. 무엇보다 그것은 좋다는 것은 무엇이나 독점하고, 그것을 특별하게 만들어 스스로를 다른 천한 것들과 끊임없이 특별한 것으로 구별(distinction)하려고 드는 문화자본 행태의 백미를 보여주기도 한다. 이 책에서 보이는 것은 한 명의 천재 덕분에 살아가는 백만 명의 백성이 아니라, 노동력을 제공하면서도 인간적 존엄성과 자존심까지 구기는 25만 명의 삼성맨들에게 둘러싸인 한 명의 최강자만 보인다. 삼성이 잘되면 우리 모두가 잘될 것이라는 이건희 전 회장의 말을 이제 더는 믿을 수 없다. 자본독재의 일차적 관심은 자본 자신이 사는 것이지 그 어떤 기업이니, 나아가 백성은 더더구나 아닌 것이다.

그리고 이 글을 쓰는 지금 이 순간, 라디오에서는 이명박 정권이 들어선 지난 2년간 재벌 기업의 고용자 수가 현격하게 줄었고, 그것을 삼성에서 주도했다는 뉴스가 흘러나오고 있다. 누구나 다 아는 사실이지만, 삼성전자는 작년에 10조 원을 넘어서는 영업 이익을 올렸다. 삼성이 돈을 벌어도 그 이득을 보는 사람의 수는 점점 줄어들고 있다는 의미다.

'이건희' 라는 아이콘이 삼성그룹의 지배자 이건희 씨만 가리키는 것이 아니라는 점에 유의하기 바란다. '이건희' 아이콘은 그런 무소불위의 방자함을 기준으로 권력과 자본 만능주의 경쟁판을 만들어온 21세기 초반의 대한민국 시민 전체의 욕망, 아니 탐욕을 기반으로 쌓아 올려진 이상형이다. 오직 한 명만 '이건희' 라는 아이콘을 가질 수 있음에도 불구하고, 우리 모두가 '이건희' 가 된 기분에 삼성을 '이건희' 에 헌납하고 우리 모두 그 우상 앞에서 순응하는 '루저' (loser)가 되어 왔다. 전도유망한 특수부 검사직뿐만 아니라 변호사 자격증까지 포기하려고 했던 대한민국 시민 김용철만이 이런 자발적이고 순응적인 루저가 되기를 거부하고 자기 가치에 따라 자기 삶을 주체적으로 디자인하는 민주시민이 되기로 결단하였다.

우리 자신이 '이건희 아이콘' 에 묶여 그것과 공멸하기 전에, 그리고 이제 단지 소비품이 아니라 권력 유인책이 된 삼성 제품에 말려 우리의 삶을 상실하고 그 탈법성과 부도덕성의 공범이 되기 전에 삼성 제품에 "NO!"라고 할 수 있는 경제시민이 되도록 마음을 새로이 가다듬어야 할 것이다. 아니 그 누구더러 하라고 하기 전에 나부터도 집안에서 조금은 불편하더라도 삼성 제품을 하나씩 다른 제품으로 대체해 나가야 할 것 같다. 어느 면에서 바로 그것만이 '이건희 아이콘'에서 완전하게 해방된 '무결점 삼성'을 만들 수 있는 이 국가 시민으로서의 첫발일 것으로 확신한다.

돈 아닌 사람이 주인 되는 세상을 위하여
양심선언을 지지하고 엄정한 특검 수사를 촉구한다

특수부 출신 전직 검사이자 전(前) 삼성 구조조정본부 법무팀장, 그리고 현재 변호사인 대한민국 시민 김용철 님의 양심고백을 근거로 지난 10월 29일 천주교정의구현사제단이 삼성그룹 비자금 전모에 대한 수사를 촉구한지 한 달이 되어가고 있다.

그 동안 우리 철학하는 이들은 우리의 직업인 철학에서 가장 기본적 윤리 개념인 '양심' 의 입장에서, 과연 우리 국가와 사회가 바로 이 양심을 알아보고 지원할 의지와 능력이 있는지를 비상한 관심으로 주시해 왔다.

그리고 지금 우리 철학하는 이들은 '삼성제국' 이라는 표현이 더 적절한, 경제적 독재권력이 중심에 놓인 이 사건을 두고 국가 기관, 각종 사회권력들, 특히 청와대와 여야 정당, 그리고 언론의 반응을 보면서 크게 절망한 끝에 더 이상 사태를 좌시할 수 없다는 결론에 이르렀다.

우선 첫째, 우리는 검찰이나 금융감독원이라는 국가권력 담당자들이 자기 인생을 걸고 삼성제국의 거대한 비리를 짚어낸 한 인간의 양심을 알아볼 그 어떤 의지도 없다는 데 실망한다.

그리고 둘째, 우리는 언론을 비롯한 이 사회의 각종 권력들이 침묵의 카르텔을 고수하면서, 김용철이라는 한 시민의 양심이 묻히고 그가 파렴치범으로 각인되기를 기다리는 것 같은 처신을 보이는 데에 절망한다.

10월 29일 기자회견에서 사제단은 김용철 전 삼성 구조본 법무팀장 명의로 우리은행 삼성센터 지점에 개설된 차명계좌 세 개와 굿모닝 신한증권 도곡동 지점의 증권 계좌 한 개의 번호, 그리고 그 계좌들에서 발생한 이자 소득의 액수까지 제시했다.

과거 노태우 전 대통령의 4천억 원 비자금 사건은 당시 박계동 신한국당 의원이 제시한 예금 잔고 조회표 한 장으로 그 전모가 드러나기 시작했다. 가까이는 2006년 현대차 비자금 사건의 경우 A4 서너 장에 불과한 내부 실무자의 회계 자료 제보 하나로 정몽구 회장의 구속까지 이르는 데 긴 시간이 필요치 않았다. 이 사건들 모두 대검 중수부가 바로 수사에 착수했었다. 그리고 올해 들어서는 한 고위 공직자의 사소한 권력형 비리와 남녀 스캔들이 뒤얽힌 학력 관계 사문서 위조 사건을 갖고 유력한 사립대학의 행정을 마비시킬 정도로 털어내다 급기야 쌍용그룹 전 회장이 집안에 은닉한 막대한 비자금까지 찾아냈다.

무소불위의 권력과 만능의 수사력을 자랑하는 대한민국 검찰과 경제계의 검찰격인 금융감독원은 김용철 변호사와 사제단이 생명과 인격을 걸고 제시한 명백한 증거에도 불구하고 신속한 수사 착수는커녕 마치 범인들로 하여금 증거를 인멸하고 입 맞출 시간을 갖게 할 요량인 양 계속 시간을 끌었었다.

어떤 경우에도 검찰과 금감원의 수사 능력이 아니라 수사 의지가 문제다. 과연 시민과 성직자의 양심이 국가 기관에 의해 이렇게 무시되고 경시되어야 하는가? 그러나 더 큰 문제는 이 사건의 진실을 밝힐 시간이 지체되는 동안 삼성제국의 비리를 토설한 김용철 전 법무팀장을 파렴치범으로 만들려는 시도가 파상적으로 행해져 그 사건을 보는 보통 시민들의 시각을 호도한다는 것이다.

한 학력 위조자에 대해서는 그 알몸 사진이나 사생활까지 샅샅이 캐던 족벌 언론들은 이번 사건의 기사를 최대한 축소하고 김용철 변호사의 신상은 어두운 쪽으로 최대한 키워 드러냄으로써 '삼성 감싸기'에 급급했다. 변호사법 제1조 1항에 따르면 "사회정의를 실현함을 사명으로 한다"는 변호사들의 모임인 대한변협은 명백히 공익을 저해하고 국가 전체를 오염시키는 은밀한 범법 집단인 삼성제국의 행태를 토설한 김용철 변호사가 '의뢰인 비밀 유지 의무'를 위반했다며 징계를 검토하겠다고 나서 양심 모욕이라는 추태의 정점에 섰다.

국가권력과 사회권력의 이런 비호를 등에 업은 가운데 삼성제국 안에서 드디어 비장의 승부수가 연출되었다. 김용철 변호사와 마찬가지로 검찰의 고위 간부 출신으로 삼성의 현직 법무실장인 이종왕 변호사가 변호사직까지 내던지며 김 변호사의 언행을 "모두 거짓"으로 단정하고 사직서를 제출했다. 이 실장의 사직으로 삼성은 김 변호사 개인을 '파렴치범'으로 부각시키고 자신들의 '결백'을 호소해 이번 '진실 공방'에서 여론을 유리하게 끌고 나가려는 의도를 숨김없이 드러냈다. 이제 싸움은 '삼성제국의 비리 대(對) 한 내부고발자의 시민적 양심'이 아니라 '변호사 대(對) 변호사'의 격투기로 축소될 전망이다.

이렇게 우리 사회와 국가는 한 시민의 양심을 알아볼 능력도 없단 말인가? 양심이란 자기 신념이나 사고 또는 행위가 옳다고 믿는 주관적 확신이다. 그래서 어떤 개인이 자기의 양심으로만 그 객관적 정당성을 인정받을 수는 없을 것이다. 그러나 개인의 양심으로 뒷받침되지 않으면 그 어떤 사회나 국가의 정의도 '실천적 실체성'을 확보할 수 없다. 이 때문에 한 개인이 양심을 걸고 나설 때 그 '진정성'을 알아채는 것은 그 사회나 국가가 올바르게 발전하는 데 꼭 필요한 사회 능력 또는 국가 능력이다.

그럼 시민 김용철은 지금 양심적 언행을 하고 있는가?

자기 양심을 걸고 삼성제국의 비리를 고백한 김용철 변호사는 지금까지 착하고 올바른 인생만 산 인물이 아니다. 5공 살인정권의 수괴 전두환의 비자금을 기어이 찾아낸 특수부 검사였음에도 불구하고 그는, 자신이 실토했듯이, 삼성제국 안에서 제국의 범죄를 진두지휘한 그 범죄의 '공범자'이자 경우에 따라서는 '주범'이었다.

그럼에도 불구하고 '전국철학앙가주망네트워크(PEN)'에 참여한 우리 철학자들은 지금 이 순간, 변호사이기 이전에 이 얼룩진 인생을 되돌아보는 시점에 서서 제국의 비리를 외부에 알린 이 '평범한 시민 김용철'의 뒤에 서고자 한다. 왜냐하면 우리의 철학적 분별력에 따르면 바로 이 순간 시민 김용철이야말로 양심의 절실함을 갈구하는 '양심적 인간', 그 이상도 그 이하도 아니기 때문이다.

우선 그는 삼성 정치 비자금 사건, 에버랜드 전환사채 발행을 통한 불법 상속 및 증여 시도 사건, 삼성 X파일 사건 등으로 점철되는 삼성제국의 비리 행진 안에 그것을 추동하는 내부 부패 구조가 있다는 것을 여실히 열어 보임으로써 우리 사회와 국가에 만연한 권력 불신과 권력 불안의 또 하나 근원이 어디인가를 분명히 알려주었다. 그의 양심선언의 내용은 우리 사회에 아주 유의미한 것으로서 우리는 그것을 통해 우리

삶을 더 잘 알 수 있는 더 많은 진리를 획득할 수 있었다.(양심 진정성의 유의미성 조건 충족)

이제 삼성을 빼놓고는, 우리 사회와 국가의 민주주의와 청렴함을 더이상 논할 수 없다. 삼성은 더 이상 단순한 경제권력이 아니다. 국세청을 비롯한 관료, 검찰, 사법부 판사, 그리고 여야 정치권 등의 국가권력, 금융, 재계, 언론 등의 사회권력, 나아가 학계는 물론이고 심지어 시민사회와 청와대까지도 장악하려는 전체주의적 독재권력이고자 하는 야망의 화신으로 분명히 부각되었다. 그들이 꿈꾸는 것은 국가 안에서 국가 위에 군림하는 제국(帝國)이다. 그런데 시민 김용철이 말했듯이 "삼성의 역기능은 임계점에 달했지만 자정능력이 없다."

이런 삼성제국의 권력 앞에서 시민 김용철은 양심을 지키면서 더 이상 얻을 것이 없고, 그나마 죄 되게 얻은 것도 송두리째 빼앗길 처지로 몰렸으며, 심지어 자기가 출자한 법무법인의 동료들로부터도 배척을 받았다. 이런 그의 처지는 어쩔 수 없이 자기 이익에 초연할 수밖에 없는 상황으로 그를 내몰았다. 그는 자기 행위가 이익에 초연함을 보임으로써 자기 양심의 진정성을 입증하는 가장 중요한 조건을 충족시켰다.(양심 진정성에 있어서 이익 초연성 조건 충족)

그리고 그는 분명히 나약한 인간이다. 그는 생래적으로 의로운 인간이 아니고, 그 점을 누구보다도 잘 알고 있다고 공개적으로 고백하고 이런 자신의 나약성에 저항하기 위해 수도원 안으로 자기를 가두었다. 그는 이제 돌아갈 곳이 없는 곳에다 자신을 묶었다. 모든 사람들이 보는 앞에서 그는 돌아가면 자기파멸로 떨어질 수밖에 없는 그런 곳에다 스스로를 결박했다. 언제든지 굽혀질 수 있는 자기 양심의 나약성에 대해 그는 스스로 저항하는 용기를 보여주었다.(양심 진정성에 있어서 자기나약성에 대

한 자기저항의 조건 충족)

무엇보다 마지막으로 그는 자기 양심의 진정성에 쏟아질 수 있는 모든 의혹과 비난 앞에 스스로를 드러내고 스스로 시험대 위에 올랐다. 우리는 그 앞에서 그에게 어떤 비난도 해도 되고 어떤 의혹을 제기해도 된다. 그는 비난과 비판 앞에 스스로를 드러내고 해명한다.(양심 진정성에 있어서 항상적 자기시험 용의의 조건 충족)

이러고도 우리 철학하는 이들이 시민 김용철을 믿지 말아야 한다는 얘기인가? 이러고도 그를 믿을 능력과 용기가 우리 대한민국 시민들에게 없다는 얘기인가?

양심은 오직 착하고 선량한 인간만이 가지는 선한 인성의 발동이 아니다. 아무리 악한 인간일지라도 그 어떤 계기를 통해, 그리고 스스로 올바르고 싶고 남들로부터 올바른 인간으로 인정받고 싶다는 원천적 욕구를 갖기 때문에, 자신의 양심을 공표하고 그 진정성을 인정받고자 하는 절실함이 있을 수 있다. 우리 철학이 통찰한 이런 양심 진정성의 요건들에 비추어 우리 철학하는 이들은 거침없이 '시민 김용철'의 뒤에 서고자 한다.

한 나라가 '발전'하는 데 경제 발전의 능력은 아주 중요하다. 그러나 한 나라가 '지속적으로 발전'하려면 그 경제 발전 속에서 양심을 발휘하고 그 양심을 알아보고 그 양심대로 정의로운 사회와 국가를 만드는 더 고차적인 능력이 필수적이다.

삼성의 저력은 그 경제 능력에 대한 대한민국 국민의 사랑과 긍지에 있다. 그러나 족벌체제로 굳어진 삼성제국은 국민의 이런 사랑과 긍지를 끊임없이 배신해 왔다. 족벌제국 삼성은 이제 국민기업 삼성 발전의 족쇄이고 그 질곡이 되려고 한다. 양심을 알아보는 능력, 우리에겐 이제 그것이 절실하다! 그래서 우리는 이 대한민국의 국민에게 우리가 추구해 온 철학의 이름으로 다음과 같이 호소한다.

'삼성제국, 그 비리를 토설하는 양심을 알아보자!'

삼성제국은 이 나라 민주주의를 근본적으로 잠식하는 국가 안의 제국이며, 이 나라 지배 엘리트 전체를 오염시키려는 반국가 범법집단이다. 따라서 우리 철학하는 이들은 삼성제국의 해체와 삼성의 진정한 발전, 그 위에서 꽃필 대한민국의 정의로운 번영을 위해 다음과 같은 것을 요구한다.

1. 여야 정치권과 청와대는 이 삼성제국에 대한 조사와 수사를 주저하는 검찰과 금융감독원의 고위층을 직권정지하고 삼성제국 해체를 위한 특검제를 도입하라! 그리고 특검 수사가 종결될 때까지, 삼성 관리 대상자로 지목된 임채진 차기 검찰총장 내정자의 임용을 철회하라!

2. 청와대는 부패 척결의 부담을 차기 정부에 전가하지 말고 임기 중에 삼성 사태 진상 규명에 전력을 질주하라. 청와대는 참여정부 5년간 삼성권력이 급속하게 비대해 지는 것을 방치했을 뿐만 아니라 해괴한 논리를 동원하여 특검법에 대한 거부권 행사를 공언함으로써 상식적으로 납득할 수 없을 정도로 삼성 감싸기에 나서고 있다. 청와대는 삼성 감싸기를 중단하고 특검법 통과에 적극 협조하라!

3. 금융감독원과 국세청은 변양균 사건과 현대·쌍용 비자금 수사에서 보여준 수사 강도를 능가하는 정도의 방식으로 삼성제국의 범죄기획처인 삼성 전략기획실의 운용과 그 비자금 전모를 낱낱이 밝혀

내라!

4. 경제 관련 정부 당국과 국회는 단 2퍼센트도 안 되는 주식으로 60개 대기업을 좌우하는 삼성가의 족벌경영체제를 이 기회에 종식시키고, 산업자본/금융자본 분리 원칙을 폐기하거나 약화시키려는 어떤 음험한 발상도 금지하며, 금융 기관의 공공성을 강화하는 정책 기조를 공고하게 확립하라!

5. 국민의 진정한 알 권리를 외면하는 족벌 언론들은 침묵의 카르텔을 해체하고 국민 앞에 사과하며 삼성제국의 진면모를 분명히 알리는 데 앞장서라!

6. 대통령 자리에만 눈멀어 삼성제국의 작태에 눈감으려는 〈통합신당〉과 〈한나라당〉의 기회주의적 정치인들은 김용철 변호사의 증언을 청취할 청문회를 조속히 개최하여 삼성제국의 반국가 음모를 전 국민 앞에 공개하고 공적 기록으로 남기도록 하라!

7. 이런 모든 요구가 받아들여질 때까지 우리 철학하는 이들은 그 어떤 명목으로 지급되는 삼성의 사회적 기여금이나 기부금도 사회적 뇌물이나 매수로 간주할 것이다. 모든 언론, 학술 단체 그리고 시민 단체는 삼성 사태가 종결될 때까지 그 어떤 삼성의 기부금도 거부하여 경제권력 독재 음모의 분쇄에 동참하라!

8. 그리고 이 기회에 삼성제국의 반국가적 망동을 응징하고 진정한

삼성의 경쟁력을 확립시킬 채찍을 가한다는 취지에서 삼성의 족벌체제가 종식될 때까지 일체의 삼성 제품에 대해 범국민적 불매운동을 벌일 것을 시민사회에 제안한다.

2007년 11월 19일

전국철학앙가주망네트워크(PEN)

SAMSUNGCARD ✂

우석훈

이병철의 유훈인가,
국민의 사랑인가? 외

김용철 변호사의 책은 우리 시대의 가장 삐까뻔쩍한 성 안에서
어떤 음험한 짓들이 벌어지고 있는지를 고발한다. 삼성이라는 성채의 벽에
뚫린 구멍을 통해서 우리는 이 불멸의 신성가족들이 누리는 쾌락이란 게
기껏해야 '구별짓기'에 불과하다는 사실을 알게 되었다. 이건희의 생일잔치에서
항공기로 공수된 냉장 푸아그라(거위 간)와 천만 원짜리
페트뤼스 와인, 와규, 이런 따위들을 보란 듯이 즐기는 모습을 보며
우린 무엇을 느껴야 할까? 그들은 혹시 자신들을 향한 우리들의 하염없는
욕망의 시선을 먹어치우고 있었던 것은 아닐까?
그들의 성을 이토록 키워온 것은 결국 우리들 자신이었다.

우석훈 경쟁 사회의 벼랑에 내몰린 한국의 20대에게 자기 세대의 이름을 찾아준 책 『88만원 세대』의 저자이다. 88만원 세대들이 틀 지워진 구조 밖으로 나올 수 없게 발목을 잡고 막아서는 것은 이들의 몸과 영혼을 잠식한 신자유주의로부터 비롯된 '공포'라고 진단한다. 이런 20대를 공포에서 벗어나 해방시켜줄 '구원자'는 결국 20대들 자신일 수밖에 없다. 때문에 그는 20대들이 자신들의 문제를 다루는 시민단체를 직접 조직하고, 기존 정당에 들어가 자기 세대를 위한 정치를 펼치라고 주문한다. 이것이 후속작 『혁명은 이렇게 조용히』이다. 하지만 경제학자로서 그의 주 관심사는 '생태경제학'이다. 『한미FTA 폭주를 멈춰라』나 『직선들의 대한민국』 같은 일련의 책들은 근대화 이후 한국의 정치와 사회, 윤리 등 모든 것을 지배하게 된 개발지상주의를 생태적 관점에서 무장해제 시키려는 시도로 씌어졌다. 그의 사유의 기초를 이루는 것은 '모든 살아있는 것들이 겪는 고통에 대한 연민'이다. 이 책에 실린 글에서 삼성 해체 이전에 당장에라도 노동조합을 허용하고, 백혈병에 걸렸거나 숨진 노동자들에게 즉시 합당한 조치를 취하라고 요구하는 것도 그 때문일 것이라 여겨진다. 경제와 사회, 문화의 영역을 넘나들며 왕성한 글쓰기를 지속하고 있으며, 이 시대 성장주의의 폐해를 고발하는 '명박시대'라는 장편연작시를 구상 중이다.

이병철의 유훈인가, 국민의 사랑인가?

삼성이라는 성(城)

한국에서 삼성은 특별한 존재다. 가끔 삼성을 언급한 원고가 이유 없이 게재하기 곤란하다는 통보를 받기도 하고, 삼성을 분석한 부분이 들어간 책이 출판사에서 반려된 경험을 나도 가지고 있다. 전부 지난 참여정부에서 벌어진 일이다. 한국에서 삼성이라는 회사는, 카프카의 「성」(城)과 같은 이미지를 가지고 있다. 국민들은 삼성을 좋아하는 것이 아니라, 두려워하는 경우가 더 많다. 한때는 남산, 국정원, 청와대 같은 이름들이 절대 공포를 상징했지만, 지금은 삼성이 그런 절대 공포의 상징이다. 공포의 대상까지는 아니더라도 〈조선일보〉와의 관계에 대해서 우리나라 국민들이 한 번쯤 고민을 하게 되는 것처럼, 삼성도 이제는 심각히 생각해 보아야 할 상황에 접어든 것 같다.

예전에 록펠러가 그랬었고, 그가 창설한 스탠더드 오일 컴퍼니가 유사한 위상을 가진 적이 있다. 세계 최고의 부자로 꼽혔던 록펠러가 시장 독점, 무자비한 노동자 탄압 등으로 악명이 높았다는 것은 누구나 알고 있는 사실이다. 20세기 초 그는 '이 시대 최고의 범죄자'로 불리기도 했다. 자본주의 초기에는 이런 독점적 위치에서 공포를 상징하는 회사들이 가끔 나오지만, 성숙 단계로 넘어가면 대개 다른 기업과 다를 바 없는 '정상 기업'이 되기도 한다. 삼성도 과연 그런 과정을 밟고 있는 것일까?

지난 정권은 '삼성 정권'이었다고 생각한다. 오늘 진보 혹은 야당이 연합전선을 형성하지 못하는 가장 큰 이유를 쉽게 설명하면 한·미 FTA 문제이다. 왜 〈민주당〉에 힘을 실어주지 못하고, 왜 한명숙이나 유시민을 지지하지 못하느냐는 질문을 종종 받는다. 날탕으로 FTA를 추진했던 사람들을, 그리고 그에 대해서 아직 한 번도 다시 생각해 보지 않은 사람들을 어떻게 지지할 수 있느냐? 한·미 FTA는 〈민주당〉의 한가운데를 가르고 있는 사건이고, 여전히 살아있는 의제이다.

고인이 된 노무현 대통령의 여러 가지 정책 중에서 아직도 사람들이 가장 이해를 하지 못하고 있는 사건이 바로 FTA의 수용이다. 간단하게 말하면, 한·미 FTA와 뉴타운, 이 두 가지로 〈민주당〉은 정권을 잃었다. 그리고 그 이후로 정치적인 재기가 어려운 상황이다. 왜 노무현 대통령은 한·미 FTA를 그렇게 급작스럽게 추진했을까? 시민사회에서 제기되는 여러 반대에도 불구하고 다급히 몰아붙여야 하겠다고 마음먹게 한 그 확신은 '제 것'이었을까? 영원한 미스터리가 될 것 같다. 그러나 우리는 누가 그 실무책임자였는지는 안다. 한·미 FTA의 일등공신이라 일컬어지는 김현종 통상교섭본부장이다.

김용철 변호사의 『삼성을 생각한다』는 여러 가지를 다시 생각하게 만들어준다. 김 변호사는 삼성 구조본의 법무팀장이었고, 검사 출신으로 처음으로 삼성에 갔던 사람이다. 장관급이던 한·미 FTA 통상교섭본부장 김현종은 이명박 정부가 출범한 후에 바로 신설된 삼성전자의 해외

법무팀장으로 옮겨갔다. 이런 일을 우리는 아직도 눈을 뜨고 보고 있는 셈이다. 그리고 평창 동계올림픽 유치라는 말도 안 되는 이유를 들어 대통령은 지난해 마지막 날 삼성의 이건희 회장에게 특별사면을 단행했다. 이어 올 8·15 특사로 이학수, 김인주를 포함하여 '비리 5인방'은 모두 법적 구속으로부터 해방되었다. 이게 '선진 한국'을 주장하는 나라에서 도대체 상식적으로 가능한 일일까?

삼성이 '정상기업'이 될 때까지……

지금부터라도 우리가 삼성에 대해 '생각'해야 할 것은 한두 가지가 아닐 것이다. 재벌체제의 변화 등 한국 자본주의의 구조 개선과 관련된 큰 주제는 별개로 하더라도, 구조적 변화 이전에 반드시 이루어져야 할 선결과제가 있다. 후계 문제는 별도로, 삼성과 관련해서 우선적으로 해결하지 않으면 안 될 두 가지 사회적 의제가 존재한다고 생각한다. 첫 번째는, 아주 오래된 문제지만 '무노조 경영'이다. 우리나라에서만 그런 게 아니라, 삼성은 해외에서도 무노조를 유지하는 것으로 알고 있다. 여기서 '해외'라는 지칭은 주로 동남아 등 가난한 지역을 말하는 것이다. 그 지역 현지 인권 운동가들은 "한국 기업이 다른 아시아 기업에 비해 폭력적·군사적"이라고 평가한다고 한다. 삼성은 첼시 유니폼에 삼성 로고를 넣기 위해 849억 원을 동원했지만, 말레이시아에 삼성전자 공장을 유치하면서 "10년 동안 노동조합을 허용하지 않겠다"는 현지 정부의 약속을 받아 냈다. 최근 미국에서 성과를 올리고 있는 현대자동차는 강성 노조로 유명한 곳이지만, 세계화 국면에서 삼성처럼 노조 없이 회사를 소유하고 있는 주주들의 의사만으로 경영을 한다는 것은 어불성설이다.

또 다른 중요한 의제 하나는 삼성반도체의 화학물질로 인한 해당 노동자들의 보건적 피해 문제이다. 삼성반도체는 첨단산업으로만 사람들이 알고 있지만, 사실은 화학공장 아닌가? 그 속에서 노조 없는 노동자들이 겪는 피해는 당연한 일인데, 이걸 삼성의 힘으로 덮고 있는 것은 '정상적인' 기업으로서는 이제 그만해야 하는 일이다. 이건 정말이지 정상적인 수준의 이성을 지닌 사람으로선 참기 어려운 사태이다. 스스로 그만두지 않으면 그만두게 하는 방법 외에는 없다. 월스트리트의 추문을 파헤친 마이클 무어의 다큐멘터리 〈자본주의, 러브스토리〉는 미국 대자본이 사람의 목숨으로 어떻게 파렴치한 돈벌이를 하는지 폭로하고 있다. 미국 텍사스 주 휴스턴의 한 은행에서 일하던 남자가 암으로 죽자 이 은행은 죽은 지 수 주 만에 150만 달러의 수익을 챙긴다. 죽은 사람이나 그 가족도 모르게 들어놓은 생명보험금을 수령한 것이다. 비밀리에 가입된 이 계약의 수령인은 당사자가 아닌 은행이었다. 또 한 예로 월마트 빵집에서 일하던 26세의 여성이 죽었다. 월마트 역시 본인도 모르게 들어놓은 보험금 36만 달러를 수령해 이익을 챙겼다. 뱅크 오브 아메리카, 시티뱅크, 네슬리, 아메리칸 익스프레스, 맥도넬 더글러스 등은 월마트와 더불어 이 기이하고 터무니없는 생명보험의 '비밀'이 드러난 회사들에 해당한다. 사람의 목숨을 대가로, 혹은 죽음을 방치함으로써 돈을 버는 이런 행위들은 그 행태의 차이에도 불구하고 모두 범죄라고 단정해야만 한다. 다큐멘터리의 마지막에 마이클 무어는 손수 범죄현장 보존에 사용하는 노란색 테이프를 들고 가 월스트리트의 한 건물에 두른다. 그리고는 외친다. "이 건물에서 범죄가 발생했습니다. 국민의 이름으로 체포합니다." 삼성반도체 공장에서 백혈병으로 사망한 사람만 아홉 명이다. 사태가 이 지경에 이르렀다면, 이건 범죄현장에 다름 아니다.

삼성이라는 대기업이 우리에게 주었던 피해는 물론 이보다 더 많지만, 그럼에도 나는 언젠가 삼성이 지금의 음침하고 공포스런 이미지를 벗고, 정말로 '국민의 기업'이 되기를 바란다. 삼성이 망하기를 바라고, 삼성을 이유 없이 미워하는 사람은 적어도 한국에는 없다. 그러나 한·미 FTA의 김현종의 사례가 그랬던 것처럼, 정부 인사인지 삼성 인사인지 도무지 분간이 되지 않는 듯한, 실타래처럼 엉킨 이 복마전을 그대로 두고서 우리가 다음 단계로 새로운 진화를 하는 것은 가능하지 않을 것이다. 그렇다면 이건 우리에게도 손해이고, 삼성에게도 손해이다.

삼성은 아마 오랫동안 국민을 두려워 한 적이 없었던 것 같고, 소비자를 진정으로 무서워하지는 않았던 것 같다. 그럴 만도 하다. 그것이 개혁 정권이든, 보수 정권이든 자기 사람으로 만들어버리는 '관리의 삼성'이라면 그럴 만도 했을 것 같다. 그러나 우리 모두를 위해서, 이 어두운 역사는 과거의 것으로 만드는 것이 좋다.

거듭 말하지만, 내가 삼성의 여러 문제 중에서 지금 요구하고 싶은 것은 딱 두 가지이다. 노조를 인정하는 것, 그리고 삼성 내의 보건적 폐해 등 지금까지 삼성의 힘으로 누르고 있었던 것들에 대해서 최소한 인간적인 사과와 제대로 된 보상을 해주는 것이다. 자본주의 초기에나 있었을 법한 이런 문제들을 그대로 안고는 성숙한 자본주의로 넘어가지 못한다.

우리 집에 있는 물건 중에서 삼성 브랜드를 살펴보았다. 일단 내 핸드폰이 애니콜이고, 스캐너 복합기가 삼성 것이다. 그리고 아내가 혼수라고 샀던 유일한 물건인 DVD와 결합된 TV가 삼성 것이다. 기왕이면

국산을 사자고, 나도 이것저것 삼성 물건을 솔솔치 않게 가지고 있다.

이병철의 유훈인지, 국민의 사랑인지, 이제 삼성도 고민을 하기 바란다. 지금의 어둡고 음침한 삼성이 아니라 밝고 투명한, 그래서 장부를 믿을 수 있는 그런 정상적인 기업으로 삼성이 변하기를 바란다. 삼성이 유훈 대신 국민을 선택하는 그날까지, 나도 삼성 불매 들어간다. 내가 이해할 수 있는 방식으로, 그리고 상식을 가진 국민들이 이해할 수 있는 방식으로, 대답을 해주기 바란다. 그러면 나도 다시 삼성 물건을 구매하게 될 것이다. 다음 이야기는, 미국이라는 나라에서 벌어진 일이지만, 미국식 자본주의를 죽어라 따라 배운 이 나라에서도 머지않아 벌어졌으면 하는 이야기이다.

부자들의 반란 - 이런 부자들 어디 없나

미국의 대표적 소비자 운동가로 2000년 대통령 선거에선 녹색당 후보로, 2004년엔 무소속 후보로 출마하기도 했던 랄프 네이더란 사람이 있다. 젊은 변호사들을 모아 '네이더 돌격대'를 만들어 대기업과 행정부의 부정을 고발하고 시정하는 데 앞장서기도 했던 그가 작년에 소설(?)책 한 권을 냈다. 아직 국내에서 출간되지 않은 이 책의 제목은 『슈퍼리치만이 우리를 구할 수 있다』(Only the Super-Rich can save us)이다. 논픽션에 가까운 것으로 보이는 이 책은 "만약에 이랬으면 어땠을까?"라는 가상(假想)질문에서 시작된다. 예컨대 그가 평소에 품어왔을 그 질문들은 이런 것이다. 만일 몇몇 초(超)거부들이 힘을 합치고 지혜를 모아 곤경에 처한 이 나라 시민들의 권익을 위해 조직적이고 제도적으로 활동하는 원동력이 되려고 노력했다면? 월마트에 노동조합이 결성되도록 압력을 넣고 힘을 쏟았다면? 깨끗하고 투명한 선거문화를 정착시키기 위해 조직된 전국정당이 있었다면? 환경을 효과적으로 정화시켜 나갈 수 있는 대체에너지 운동을 펼치기로 결의했다면? 함께 거대기업과 의회에 맞서 싸워서 생활필수품을 제때에 충분히 공급하고, 또한 탐욕적인 과두정치(寡頭政治)가 오랫동안 먼지가 쌓이도록 내버려 둔 발전적 제안들을 장려하도록 만들었다면? 만약에 이 모든 가정(假定)과 바람이 실현된다면 세상은 과연 어떻게 달라질까?

책의 처음은, TV를 통해 허리케인 카트리나 참사가 미국 전역을 휩쓰는 것을 지켜보던 워렌 버핏이 사실상 마비상태에 빠진 정부의 무능함에 치를 떨다가 자신을 포함하여 17명의 슈퍼리치들을 한자리에 불러모으는 것으로 시작한다. 워렌 버핏, 빌 코스비, 빌 게이츠 시니어, 폴 뉴먼, 오노 요코, 조지 소로스, 솔 프라이스, 테드 터너 등이 그들이다. 등장인물들은 물론 현실 세계의 모습보다 훨씬 높은 선의지(善意志)를 발동한다. 그들은 하와이 군도 마우이 섬에 모여 탐욕스런 기업을 공격하여 변화시킬 방안을 궁리하고 실행에 옮긴다. 그들의 타깃 가운데 하나는 '무노조 경영'으로 악명을 떨쳐온 월마트. 월마트 창업자 샘 월튼은, "내 눈에 흙이 들어가기 전에 노조는……" 어쩌고 하던 이병철과 유사한 경영철학을 펼친 바 있고, 최대 고용자 수를 자랑하는 이 회사는 실제로 노동조합 파괴 전문가를 고용하거나 노동조합을 결성할 낌새가 보이면 어떤 지점이라도 월마트 특공대(SWAT)를 투입하는 악덕 기업이다.

작전 개시. 우선 두 명의 억만장자가 일정 기간 매일같이 월마트 CEO에게 전화를 걸어, 노조를 허용하고 노동자들에게 시간당 적어도 11달러를 지급하게 하고(월마트는 저임금 노동을 확산시킨 주범이기도 하다),

온전한 건강보험 등 최저생활조건을 보장하도록 요구한다. 반응이 부정적이라고 판단하면, 다음 단계의 두 갈래 행동을 시작한다. 하나는 17명의 핵심 멤버들과 친분이 있는 월마트 임원들을 접촉하고 또 대주주를 설득하여 주주총회를 흔들어놓는 상층 교란작전. 다음으론 실전 프로그램이다. 우선 다섯 개의 월마트 지점을 골라 노동조합 결성을 시도한다. 월마트 노조화의 개척자들에게는 무료 법률 지원, 3년간 노조 회비 면제, 불법 해고를 당할 경우 취업 제공 등을 약속한다. 싸움이 시작되자 월마트 특공대가 공격을 시작한다. 그러면 이번에는 선전전. 노동자 정보시스템을 통해 그들의 술책을 파악, 실상을 재빠르게 일간지에 실리게 하는가 하면 열 명의 억만장자가 전국을 대상으로 방송이나 신문과 인터뷰를 한다. 다른 파트는 월마트 앞에서 평화적인 피켓시위를 하는가 하면, 이 중 솔 프라이스(프라이스클럽 창업자)가 이끄는 조직원들은 월마트 다섯 개 지점 앞에 빈 가게를 얻어 월파트, 월다트, 월카트, 월빠트, 월하트, 이렇게 유사 상표를 가진 가게를 개업하는 한편 소규모 소매점들을 규합해서 월마트에서 가장 잘 팔리는 상위 40개 상품을 대상으로 가격을 파괴하는 폭탄세일까지 벌인다. 여기에 주식 중개사들을 압박하고 이들을 합류시켜 월마트의 주가를 하락시키는 공작을 진행한다.(이하 생략)

이것은 한마디로 '부자들의 반란'이라 할 수 있다. 작년 한국에 번역된 마쓰모토 하지메의 책 『가난뱅이의 역습』과 대비되는, 이 괜찮은 부자들의 활약은 아직 실현되지 않은 책 속의 이야기지만, 이것이 단지 네이더 개인의 망상이라 여겨지지 않는 것은 미국식 정글 자본주의 안에서도 워렌 버핏이나 책 속에 등장하는 실명의 슈퍼리치들이 현실에서 보여 온 노블레스 오블리주(Noblesse Oblige)의 내공이 간단치 않기 때문이다. 랄프 네이더에게 우리는 "과연 슈퍼리치들의 의지로 세상은 달라질 수 있을까?"라고 물을 수 있을 것이다. 내가 보기에 네이더는 이 책에서 '젖과 꿀이 흐르는 낙원'을 그리려고 시도하는 것은 아닌 것 같다. 그는 아래로부터의 각성과 반란이 세상을 궁극적으로 변화시킬 거란 자신의 신념을 포기한 것이 아니라, 부와 명예를 가진 사람들도 선한 동기를 가지고 세상을 바꾸기 위해 또 하나의 흐름을 만들어 실천한다면 '실현가능한 유토피아'(Practical Utopia)가 눈 앞에 펼쳐질 수도 있을 거라는 상상력을 우리의 운동에서 삭제해서는 안 된다는 권유를 하고 싶었던 것이라 생각한다. 책 속의 솔 프라이스는 한 TV 인터뷰에서 "당신은 월마트를 파괴하려는 것입니까?"라는 질문에 이렇게 대답한다. "우리는 노동자들에게, 만약 그들이 선택한다면, 어떤 위협이나 월마트 특공대의 급습 없이 조합을 만들 기회를 주려는 것입니다. 우리의 목표는 월마트를 거대한 괴물로 끌어 내리는 대신 거인으로 끌어 올리려는 것입니다."

정말이지, 이런 부자들 어디 없을까? 자신이 저지른 중대 범죄에 대해 대국민 사과까지 하고서도, 돌아서자마자 "모든 국민이 정직했으면 한다"고 위협이나 하는 우리의 회장님을 정신 번쩍 들게 할 부자가 한 명도 없냐? 곧 청와대 비상경제회의에 초청될 거라는 기업총수들의 면면을 살펴보면 상황은 낙관적이지 않은 것 같다. 그렇다면 뭐, 우리는 우리의 할 일을 시작해야겠지.

'성'(城)에 관한 사랑과 공포의 양가적 감정: 카프카 프리즘으로 본 삼성

국가라는 성, 근접하고 싶지 않은

프란츠 카프카는 도스토예프스키와 더불어 현대 소설의 출발점 정도로 이해되는 소설가이다. 「변신」은 여전히 전 세계 중고등학생들이 가장 많이 읽는 소설 중의 하나이며, 어린이에서 청소년으로 옮겨가는 통과의례 중 하나에 속한다. 나도 고 1때, 아침이면 학교에 가야 하는데 한번 손에 잡은 뒤 도저히 떼지 못해서 밤을 꼬박 새우며 읽었던 기억이 있다. 월급쟁이에서 어느 날 벌레로 변해 버린 실존적 상황, 결국 아버지가 던진 사과에 등을 맞고 맞게 되는 죽음, 이후 가족들이 떠나는 화려하면서도 즐거운 피크닉, 이런 일련의 이미지는 부조리극이면서 동시에 성장 소설이 갖는 요소들을 완벽하게 갖춘 것이었다.

그러나 카프카 소설의 백미는 아무래도 「성」이라 생각한다. 유태인이면서 독일계였던 카프카의 「성」은 파시즘의 은밀한 등장을 암시하는 것이며, 어딘가 음침하고 은밀하며 또한 공개되지 않은 현대적 존재의 예시라고도 할 수 있다. 중세의 성이 상징하던 성주의 비밀스런 이미지는 현대로 넘어오면서 민주주의와 개방성, 그리고 법률과 같은 제도적 정비에 의해서 추방된 것일까? '광장'이라는 단어가 민주주의를 상징하지만, 중세의 성은 여전히 해체되지 않고 은밀하게 또 다시 등장할 것이라는 카프카의 음울한 예언은 20세기 내내 사람들의 상상력과 두려움의 한 부분으로 자리 잡게 된 것 같다. 「성」에는 성 안의 모습이나 성에 속한 사람들이 직접 등장하지 않는다. 사람들은 성 밖의 주점에 모여 자신이 성으로 들어갈 순간을 기다리고 있거나, 아니면 성에 관한 풍문들을 음산하게 접할 뿐이다. 사람들의 진입을 막는 이 성의 권력은 대체 무엇이었을까?

1989년 〈섹스, 거짓말, 그리고 비디오테이프〉라는 영화로 화려하게 등장했던 스티븐 소더버그 감독은 1991년 영화 〈카프카〉를 통해서 사람들이 그렇게 오랫동안 궁금해 하던 성 안쪽 부분을 우리들에게 보여주었다. 소더버그의 영화에는 보험회사 직원으로 일하던 시절의 소설가 카프카가 직접 등장하고, 도시에서 벌어지는 살인사건의 뒤를 쫓아 직접 성 안에 들어가는 것으로 설정되어 있다. 그가 보여준 성의 모습은, 우리가 상상했던 것보다 더욱 직설적이고 매우 그로테스크한 것이었다. 뇌수술을 당한 사람들은 괴물이 되었고, 단지 뇌가 없어졌다는 이유만으로 평범하던 시민이 다른 시민을 은밀하게 납치하거나 살해하는 풍경이 목격된다.

어떤 이들은 20세기를 인류가 경제적 번영에 도달한 시기이며, 수많은 전자기기로 사람들의 삶이 더욱 윤택해졌다고 말한다. 그러나 20세기는 무엇보다 전쟁이 특징인 시기였다. 'WW1' 혹은 'WW2'라는 표현을 처음 접했을 때, 나는 이게 'ww3'처럼 웹을 표현하는 약자 중의 하나인 줄 알았다. 그러나 이것은 'World War'(세계대전)를 뜻하는 약어였고, 너무 많이 등장하다 보니 줄여서 이렇게 표현하는 것이었다. 20세기는 누가 뭐라고 해도, 전 세계가 두 차례에 걸쳐 전쟁을 했던 시기이고, 정부가 이러한 비극의 주체였다. 대체로 미국의 펜타곤, 백악관, CIA 본부 같은 곳, 아니면 프랑스의 대통령궁인 엘리제궁 같은 곳들이 이러한 '성'의 이미지를 가지고 있었던 것 같다. 정부가 하는 일은 대체적으로 음침했고, 정당하지 않았으며, 그들의 권력은 견제되지 않은 채 남용되고 있을지도 모른다는 것이 그 이미지에 따라붙는 생각이었다. 한국으로 말하자면, 전두환 시절의 청와대, 신군부, 육사, 이런 것들이 국가권력을 전유한 '성'에 대한 은유의 대상이고는 했다. 독재자를 독재자라고 말하는 것이 위험하던 시기, 카프카의 소설들은 꽤나 적절한 방식으로 우리들의 상상력을 자극했던 것 같다.

대학에 처음 들어갔을 무렵에는 책가방을 열어 보여주지 않으면 대학 정문을 통과할 수가 없었다. 당시에는 전경들이 학내에 상주하고 있었고, 동아리나 학회, 그 어떤 곳이라도 가입하지 않으면 학교를 다닐 수 없었다. 전경들에게 매일같이 가방을 열어주고 그들과 같이 잔디밭에 앉아서 점심을 먹어야 했었기 때문에 우리는 책을 숨길 곳이 필요했고, 그런 공간은 과 학생회실이나 학생회관에 모여 있는 동아리방들이 제공했다. 어떤 모임에 가담하는 것이 성격에 맞지 않는 사람일지라도, 도대체 왜 저 사람을 학자라고 부르는지 알 수 없는 '어용교수'들이 시험에 출제하는 수험서 비슷한 책들만 읽을 생각이 아니라면 동아리에 가입하지 않고는 학교에 다닐 도리가 없던 시절이었다.

카프카나 도스토예프스키 아니면 막심 고리끼 같은 작가들은 정말이지 해방구였다. 전경들이 찾아내는 금서 목록에서, 고등학생들도 읽으라고 판매하는 전집류에 끼어있는 소설들은 예외였기 때문이다. 버스를 타거나 지하철을 타면 읽을 무엇인가가 필요했는데, 카프카의 소설들은 그것이 매우 높은 수준의 예술에 도달한 것이라는 의미의 '양서'였기 때문에, 전두환 일당이 읽지 못하도록 막지는 않았다. 우리는 키득키득 거리면서, 설마 전경들이 카프카의 숨은 의미를 알겠어, 하는 우쭐함을 느꼈다.

그 시절, 정부(국가)는 '성'이었고, 우리들의 일상과 독서 생활까지 감시하기 위해서 전경들을 출동시키는 곳이었고, 교문에서 나누어주던 '찌라시'를 가방에 넣고 있다가 잘못 걸리기만 해도 실형을 살게 만드는 그런 무서운 괴물들이 사는 곳이었다. 통계학을 오래 같이 공부하던 친구가 진짜로 그 때문에 실형을 살게 되는 거짓말 같은 현실을 눈앞에서 목격한 이후 나는 한동안 책 밖으로 뛰쳐나갈 엄두를 내지 못했다. 분명한 것은, 언제라도 우리를 포획할 수 있는 성의 권력은 두려움의 대상이지 다가가고 싶은 욕망의 대상이 아니었다는 사실이다. 카프카 문학에서 근대적 권력의 본질을 읽어내려 했던 엘리아스 카네티의 말처럼, 성 안에 있는 권력자란 "가능한 한 많은 수의 사람을 죽음으로 내몰고 자신은 마지막까지 살아남으려는 자이며, 또한 인간의 군중적 속성을 가장 잘 파악하고 이용하려는 자"였다. 공포는 시대를 짓누르는 전면적인 것이었지만, 앞만 보고 달리는 군중으로부터 달아나 숨을 수 있는 골방은 그래도 남겨져 있던 그런 시대였다.

자본의 성, 배후에서 혹은 전면에서 움직이는

1990년대의 등장은 우리에게 많은 것을 바꾸어 놓았다. 한국에서는 비록 형식적이지만 민주주의의 진전이 있었고, 그와 함께 교정에 있던 전경들은 철수하였다. 더는 가방을 보여주지 않아도 되었고, 금지곡을 길거리에서 부를 수 있게 되었다. 한국이 그렇게 새로 주어진 민주주의가 허용한 자유를 만끽하고 있는 동안, 나라 밖으로부터 세계화라고 부르기도 하고 금융화라고 부르기도 하며 가끔은 세계경제의 독과점화라 부르기도 하는 그러한 변화들이 생겨났다. 이와 함께 '다국적기업'이라는 새로운 권력적 실체가 21세기의 전면에 등장하기에 이르렀다.

레이건에서 클린턴 그리고 다시 부시로 이어지는 동안, 여전히 할리우드 영화의 주요한 모티브는 크게 보아 국가(정부) 안에서 벌어지는 사건들에 대한 합리화 내지 폭로였다. 다른 나라에는 없는 특수 장르로 '전략영화'라는 범주가 할리우드를 분석할 때에는 추가된다. '국방'을 주제로 한 이런 영화들은 정치적 메시지가 대단히 명확한데, 공산주의를 현실적이고도 잠재적인 적으로 설정한 우파 영화들은 물론이고, 민주당 성향의 감독이 만든 영화들까지도 주된 스토리는 국가라는 범주에서 벗어나지 못했다. '68세대'라 부르는 민주당 성향의 영화감독들을 한편으로 하고, 이들에게 대항하기 위한 네오콘 성향의 감독들을 다른 한편으로 하는 대립구도는 할리우드의 주인 자리를 놓고 줄곧 각축을 벌이지만, 이것들은 모두 할리우드 영화산업이 놓인 현실에 대한 절반의 진실만을 반영하고 있었다.

지독할 정도로 상업적인 문법으로 일관하는 미국 영화산업의 배후에는 냉전시대를 거쳐오면서 요지부동의 거대권력이 된 대자본이 있었다. 1986년에 출간된 히로세 다카시의 『억만장자가 할리우드를 죽인다』(한국어판 제목; 『제1권력』)는 J. P. 모건과 록펠러라는 두 막강한 재벌 사이의 이권 동맹과 암투가 할리우드에 어떻게 반영되고 영화를 질식시켰는지를 폭로하는 책이다. 케네디 암살 사건의 실체가 모건 가문과 록펠러

가문의 대결이고, 케네디는 이들 조폭집단의 똘마니였다는 그의 주장은 사실 여부를 떠나, 케네디 죽음의 그림자에서 공화당 권력의 음모를 캐고 거기서 민주주의의 소생 가능성을 찾고자 했던 '할리우드 좌파' 영화들조차 시시한 것으로 만드는 효력을 지녔다.

탈냉전이 움직일 수 없는 대세로 굳어져 가고 세계화의 공간이 활짝 열리면서, 할리우드에는 예전에 없던 새로운 계열의 상업영화들이 속속히 만들어져 나왔다. 이 영화들이 지닌 가장 큰 특징은 이전의 영화에서 유일한 주체였던 국가나 정부 대신 새롭게 '성'의 이미지를 획득한 다국적기업들의 은밀한 능력이 스크린의 전면에 등장하기 시작했다는 것이다. 예전에도 〈에덴의 동쪽〉 혹은 〈자이언트〉와 같이 기업을 배경으로 다룬 영화들이 있기는 했지만, 이것은 어디까지나 국가가 하는 일을 경제적으로 후원하는 사람들에 관한 이야기일 뿐이어서, 거기 나오는 곡물회사나 통조림 회사 혹은 석유 회사 같은 것들은 한낱 배경에 불과했다.

그러나 2000년대에 들어, 예컨대 조지 클루니가 CIA 요원으로 출연한 〈시리아나〉(2006)에 등장하는 에너지 기업은 이제 더 이상 정부의 비밀 활동을 재정적으로 후원하는 위치가 아니라 오히려 사건의 주역이며, 정부는 CIA와 비밀부대를 동원해서 중동에 진출한 에너지 기업의 뒷처리를 해주는 시시껄렁한 후견인의 위치로 전락해 있다. 비슷한 성격의 영화로 레오나르도 디카프리오가 주연한 〈블러드 다이아몬드〉(2007)에서도 더 이상 정부는 등장하지 않는다. 군인들은 거의 모두가 용병들이고, 서방 국가는 이제 UN 회의장에서 협상을 담당하는 정부 대표로만 등장하고, 기자도 이 새로운 현장에서는 '값싼 감정'으로 제3세계에 대한 연민을 보내는 보조 출연자에 불과하다. 이제 더 이상 제3세계 민중들은 국가를 매개로 해서 다국적기업과 만나는 것이 아니라, 직접 그들 자본 앞에 노출되게 된 것이다.

같은 맥락에서, 21세기 할리우드의 국가를 배경으로 한 '전략영화' 들 사이에서 전격적으로 기업의 문제를 본격적으로 들고 나온 대표적인 영화는 〈레지던트 이블〉(2002) 시리즈였다. 조지 로메로의 좀비 영화 시리즈 이후 좀비 영화들은 대체로 강한 반(反)국가적인 상징을 가지고 있었는데, 21세기로 넘어오면서 출현한 좀비 시리즈는 국가 대신 다국적기업을 주체로 등장시키면서 상업적으로도 성공을 거두게 된다. 이제 다국적기업은 단일한 사건의 좁은 음모의 범주를 벗어나 국가를 대체하게 되었고, 영화 속 '엄브렐러 그룹'(영어 'umbrella'는 '상위', '상부'의 의미도 있다)은 드디어 2편에서 국가가 독점적으로 장악한 핵미사일을 시민들에게 날리는 위치까지 가게 되었다. 그것은 국가를 완전히 대체한 새로운 '성채'였다.

확실히 21세기는 다국적기업의 세상이기도 하고, 상업적으로 민감한 할리우드는 기운 빠진 백악관이나 펜타곤을 붙잡고 있는 대신, 에너지 기업과 곡물 회사 혹은 의약품 회사나 첨단의 전자 회사라는 새로운 피사체로 방향을 열심히 돌리는 중이다. 그런데, 문제는 할리우드의 이들 신종 상업영화에서 주체가 된 자본과 영화가 그려낸 성채의 묘사가 근본적으로 현대 사회의 자본권력에 대한 치명적인 인식의 왜곡을 가져온다는 사실이다. 첨단의 기계들로 이루어진 자본의 성채는 인간의 신체와 정신을 지배하려 하지만, 그것은 어디까지나 외부의 권력일 뿐이다. 냉전시대로부터 탈냉전시대가 진행된 지 이미 오래인 오늘에 이르도록 할리우드는 냉전시대의 문법은 그대로 둔 채 기호(symbol)만 갈아치운 불량품들을 양산했다. 요컨대 욕망을 매개로 자본권력과 인간이 맺는 관계와 구조는 그대로 미지의 영역으로 남아 있는 것이다.

삼성, 마침내 실체적으로 완성된 성채의 권력

국가는 오랫동안 '아버지'라는 상징으로 분석되어 왔다. 왕국은 '아버지 국가' 혹은 '어머니 국가'라는 두 가지로 나뉘기도 했다. 그것은 남성인 국왕이 통치하는 국가와 여왕이 통치하던 국가라는 두 가지 현실태의 반영이었다. 이러한 왕국이 붕괴되고 등장한 공화국은 이를테면 '형제 국가'의 출현이라 할 수 있다. 이제는 누구도 하늘로부터 권위를 부여받은 아버지의 위치에 설 수 없고, 형제들이 추대해서 임시적으로 지도자가 될 수 있을 뿐이었다. 프로이트의 『토템과 타부』에 나오는, 아버지의 살을 나누어 먹은 형제들이 더 이상 부친 살해를 하지 않기로 약속하는 장면은 프랑스 대혁명을 통해 루이 16세를 처형하고 새로운 공화국을 만든 근대 국가와 정확히 일치하는 은유이다. 그러나 아버지는 근대와 함께 진짜로 사라져버린 것일까?

20세기는 파시즘의 등장과 함께, 민주주의가 어떻게 다시 '아버지의 왕국'으로 복귀할 수 있는지, 그리고 그 아버지의 세계가 얼마나 잔인하며 그로테스크하고 한계가 없는 절망적 상황까지 갈 수 있는지를 인류가 똑똑히 본 시기라고 할 수 있다. 개인으로서의 아버지는 사라졌지만, 권력의 결절점으로서의 아버지가 사라진 것은 아니라는 의미였다. 카프카의 「변신」에서 「성」에 이르는 일련의 소설들은, 현대라는 공간에서 아버지가 어떻게 복귀하고, 그것이 성이라는 권력 장치이자 동시에 범죄 장치로 어떻게 전환되는가, 하는 것들을 은유하고 있다고 할 수 있다.

다시 한 번 프로이트의 이야기를 들어보면, '양가적 감정'이라는 아주 복잡한 구조가 아버지와 아들의 관계에서 형성된다. 지나친 남근주의라는 이유로 프로이트의 견해에 대한 비판은 여전히 존재하지만, 그가 제시하는 '미워하면서도 또한 사랑하는' 관계라는 것은, 권력의 핵심에 있는 국가에 대한 국민의 이중적 딜레마와 관련된 이야기이기도 하다.

6편에 걸친 우주 서사 〈스타워즈〉 시리즈 중에서 가장 인상적인 장면은 2편에 나온다. 그것은 악의 화신인 다스 베이더가 된 아나킨 스카이워커가 부자지간인지 모르고 서로 싸우던 루크 스카이워커에게 "I'm your father"라고 말하는 순간이다. 아마 대중문화에서는 1925년에 만들어진 〈전함 포템킨〉의 오뎃사 계단의 민중학살 장면보다 더 많이 패러디된 장면이 이것일 것이다. 애니메이션 〈심슨 가족〉에서 〈오스틴 파워〉에 이르기까지, "내가 너의 아버지이다"라고 말하는 장면은, 정말 끊임없이 반복되고 또 반복되면서도 여전히 많은 사람들에게 즉각적인 반응을 일으킨다.

아버지이기 때문에 사랑하면서도 동시에 '거세'의 공포 때문에 두려움을 느끼는, 아버지와 아들 사이의 이 양가적 감정은 '성'이 존재할 수 있게 하는 힘의 원천이기도 하다. 성의 은밀함은 그런 양가적 감정이 만들어낸 허상이기도 하지만, 그 허상은 현실에서 국가라는 권력 또는 기업이라는 자본과 만나면 실체가 된다.

할리우드와 충무로 사이에는 당연히 영화 문법의 차이가 있기는 하다. 초기에 초거대자본에 좌우되던 시기를 지나 할리우드 대형 영화사들은 그 자체로 자본이며 동시에 권력이 되었다. 〈고무 인간의 최후〉(1987)라는 개성 넘치는 작품으로 인디 영화계의 거성이 되었던 피터 잭슨 감독이 뉴라인 시네마에 〈반지의 제왕〉 시나리오와 함께 직접 특수효과를 담은 데모 필름을 들고 갈 때, 그는 뉴라인 시네마와 직접 관계하는 것이지 그 영화사에 돈을 대는 다른 기업에게 자신을 의탁한 것은 아니다. 그러나 충무로에는 그처럼 자기 자본으로 영화를 만들 수 있거나, 그 자신도 기업이면서도 다른 기업에 대해서는 상대적 독자성을 가진 영화사를 등장시키지는 못했다. 그래서 한국 영화에서는 다국적기업의 문제를 〈레지던트 이블〉 시리즈만큼이나 전면적으로 다루지 못한다. 그래서 21세기로 전환되면서, 비록 소재의 차원에서만이라도 성채의 권력이 냉전 시대의 국가에서 다국적기업으로 전환되고 있는 그런 흐름조차 한국 영화들은 따라가지 못하고 있다.

소설의 경우도 마찬가지일 것 같다. 소설가의 등단과 출간을 담당하는 출판 권력 역시 기업을 전면적으로 다루어야 한다는 생각도, 또는 그럴 현실적 여건도 아직은 안 되는 것 같다. 미안한 얘기지만, 한국의 영화와 소설은 그들이 그렇게 비난하던 '미제의 앞잡이' 할리우드 수준도 못되는 것 아닌가?

한국의 대학생들과 20대들은 분명히 다국적기업 수준의 몇 개의 대기업에 대해 '양가적 감정'을 가지고 있는 것 같다. 지금의 젊은 세대들이 이들 대기업을 아주 사랑하는 것은 분명하다. 지금 한국에서 대학생들을 자발적으로 불러 모을 수 있는 집단은 딱 두 군데이다. 대형 교회에서 보수파 대학생들을 불러 모으는 선교회, 그리고 대기업에서 하는 취업 설명회, 그 외에는 어디도 대학생들을 자발적으로 불러낼 수가 없다. 총학생회에서 학생들을 부를 수 없고, 〈민주당〉에서부터 진보정당까지도 대학생들을 참여시킬 능력이 전혀 없다. 불행인지 다행인지 모르겠지만, 대학생들을 모을 수 없는 것은 〈한나라당〉도 마찬가지이고, 뉴라이트 계열도 대기업 취업설명회처럼 매력적으로 사람들을 모으지는 못한다. 자본을 향한 맹목의 사랑, 그것은 어쨌거나 현실인 것 같다. 대학생들이 가장 선호하는 취업 대상으로 몇 년째 삼성전자와 한전이 앞서거니 뒤서거니 하는 중이다. 그리고 그 바로 뒤를 현대자동차가 따라가고 있다.

사랑은 확실한데, 그 사랑이 양가적인 것은 그것이 동시에 '공포' 위에 서 있기 때문이다. 한국과 미국의 차이가 있다면, 미국의 다국적기업은 상장된 주식회사 몇 개로 전부 상징되지 않는다. 상장도 되어 있지 않은 곡물 회사인 카길 같은 회사들도 있고, 마이크로소프트사처럼 전통 산업이 아닌 벤처 기업에서 출발한 것들도 있다는 점이다. '기업'과 '기업들'이라는 표현을 사용한다면, 미국은 '성'에 해당하는 절대 공포는 없다. 그리고 최소한 할리우드의 대형 영화사들에게 "어떤 영화는 만들지 말라"고 할 만한 절대적인 권한이나 힘을 갖춘 기업은 지금은 없다. 물론 언젠가 엄브렐러 그룹 같은 것이 등장해서, 그런 '성채'로서의 절대적 공포를 갖춘 기업이 등장할 수도 있겠지만, 군수연합체 같은 무기회사들도 시민단체나 시민들의 견제를 받고 있기 때문에 그런 절대 공포에는 가지 못했다.

한국에는 많은 사람들이 '절대적 애정'을 느끼면서 동시에 '절대적 공포'를 느끼는 기업이 있기는 하다. 그것은 바로 삼성이다. 삼성이라는 성채 권력이 주는 공포는 고 노무현 대통령이 "권력은 이미 시장에 넘어갔다"고 말하는 순간에, 실체적으로 완성되었다. 이제 국가도 통제할 수 없는 이 절대 공포는 정치의 영역에서, 다시 예술의 영역으로 넘어온 셈이다. 애정과 공포, 두 개의 축에서 진행되는 이 불운한 시소게임은 마치 카프카의 「성」이 그랬던 것처럼, 성 안으로 성큼 들어서길 시도하는 영화나 소설이 나올 때까지 당분간 계속될 것이다. 절대 공포를 다룰 수 있는 영화, 그게 가능한 나라가 선진국 아닌가? 그전까지 한국은, 특정 자본권력의 공포를 해체하지 못한 중진국일 뿐이다. '공포'가 엄연한 실체로 존재하는 나라, 그런 나라가 선진국이 된 사례가 역사 속에는 없다.

영화나 문학만이 아니라 지식인 사회 전체가 이 공포에 대해 입을 닥친 현실에서 김용철 변호사의 책 『삼성을 생각한다』는 우리 시대의 가장 삐 까뻔쩍한 성 안에서 어떤 음험한 짓들이 벌어지고 있는지를 고발한다. 이 책은 그러니까 삼성이라는 성채의 벽에 뚫린 구멍과도 같은 것이다. 우리가 이 구멍을 통해서 목격한 것은 불멸의 신성가족들이 누리는 쾌락 이란 게 기껏해야 '구별짓기'에 불과하다는 사실이었다. 이건희의 생일 잔치에 프랑스에서 항공기로 공수된 냉장(냉동이 아닌) 푸아그라(거위 간) 와 천만 원짜리 페트뤼스 와인, 와규(일본에서 키운 소), 이런 따위들을 보 란 듯이 즐기는 모습을 보며 우린 무엇을 느껴야 할까? 그들은 혹시 자 신들을 향한 우리들의 하염없는 욕망의 시선을 먹어치우고 있었던 것은 아닐까? 성을 향한 사랑과 공포의 양가적 감정 안에는 우리들의 비루한 욕망이 가로놓여 있다는 생각이 들지 않는가? 성을 이토록 키워온 것은 결국 우리들 자신이었다.

SAMSUNGCARD

김재홍

이건희와 함께 왈츠를:
삼성, 이건희, 그리고 '공정사회'를 생각하며

"인간은 수단이 아니라 목적이다." 칸트가 한 말이다.
"덕의 최고의 단계는 가난이다." 신비주의 철학자 에크하르트의 말이다.
"아이들이 너무 많은 돈을 가진 채 인생을 시작하는 것은 좋지 않다."
미국의 부자 빌 게이츠의 말이다. "부자 옆에 줄을 서라.
산삼밭에 가야 산삼을 캘 수 있다." 서부시대나 개발시대의 졸부나 지껄일
이런 말을 내뱉는 정신 못 차리는 놈은 대체 누구냐? 우리의 제일 부자 이건희다.
아무래도 이 자를 옆으로 치워둬야 비로소 이 땅에 정의가 찾아올 것 같다.

김재홍   최초의 윤리학서로 불리는 『니코마코스 윤리학』은 아리스토텔레스가 아들 니코마코스에게 주는 철학적 잠언 모음집이다. 모두 10권으로 구성된 이 고전 철학서는 1권 '좋음과 목적'으로 시작하여 10권 '즐거움'으로 끝맺는다. 요약하자면 이는 인간 존재에 대한 근원적인 물음인 '선'과 '행복'의 문제를 속속들이 탐구하면서, 나아가 인간 사회의 핵심 문제인 정의와 평등과 덕에 대해 논하는 보편적이면서도 근원적인 물음들을 담고 있는 책이다. 국내에서 최초로 이 책을 원전 번역한 공동번역자 중 한 사람인 김재홍의 관심사 또한 거기에 맞추어져 있다. 아리스토텔레스 전공자인 그가 사유와 실천에서 추구하는 '좋은 삶'과 진정한 행복의 전제는 '정의'이다. 그런데 이 정의는 저절로 주어지는 것이 아니다. 오히려 정의란 현실에서 강한 자들의 이익을 대변하는 경우가 허다하다. 결국 인간의 행복을 추구한다는 것은 '강한 자의 정의'와 맞선다는 것을 의미한다. 강단에서 행복을 가르쳐 온 그가 기본적인 윤리와 정의를 저버린 자본의 횡포를 비판하는 것은 이런 의미에서 자연스러운 것이다. 그리스 문명을 돌아보기 위해 몇 번에 걸쳐 여행하면서 철학과 문명의 발생지 이곳저곳을 돌아보았다. 호메로스, 아리스토텔레스, 그리스 사유의 연원에 관련된 여러 편의 논문을 썼고, 김상봉, 홍훈 교수 등과 함께 교육시민단체인 '학벌 없는 사회' 운영위원으로 활동하고 있으며, 현재 서양 고전을 연구하는 정암학당 연구원과 철학아카데미 상임위원으로 있다.

이건희와 함께 왈츠를:
삼성, 이건희, 그리고 '공정사회'를 생각하며

삼성그룹의 경영권이 이건희 전(?) 회장에서 그의 장남인 이재용에게로 옮겨갔다는 보도가 나온 지도 꽤 되었다. 나이 든 CEO들의 퇴진과 조직 개편도 결국 '이재용 힘 실어주기'의 일환이었던 것이고, 그 와중에 설왕설래하던 이건희의 특별사면도 마침내 이루어졌다. 하늘도 참 인색하시지, 이건희만 꼭 집어서 단행된 지난 연말의 단독 사면은 삼성가에게만 멋진 새해 선물을 준 꼴이었다. 물론 여기에도 낯간지러운 요식적인 절차가 없었던 건 아니다. 사면을 주장하는 목소리가 체육계로부터 경제계를 거쳐 정치계에 이르더니 대통령의 '피치 못할 결단'을 불러오는 모양새는 갖추었으니 말이다. 예측한 대로 사면이 이루어진 지 얼마 되지 않아 이건희 회장은 화려하게 본래의 '황제의 자리'로 복귀했다. 복기해 볼 가치도 없겠지만, 이 회장이 특검 정국의 총체적인 책임을 지고 삼성과 관련된 일체의 직위에서 일시적으로 물러난 것은 법의 심판을 피하고 국민의 비난을 모면해서 사면을 구걸하려는 비겁한 잔수작에 불과했던 셈이다. 여기다 지난 8·15 특사로 '비리 5인방'까지 법적 구속에서 풀려났으니, 이건희의 몸통에 잠시 떨어져 있던 날개들까지 다시 붙게 된 형국이라 하겠다.

각종 여론조사에 따르면 올해도 취업 준비생들이 가장 선호하는 기업 1위가 삼성이고, 가장 존경하는 기업인이 이건희 회장이란다. 이건희가 믿는 것은 바로 이 점이겠다. 그러니 변칙 상속·증여 혐의로 법의 심판을 받고서도 되려 "모든 국민이 정직해야 한다"고 훈계할 수 있는 것이겠고, 헌법에 보장된 권리를 외면하는 '무노조 경영'을 고수하면서도 글로벌 스탠더드 어쩌고 하는 것일 게다.

정의는 결국 강한 자의 이익인가?

아무리 법을 거미줄처럼 촘촘하게 만들어도 권력과 부를 소유한 '강한 자들'은 걸려들지 않는다. 법망이란 그들 힘 있는 자들 앞에서는 무용지물이다. 법망(法網)에 걸려드는 것은 거의 대부분 힘없는 사람들이라는 것, 이게 바로 이른바 법치주의의 약점이다.

고대 그리스의 소피스트 트라시마코스는 '정의로운 것이란 더 강한 자의 이익 이외에 다른 것이 아니다'라는 테제를 걸고서 소크라테스에 맞선다. 이 양자 간의 싸움이 플라톤의 영원한 고전 『국가』의 논의를 이끌어가는 근본적인 방향을 결정한다. 요컨대 『국가』란 책의 주제는 '정의란 무엇인가'이다. 트라시마코스가 말하는 '강자의 이익'은 국가 차원의 정의 개념이다. 그가 정의라고 말할 때, 그것은 법을 따르는 것을 의미한다. 요컨대 '정의는 강자의 이익'이라는 말은 정치권력을 쥔 강자가 자신에게 이득이 되도록 만든 법을 따르게 하는 것이 곧 정의라는 것을 의미한다. 그렇다면 정의란 건 결국 '강자 자신에게 이익이 되지만

약자에게는 해가 되도록 법을 만들거나 그 법을 마음대로 어기는 행위'가 되는 셈이다. 소크라테스의 트라시마코스에 대한 논박은 바로 이 지점에서 일어난다. 도대체 정의와 부정의란 것이 강자의 이익만을 위한 것이란 말인가?

법과 정의가 지배하지 않고 원칙도 없이 돈과 권력, 그리고 배경에 의해서만 세상이 움직인다고 해 보자. 그러면 부익부, 빈익빈 현상이 필연적으로 일어날 수밖에 없고, 사회 계층 간에 위화감과 양극화 현상이 점점 깊어질 수밖에 없을 것이다. 정의가 강자의 이익으로만 간주된다면, 가진 자는 자신이 필요한 것 이상의 것을 갖추고 사치스런 생활을 즐기며 살 것이 뻔하고 약자인 가지지 못한 사람들은 점점 생활의 곤궁함으로부터 벗어날 길이 없어질 것이다.

우리는 이런 나라를 정의가 숨쉬지 못하는, 더러운 욕망으로 가득 찬 '돼지들의 나라'라고 부를 수 있다. 이 같은 나라는 오직 끝없는 '경쟁'이란 틀로 짜여진 약육강식이 지배하는 밀림의 세계와 같다. 여기서는 싸워 이기는 것만이 정의이고 미덕이다. 이게 이 정글의 법칙이고 정의다. 누굴 탓할 필요도 없다. 능력과 힘이 없다는 것만을 탓해야 한다. 패자는 도태되어야 하고, 뒤처진 자는 가난의 길로 전락해야만 한다. 그러므로 자식들에게는 생존경쟁에서 살아남기 위해 남을 짓밟는 방편과 지식만을 가르쳐야 한다. 이처럼 나 자신(혹은 자식들)의 행복만이 삶의 궁극적 목적이고, 남의 불행이 내 삶의 기쁨이 되는 사회를 일러 과연 인간다운 삶을 살아가는 정의로운 사회라고 말할 수 있을까?

거듭 말하지만, 밀림의 법칙이 지배하는 나라에서는 교육의 목적이 자라는 아이들에게 이웃을 돌보지 말고 혼자만 살아남는 훈련을 시키는 것이 되어야 한다. 여기서 유일한 교육 방식은 아이들을 어린 시절부터

성적이라는 지표 하나만으로 줄을 세우고 특정 대학에 입학하기 위해 획일화된 입학시험으로 옥죄는 것이다. 아이들의 운명은 사실 자궁 속에서부터 결정된다. 부모의 경제적 능력에 따라 한 사람의 장래가 결정되는 이런 교육 구조를 그대로 두고 '공정사회' 운운하는 것은 어불성설이며 진정한 블랙코미디가 아닐 수 없다. 불법적이고 변칙적인 수단을 동원해서라도 기필코 제 자식에게 이 나라 최대 기업을 물려주겠다는 비뚤어진 부정(父情)이 면죄부를 받고, 대외적으로 국가를 대표하는 관료 조직의 수장이 제 딸 하나만을 뽑기 위한 맞춤형 특별 공채를 용인하는 부정(不正)이 버젓이 저질러지는 상황에서 외쳐지는 공정(公正)이란 사나흘 굶은 개도 귀 기울이지 않을 헛소리일 것이다. 정녕 이런 사회를 바라지 않는다면, 우리는 지금부터라도 이웃과 함께 더불어 살아가는 공동체 정신에 적합한 실천적 지혜의 덕인 프로네시스(phronesis)를 기르는 사회를 만들어가야만 한다. 실천적 지혜는 삶의 올바른 목적에 이바지할 수 있도록 행위하게 한다. 실천적 지혜를 가진 사람은 개인의 이기적 목적만을 위해 행위하는 사람과는 다르다.

경쟁은 인간 사회가 받아들일 수밖에 없는 질서요 견고한 체제로 자리 잡고 있지만, 여기에는 반드시 양보와 상호존중의 정신이 사회적 규범으로 작동하지 않으면 안 된다. 그래야 약한 자나 강한 자나, 없는 자나 있는 자나, 배운 자나 배우지 못한 자나, 잘난 자나 못난 자들이 다함께 더불어 조화하면서 살아갈 수 있다. 이 규범이 바로 아리스토텔레스가 말하는 친애의 정신인 필리아(philia)이다. 이 필리아를 길러주는 사회, 진정한 인간 교육을 통해 상호존중의 정신을 길러주는 사회가 바로 정의로운 사회이다.

근자에 들어 가장 많이 읽히는 책 가운데 하나인 『정의란 무엇인가』

에서 마이클 샌델이 강조하는 것 역시 이것이다. 요컨대 정의로운 사회가 되려면 "강한 공동체 의식이 필요하고, 사회는 시민들이 사회 전체를 걱정하고 공동의 선에 헌신하는 태도를 키울 방법을 찾아야 한다"는 것이다. 공동의 목적을 지향하는 공동체 구성원들 사이에 필리아가 없다면, 공동의 이익을 추구하기보다는 반드시 사적인 이익을 추구하게 되기 마련이다. 공동의 이익을 추구하지 않고 자신의 몫을 더 가지려고 하는 경우에 공동체는 필히 도덕적 결함을 가지게 된다. '공동의 것'은 돌보지 않으면 망가질 수밖에 없는 것이다. 이렇게 되면 결국 공동체에게 돌아오는 것은 '분열'일 수밖에 없다.

샌델의 책은 하버드 대학에서 같은 제목으로 행한 강연을 정리한 것이다. 한국을 방문한 샌델의 강연에 많은 청중들이 몰렸음에도 불구하고, 경제개발의 공로로 독재자 박정희가 복제하고 싶은 인물 1위가 되고, 가장 존경하는 기업인 1위가 이건희가 되는 사회에서 그가 말하는 정의(justice)란 대체 어떤 의미로 이해되고 있는 것일까? 출간된 지 3개월 만에 30만 부가 팔려나가고, '비즈니스 프렌들리'한 대통령이 여름 휴가에 들고 갈 만큼 '정의 신드롬'이 일어나는 이 현상은 또 어떻게 이해되어져야 하는 것일까?

샌델은 정의로운 사회가 되기 위해서는 '좋은 삶'을 고민해야 하고, 나아가 '좋은 사회'를 목표로 해야 한다고 주장한다. 이를 위해서는 시민들이 연대의식과 상호 책임의식을 가져야 하며 나아가 공동의 희생정신이라는 것이 시민들에게 하나의 중요한 덕목으로 자리 잡아야 한다고 강조한다. 아리스토텔레스의 정치철학은 정의, 절제, 용기, 중용과 같은 윤리적 가치를 토대로 이루어진다. '좋은 국가'(agathos polis)란 도덕적 덕(aretē)을 갖춘 '좋은 시민'(agathos politēs)을 길러내서, 좋은 시민들이 함께 어울리는 사회의 총체를 말한다는 아리스토텔레스의 이 정치철학은 샌델의 정의론에 거의 그대로 반영되어 있다. 시민들이 시도 때도 없이 서로를 향해 "부자 되세요"라는 인사를 건네지만, 내심으론 부자가 되기 위해 다른 이들에 대해 얼마든지 그악스러워도 된다고 생각하는 사회가 좋은 사회가 될 수 있을지는 굳이 질문해 볼 필요도 없을 것이다.

정치철학이란 심오하고 난해한 것이기도 하지만, 실은 삶의 매순간, 그리고 사회적 현 상황에서 매번 부딪치는 문제에 답하는 준거를 찾는 노력이라 할 수 있다. 마이클 샌델은 이 준거를 찾는 일이 단지 사회적 규칙이나 룰을 만드는 것에 머물러서는 안 된다고 주장한다. 정의로운 사회는 단순히 공리(公利)를 극대화하거나 선택의 자유를 확보하는 것만으로는 이룰 수 없다는 것이다. 그것은 '좋은 삶'과 '좋은 사회'의 가치를 끊임없이 추구하는 것을 통해서만 도달할 수 있는 목적지이다. 민주주의적 절차나 제도만으로 약육강식의 자본주의를 길들일 수 없다는 것은 지난 10여 년의 한국 사회를 되돌아보는 것만으로도 충분하다. 정확히 이 기간은 삼성이 한국 사회의 최고 권력으로 등극하면서 우리의 민주주의를 무력화시킨 시기와 일치하기 때문이다. 이건희의 삼성은 지금 한국 민주주의의 치외법권 지대에 머무르며 자본의 전성시대를 구가하고 있다. 이 현실에 눈을 돌리고서 다시 민주주의를 이야기하고 나아가 정의를 입에 올리는 것은 가당키나 한 노릇일까? 정의 없는 민주주의는 껍데기로만 남는 민주주의이다. 정의가 올바른 공동체의 가치를 추구하는 것과 무관한 것이 아니라면, 이는 기업가 이건희와 삼성에게도 예외 없이 적용되어야 한다. 이 글은 좋은 사회가 가능하기 위해서는 반드시 존재해야 할 최소한의 '부자의 윤리'가 무엇인지를 살펴보기 위한 소박한 시도라 하겠다.

이건희와 빌 게이츠·워렌 버핏의 차이 — '부'에 대한 가치의 전환을 위해

이건희와 빌 게이츠는 한국과 미국을 대표하는 기업가이고, 세계에서 가장 돈 많은 사람들에 속한다. 미 경제전문지 『포브스』 최근호에 따르면 세계적인 갑부인 빌 게이츠의 재산은 약 530억 달러란다. 그에 버금가는 갑부는 470억 달러의 재산을 가진 '20세기 가장 위대한 투자가'라 불리는 워렌 버핏이다. 1930년도 네브라스카 주 오마하에서 태어났다고 하니, 우리 나이로 81살쯤 되겠다. 1956년 단돈 100달러로 주식투자를 시작해서 오늘과 같은 부를 이루었다니, 돈 버는 재주에 관한 한 가히 천부적 재주를 타고난 사람이라 할 수 있을 것이다. 버핏이 어느 때부터 화제의 중심이 된 것은 그가 후손에게는 300만 달러만 남기고 전 재산 470억 달러를 자선단체에 기증할 방침이라고 약속했기 때문이다. 그는 그 약속을 실천했다. 그것도 자신과 자기 부인의 이름을 딴 재단이 있었음에도 불구하고 말이다. 버핏은 자기 자녀들의 재단에 10억 달러씩 기증해 그것을 운영하게 하고 있다. 초로에 접어든 수지, 하워드, 피터 버핏이 그들이다. 세 자녀는 아버지의 행동에 대해서 이의를 제기하지 않았다. 재산을 달라고 아버지를 고소하는 우리의 철부지 재벌 2세들과 대비된다 하겠다.

언젠가 장남 하워드는 "5천만 달러를 개인적으로 받겠는가 아니면 재단에 받겠는가라고 아버지가 묻는다면 재단이라고 할 것"이라고 했다. 부전자전이라고, 세 자녀 모두가 자선단체에서 일하고 있는데, 각각 조기 아동교육, 안전한 물 마시기, 미국 원주민의 복지에 관한 일이다. 이들은 어릴 때부터 부족하지는 않지만 호사스럽게 살지도 않았다고 한다. 1960~1970년대에는 다른 가정들처럼 평범한 환경에서 자랐다는 고백도 했다. 10대에는 가족의 차를 누가 가지느냐 하는 것을 가지고 서로

쌈질도 했다고 한다.

이상스러운 것은 워렌 버핏의 자녀 중 누구 하나도 대학을 제대로 마치지 못했다는 사실이다. 이런저런 이유로 중도에서 탈락했는데, "재단이 없었다면 하워드는 농부, 나는 뜨개질이나 바느질을 하며 이불이나 꿰매고 있었을 것"이라고 수지는 웃으면서 말했다. 하워드는 무거운 기계를 다루는 것을 좋아해서 실제로 불도저를 사서 일했다고 한다. 막내인 피터는 음악에 재능이 많아 뉴욕에 가서 뉴에이지 음악 작곡 활동을 했다고 하는데 키보드가 그의 전공이었다. 수지는 변호사와 결혼했는데, 사위는 장인이 누구인줄 몰랐다고 하며 실제로 장인이 무슨 일을 하는지에 대해서 무관심했다고 한다. 지금은 이혼한 상태이다. 수지는 아직도 아버지를 '아빠'(daddy)라고 부른다. 어릴 적 아버지가 요람을 흔들며 불러준 자장가 '무지개 저 너머 어느 곳'(Somewhere over the rainbow)을 지금까지 기억하고 있다 한다. 재미있는 것은 하워드만 공화당원이고, 가족들 모두가 '리버럴'(liberal)하다는 점이다. 이 점에서는 하워드가 '왕따' 당하는 느낌이 들 만하다.

자타가 공인하는 한국의 최고 기업가인 삼성 이건희 회장의 자산이 72억 달러(『포브스』 발표)가 넘는다고 하니 가히 천문학적 재산을 가진 부자라 하겠다. 최근엔 삼성생명의 주식이 상장되어 4조6천억 원에 육박하는 자산 가치를 소유하게 됨으로써 '슈퍼리치'가 되었다고 보도된 바 있다. 2008년도에 발표된 삼성의 순이익은 100억 달러가 넘어 우리 돈으로 12조 원에 달한다고 한다. 브랜드 가치는 175억 달러가 넘는다니 참으로 '위대한' 삼성이다. 『비즈니스위크』와 『이코노미스트』를 비롯한 전 세계 경제 매체들이 삼성을 놀라운 시선으로 바라볼 만도 하다. 덩달아 일본 언론들도 "일본 업계는 삼성의 선택과 집중을 배워야" 한다고 야단인 모양이다. 삼성의 순이익이 일본 최대 전자업체인 마쓰시타 전기를 비롯해 히타치, 일본전기(NEC), 도시바 등 상위 10개 전자업체의 순이익을 합한 액수(5,370억 엔)의 2배에 이른다고 하니 놀랄 만도 하겠다. 문제는 삼성의 이건희 일가가 이런 경제적인 덩치에 맞는 경제 윤리를 보여주고 있느냐 하는 것이다. 세계 초일류 기업을 소유한 이건희와 앞서 언급한 미국의 두 거부(巨富)를 비교해 보는 것이 그것을 가늠하는 한 방법이 될 수도 있겠다는 생각이다.

"아이들의 인생과 잠재력은 출생과 무관해야 한다." 이 말은 세계적인 컴퓨터 소프트웨어 기업인 마이크로소프트의 창업자인 빌 게이츠가 파리에서 발행되는 무가지 〈메트로〉와의 인터뷰에서 한 말이다. 이에 덧붙여 자식에겐 자신의 전 재산의 4,600분의 1만 남길 것이라고 했다. 당시 그의 재산은 465억 달러에 이르렀다. 세계에서 최고 부자인 빌 게이츠는 세 자녀에게 1천만 달러만 물려주고 나머지 전 재산의 99퍼센트를 자선사업에 쓰겠다는 것이다.

자식에게 왜 재산을 안 물려주겠다는 것인가? 그의 대답은 아주 간결하다. "아이들이 너무 많은 돈을 가진 채 인생을 시작하는 것은 좋지 않다"는 것이며, 자신과 아내는 건강, 교육, 연구 등과 관련해 불평등이 가장 심한 분야에 나머지 재산을 집중할 것이라고 말했다. 이것이 자신이 만든 재단의 설립 목적이라는 것이다. 그는 자신보다 재산이 적은 부자들에게 아주 점잖게 이렇게 충고하고 있다. "재산을 모은 이들은 불평등을 해소하기 위해 이를 사회에 환원하는 방법을 발견하길 바란다."

물론 이 짧은 인터뷰만 가지고 빌 게이츠의 진정한 의도와 생각을 다 이해할 수는 없을 것이다. 그러나 이 인터뷰에서 그는 건강, 교육, 연구 분야에 어떤 불평등이 존재한다는 것을 인식하고 그 해소를 위해서 자신의 재산을 쓰겠다는 의지만큼은 분명히 드러냈다. 철저히 물질주의적 가치관이 지배하는 사고방식과 구태의연한 사회적 관습에 젖은 입장에선 잘 이해되지 않는 이야기이다. 물론 우리는 살아오면서 이런 얘기를 몇 번은 들었을 것이다. 그러나 그것도 어렵게 자수성가한 사람이 전 재산을 대학이나 어떤 단체에 기증하는 것을 하나의 미담거리로 다룬 사회면 기사거리를 통해서이지, 한 나라를 좌지우지할 만한 재벌들이 자신의 재산을 고스란히 사회에 환원한 경우는 보지 못했을 것이다. 대신 우리는 자식에게 재산을 물려주기 위해서 기를 쓰고 법망을 피해가며 속 들여다보이는 짓거리를 하다가 죽은 몇몇 재벌들 이야기나 재산 분배과정에서 배다른 자식들끼리 머리 박고 싸우는 볼썽사나운 꼬락서니를 듣고 보기는 했다. 가족 안에서 다투는 것이야 집안사에 속하니 우리가 상관할 바 아니다. 하지만 재산 형성과정에서의 불법은 말할 것도 없거니와 노동자 착취와 기업의 비윤리성, 경영 철학의 부재에 대해서는 거론하지 않을 수 없다. 그것은 그 기업이 지닌 힘의 크기만큼 사회 공동체를 내부로부터 병들게 하고, 애써 이룬 민주주의를 위협하며, 인간 노동의 가치를 한낱 쓰다 폐기하는 소모품으로 취급할 것이기 때문이다.

자본주의 체제에서 기업가가 정당하게 돈 벌어 제 마음대로 쓰겠다는데 뭐 그리 잔말이 많냐고 생각할 사람들이 많다. 공동체적 윤리가 역사상 오래 남아 있었던 한국 사회에서 어찌 이리 사적 소유가 신성불가침의 권리로 등극했는지는 깊이 연구해 보아야 할 주제겠다. 경제부처의 수장이란 자가 나서서 은근히 상속세 폐지를 위해 군불을 때니까, "상속세를 내라고 하면 해외로 자본 도피가 일어나고 결국 우리 경제를 지키지 못하게" 되니 국회에서 상속세율 인하안이라도 통과되어야 한다는 가당찮은 주장이 곧이어 뒤따르는 사회가 바로 한국이다. 우리가 정글 자본주의라 부르는 미국에도 물론 상속세 폐지 시도는 있다. 그러나 미국에는 '상속세야말로 부자가 내야 할 소명'이니 없애선 안 된다고 나서는 부자들이 존재한다. 워렌 버핏과 빌 게이츠가 대표적인 인사들이다. 다음은 워렌 버핏의 말이다. "기업인이 자녀에게 기업을 물려주겠다고 주장하는 것은 마치 올림픽 금메달리스트 선수들이 다음 올림픽에서도 자신들의 장남으로 국가대표 선수단을 꾸리겠다고 우기는 거나 매일반이다." 제 아들이 룸살롱에서 맞았다고 해서 직접 조폭들을 몰고 가 검은 장갑을 끼고 사람을 패는 한국의 재벌은 상상도 못할 발언이다. 초등학교 무상급식을 사회주의적 발상이라며 호들갑 떠는 자들이 판치는 한국 사회에서 버핏은 여지없이 사회주의자나 미친 노인네로 취급당할 터이다.

대신 이런 논쟁은 환영할 만하다. 독일 함부르크의 거부 페터 크래머는 『슈피겔』과의 인터뷰에서, 워렌 버핏이나 빌 게이츠의 기부운동이 지극히 '미국적'이라고 지적했다. 그는 "미국에서는 기부액의 대부분이 세금 공제되기 때문에 부자들은 기부를 할 것인지, 세금을 낼 것인지를 놓고 선택을 하게 된다"면서 "부자들이 막대한 돈을 세금으로 내지 않고 자선단체에 기부할 경우 그 돈을 어디에 쓸 것인지를 정부가 아닌 극소수의 부자들이 결정하는 결과를 낳는다"고 비판한 것이다. 좌와 우가 일정한 균형 하에서 공존하고 있고, 좌·우를 막론하고 사회구성원들에 대한 국가의 책무를 감당하려는 유럽 사회에서 제기되는 이런 비판은 매우 긍정적이고 인식의 지평을 열어주는 유의미한 것이다. 그러나 사회(민주)주의 전통이 없는 미국에서 국가에 자신의 선의를 의탁하는 것이 바람직한지의 여부는 글쎄다. 이런 의미에서 정의란 상황윤리의 성격을 지닐 수밖에 없는 것이다.

삼성의 경영 5원칙과 '신성불가침의 권력' – 정의가 찾아오려면

삼성이 세워놓은 경영 5원칙이란 게 있다. 법과 윤리를 준수한다는 것이 그 가운데서도 으뜸 원칙으로 되어 있다. 여기다 정치에 개입하지 않으며 정치적 중립을 지킨다는 것도 있고, 기업시민으로서 지켜야 할 기본적 책무를 다하겠다는 원칙도 있다. X파일 사건, 이재용을 위한 주식 변칙증여, 무노조, 백혈병 사망자들, 태안반도 기름유출 사건, 용산참사 등등 삼성이 주도하거나 개입된 사건들을 떠올리면 이런 원칙이란 게 어떤 구속력도 갖지 않는 장식품이란 걸 알 수 있다. 우리는 거듭 묻지 않을 수 없다. 삼성과 이건희를 그냥 두고서 '공정사회'를 이야기한다는 것은 어떤 의미를 가질 수 있을까? 입법부와 사법부와 행정부 위에 올라타고 앉아 '세계 초일류'를 외치는 21세기 한국의 짝퉁 루이 16세를 두고서 '정의란 무엇인가'라는 질문을 떠올리는 것은 정말이지 가당찮은 일이 아닌가? 그리스의 정치개혁자였던 솔론은, "부에는 끝이 없다. 과다는 오만(hybris)을 낳는다. …… 불의한 이익에는 곧 화(禍)가 미치기 마련이다. 화재와 마찬가지로 처음은 대단하지 않지만 그 끝은 몹시 나쁘다"고 했다. 그의 이 불길한 예언은 이미 우리에게 현실이 되어 있지 않은가?

그럼에도 '삼성 신화'는 조금도 흔들리는 기미를 보이지 않는다. 오히려 숱한 논란에도 불구하고 면죄부를 받은 이건희가 삼성 권력을 움켜쥐는 걸 보면서 이 신화는 더욱 견고해 지는 것 같다는 느낌을 갖게 된다. 이건희가 '한국 경제는 위기다'라고 말하면 우리는 두려움에 떨어야 하고, '올해 삼성은 괜찮을 것 같다'고 말하면 우리는 안도하지 않는가?

삼성은 그저 돈벌이 잘하는 기업이고, 그 밑에서 일하는 사원들은 황제인 회장에 복종하는 노예들에 불과하다는 김용철 변호사의 고백을 접하면서 곧장 드는 의문은 이것이다. 과연 '삼성맨'들만 이건희 일가의 노예인가? 『삼성을 생각한다』는 책을 소개하면서 삼성과 이건희 회장을 비판한 칼럼이 〈경향신문〉으로부터 거절당하는 사례는 솔론의 불길한 예언이 이미 우리의 현실이 되었다는 예증이며 전 국민의 삼성화, 노예화의 슬픈 징후이다.

"정권은 타도의 대상이 아니다. 재벌도 해체 대상이 아니다. 우리는 '1등 기업' 삼성의 존재가치를 인정해야 한다." 이건 진보언론을 대표하는 신문 〈한겨레〉의 편집국장의 말이다. 그는 한겨레 창간 초기에는 정권이 타도 대상이었고, 재벌이 해체 대상이었지만, 경영난을 겪으며 삼성과 현대가 〈한겨레〉 최대의 광고주가 됐다면서 이것을 두고 "〈한겨레〉 22년이 변절의 역사란 말인가"라고 반문한다.

그는 심각하게 사태를 오인하고 있는 것 같다. 삼성은 이 나라 국민에게 지금 흠모와 공포의 대상이지 해체나 타도의 대상이 아니다. 삼성이 지금 과도하게 해체의 대상으로 벼랑 끝에 몰려 있나? 그래서 〈한겨레〉가 앞장서서 사회적 균형을 잡기 위해 삼성의 존재 가치를 인정해 주어야 할 책무를 느끼는가? 광고비 '정상가'를 요구하여 『삼성을 생각한다』 책 광고를 〈한겨레〉가 거절한 사안도 광고국의 판단을 믿는다는 식으로 얼버무리고 넘어가는 태도는 그다지 정직한 것으로 보이지 않는다. 그것은 과거에도 그래왔고, 지금도 정의로운 사회를 앞당기기 위해 동분서주 뛰어다니는 〈한겨레〉 기자들의 자긍심을 다치게 할 수 있다.

도대체 정의란 무엇인가? 비판적인 언론마저 '이건희와 함께 왈츠를' 추며 돌아가는 현실에서, 『정의란 무엇인가』란 책이 30만 부가 팔려나가는 한국 사회의 이 기이한 '정의에의 탐닉'은 대체 어떻게 이해되어야 하는 것일까? 뛰어봤자 부처님 손바닥을 못 벗어났던 『서유기』의 손 오공처럼, 이명박 정부의 정책을 놓고 '개혁'과 '보수'가 열심히 다투고 있을 때 이들을 원격조종하는 이건희는 주머니에서 어떤 카드를 만지작 거리고 있을까? 저 오래 전 1980년대에 노래로 만들어 부르던 양성우 시인의 〈저 놀부 두 손에 떡 들고〉란 시 구절이 생각난다. "저 놀부 두 손 에 떡 들고, 가난뱅이 등치고, 애비 없는 아이들 주먹으로 때리며 콧노래 부르며 물장구치며, 저 놀부 두 손에 떡 들고 순풍에 돛을 단 듯이 어절 시구 침묵의 바다……." 자본에 권력을 넘긴 상황에서 스스로 자기검열 을 할 수 밖에 없으며, 어쩔 수 없이 살기 위해서 그저 삼성의 노예로 살 아가지 않으면 안 되는 현실에 대한 이처럼 슬픈 풍자가 또 없을 것 같 다. 오랜 독재가 끝나고 10년이 넘는 민주화 경험, 우리는 참 멀리 왔다 고 생각했는데 그건 착각이었던 것 같다.

박정희 정권 이래로 '우리도 한 번 잘 살아보자'는 한 가지 목표만 을 위해 치달아왔던 경제 제일 중심적 사고방식은 우리 안에서 단 한 번 도 근원에서부터 의문에 부쳐진 적이 없었다. 정치적 억압에 맞서 자유 와 민주주의를 갈구해 왔지만 정작 정의와 그것의 준거가 되는 좋은 삶 과 좋은 사회의 가치는 누락시켰던 것이다.

정의와 무관한 민주주의란 대체 어디에 쓰는 물건일까? 마이클 샌 델의 『정의란 무엇인가』는 금융위기로 그 실체를 드러내게 된 미국식 자 본주의에 대한 반성적 질문의 성격을 갖는 책이다. 이 미국발(發) '정의 신드롬'은 한국 사회의 대의제 민주주의의 한계와 정의의 부재에 기인 하는 바가 크다고 생각한다. 당위적인 말이지만, 모름지기 정의로운 사 회란 모든 사람에게 균등한 기회가 주어지는 사회를 말하는 것이다. 그 런데 이 지극히 당연한 명제가 사회적 불평등이 극에 달한 기업국가 시대에 권력의 꼭대기로부터 주장되는 아이러니를 우리는 지금 목격하고 있는 중이다.

독재정권 시대에 우리가 그토록 갈망해 마지 않았던 자유가 혹시 평등의 의무로부터 해방된 자유는 아니었는지 묻게 될 때가 많다. 타인의 존재에 대한 도덕적 관심과 타자에 대한 배려와 이해가 오늘처럼 거의 완벽히 실종된 예는 과거 어느 때에도 없었기 때문이다. "인간은 수단이 아니라 목적이다." 칸트가 한 말이다. "덕의 최고의 단계는 가난이다." 신비주의 철학자 에크하르트의 말이다. "아이들이 너무 많은 돈을 가진 채 인생을 시작하는 것은 좋지 않다." 미국의 부자 빌 게이츠의 말이다. "부자 옆에 줄을 서라. 산삼밭에 가야 산삼을 캘 수 있다." 서부시대나 개발시대의 졸부나 지껄일 이런 말을 내뱉는 정신 못 차리는 자는 대체 누구냐? 우리의 제일 부자 이건희다. 아무래도 이 자를 옆으로 치워둬야 비로소 이 땅에 정의가 찾아올 것 같다.

SAMSUNGCARD ✂

이계삼

삼성, 김예슬,
그리고 「무진기행」외

S야. 이재용 씨는 「무진기행」을 읽었을까. 결혼으로 졸지에 한 기업의
후계자가 되어 버린 소설 속 윤희중과, 아버지로 인해 한국 최대 기업 집단의
승계자가 되어 버린 자신이 결국 같은 사람임을 그는 알고 있을까.
나는 이재용 씨도 「무진기행」을 읽었으면 좋겠다는 바람만은 가져본다. 너도,
네 친구들도 말야. S야, 너는 어떤 삶을 살고 싶으냐. 이제 이 질문은 이렇게
환원되어야 한다고 나는 생각한다. '이 정글 같은 경쟁을 뚫고,
삼성 따위 기업 집단의 일원이 되어 풍요와 안락 속에서
사육당하는 삶인가', 아니면 '인간적인 가치의 한 자락이라도
부여잡을 수 있을 방황하는 삶인가'로 말야.

이계삼   "이건희 삼성 회장은 언젠가 '한 명의 천재가 10만 명을 먹여 살린 다'고 했고, 우리 공교육은 저런 발상에 맞춰 굴러간다. 그러나 어느 철학자가 일갈 한 것처럼 그 한 명의 천재가 10만 명을 먹여 살리지 않겠다고 하면 어떡할 것인 가?" 경남 밀양의 한 고등학교에서 국어를 가르치는 교사 이계삼이 던진 질문이다. 자신의 삶에서 의미 있는 선택을 할 수 있고, 삶에 책임을 질 수 있는 소도시에서 교 사를 하려고 공허한 서울 생활을 버리고 고향으로 돌아간 그는 그다지 마음이 편치 않다. 35~6도에 이르는 불덩이 더위를 견디며 교실에서 보충수업을 받고 있는 핏 기 없는 아이들의 얼굴을 바라보며 다시 질문을 던진다. "저 아이들을 기다리는 현 실은 또한 비정규직이 아닌가? 십 년 뒤, 저들 중 정규직으로 살아남을 아이는 몇 명이 될 것인가?" 『영혼 없는 사회의 교육』의 저자이기도 한 그가 바라보는 한국의 교육 현실은 끔찍한 '식인의 교육'이다. 그를 가장 괴롭히는 것은 그러한 현실에서 아무것도 할 수 없다는 무력감이며, 그 끝에 찾아오는 '적당함의 안락'이다. 그런 그는 어느 날 보충수업이 끝나자 보따리를 싸서 서울로 가서 기륭전자, GM대우, 이랜드, KTX 등 비정규직 노동자들을 만나 그들의 이야기를 기록하기도 하고, 또 언젠가는 감옥에 갇힌 삼성일반노조 김성환 위원장을 면회하고 편지를 주고받기도 한다. 그에 대해 다른 어떤 소개가 더 필요할까. 이 책에 실린 두 편의 편지를 읽는 것만으로도 부족함이 없을 것이다. 여러 매체에 실리는 그의 글들을 찾아 읽기를 권한다.

삼성, 김예슬, 그리고 「무진기행」

　　S야, 지금 막 김예슬 씨의 책 『오늘 나는 대학을 그만둔다, 아니 거부한다』의 마지막 장을 덮었다. 이 책을 읽으며 나는 오늘날의 대학생들을 생각할 수밖에 없었고, 그래서 너와 네 친구들에게 몇 마디 이야기를 주억거리고 싶어 이렇게 편지를 쓴다.

　　벌써 한 달이 지났구나. 김예슬 씨가 쓴 자퇴선언문을 읽고 나서 속절없는 기분이 되어 있을 때, 네가 문자메시지를 보내왔었지. 나도 김예슬 씨가 다니던 대학 학생들의 반응이 궁금하던 차였으니, 이심전심이었다. 학교가 시끌시끌하다면서 너는 이렇게 덧붙였지. "저 또한 (김예슬 씨가) 글 속에서 비판하던 그 사람들 중 하나인지도 모르겠어요. 안일하게, 그러면서도 쫓긴다는 핑계를 대며 남들 따라가는 것처럼 쉬운 일은 없으니까요"라고.

　　시골 일반계 고등학교 출신으로 특목고 출신이 절반이라는 그 학교에서 느끼는 위화감을 너는 자주 이야기하곤 했었지. 그러면서도 사회과학 세미나에 다니고, 쌍용자동차 파업현장이며 어디며 부지런히 다닌다는 이야기를 들으며 참 기뻤다. 그리고 결국엔 너도 '남들 따라가는'

자리에 서게 되리라는 걱정도 하고 있었다. 지금은 다른 삶을 꿈꾸고는 있지만, 넉넉지 않은 형편에 온 집안의 기대를 짊어지고 있는 네가 취업 이외의 다른 선택을 결행하는 것은 쉽지 않을 거라고 생각하고 있었으니까.

이런저런 생각을 굴려갈 때에 문득 「무진기행」이라는 소설이 떠오르더구나. 내가 워낙에 좋아해서 수업 들어가는 반마다 빼먹지 않고 가르치는 작품이었고, 그래서 너도 내게서 배웠던 기억이 날 거야. 사실, 나는 「무진기행」의 감각적인 문장이 너무나 좋았고, 아이들에게도 선뵈고 싶은 마음에 그렇게 열심히 가르쳐 온 거란다. 그런데, 요사이 김예슬 씨와 김용철 변호사와 삼성 문제를 생각하다 보니 「무진기행」이 전혀 새롭게도 읽히더구나.

욕망이라는 집요한 그물

나는 우리의 사회적 인식을 구성하는 세 층위, 논리와 도덕, 그리고 욕망의 관계에 대해 생각해 보곤 한다. 이 셋은 각각의 고유한 영역이 있을 거야. 그런데, 오늘날 한국 사회에서 논리와 도덕은 고유한 자리를 거의 잃어버린 게 아닌가 싶어. 이 둘은 그저 욕망의 꼭두각시일 뿐이라는 생각이 드네. 4대강 사업을 두고, '커다란 어항에 가두어야 물이 더 깨끗해지네 어쩌네 하는 이를 보면서, 천안함 사건을 두고 기어코 북측과 연계지으며 '한판 붙어야 한다'는 바람을 숨기지 않는 사람들을 보면서, 그리고 삼성 수뇌부의 범죄 행각을 두고서도 삼성한테서 단돈 10원도 얻어낼 게 없는 필부들까지 국가 경제와 글로벌 경쟁력 어쩌고 하면서 온갖 해괴한 논리를 구사하는 것을 보면서 결국 문제는 논리도 도덕도 아니고 욕망의 문제라는 생각을 하게 되는 거야.

논리가 문제라면 그들 논리의 허약함을 논변하면 되는 것이고, 도덕이 문제라면 삶으로써 우리의 옳음을 증명하면 되겠지. 그러나, 문제는 욕망이기 때문에 논리와 도덕으로 판판이 깨져도 저들은 절대로 이것을 인정하려 들지를 않는 거야. 그래서 이 모든 문제가 지독하게 어려운 일이 되어가는 게 아닐까 생각해.

「무진기행」의 주인공 윤희중이 고향인 무진에 오게 된 것은 자신을 전무이사로 발령낼 주주총회를 앞두고 잠시 쉬고 오라는 장인과 아내의 권유 때문이야. 그는 과부가 된 어느 큰 제약회사 대표의 딸과 결혼을 하게 되었고, 그 후 성공가도를 달리고 있는 모양이지. 지금 그에게 서울에서의 삶이란 '잡지 한 권 읽을 여유가 없'고, '오직 책임뿐'인 팍팍한 나날들이지만, 그는 이런 삶을 나름대로 즐기고 있는 중이야.

그런 그가 무진에 와 있으면서 서울에서의 사회적 가면을 벗고, 본래의 자신을 만나게 되지. 그는 십여 년 전 이곳에서 군대 징집을 피하며 골방에서 수음을 하던 청년이었고, 어느 때는 폐병으로, 또 어느 때는 실연으로 지독하게 외롭고 우울한 나날을 보내던 자신을 만나게 되는 것이야. 그래서 그는 자신이 서울에서 거둔 성공이란 결국 '돈 많고 빽 좋은 과부 하나 물어서' 얻은 요행에 불과함을 깨닫게 되고, 어머니의 무덤 앞에서 풀을 뜯으며 무덤 속으로 들어가고 싶을 만큼 치욕을 느끼기도 하지.

물론 그는 이런 식으로라도 성공하기를 바라지 않았던 것도 아니고, 지금 이 성취를 포기할 생각이 있는 것도 아니야. 다만, 그는 이곳에서 느끼는 이 우울한 자신의 모습이 '본래의 나'에 가깝다는 것만은 분명하게 확인하게 돼. 그러다가 절반의 속물이며 절반의 아웃사이더인, 이 답답한 무진을 떠나고 싶어 하는 '하 선생'과 짧은 연애도 나누는데, 그건 아마도 그에게서 그 옛날 무진에서의 '나'를 발견했기 때문이었을 거야.

그런데 윤희중은 갑작스런 아내의 전보를 받고 서둘러 무진을 떠나면서 잠시 번민에 빠지게 되지. 그렇지만 선택은 이미 예정된 것이었는지도 몰라. 그는 무진에서의 방황과 일탈을 끌어다 묻으며 서울에서 자신을 기다리고 있을 '책임'의 세계에 합류하고 말아. 그러면서 그가 던지는 마지막 말은 이런 것이지. "나는 심한 부끄러움을 느꼈다." 이렇게 「무진기행」은 막을 내린다.

그러니까 나는 지금 너와 네 친구들에게 윤희중이 그러했듯 '무진으로의 기행'을 권유하고 있는 거야. 우리는 모두 마음속에 하나씩 '무진'들을 키우고 있으니깐.

이런 일이 있었지. 김예슬 씨의 책을 읽다가 문득 내가 지금 이 학교에서 하는 일들의 무의미함을 생각하며 좀 우울한 마음이 되어 수업에 들어갔을 때였어. 바깥 날씨는 간만에 아주 화창해져서 환장할 것처럼 따스하고 좋았지. 교정 저편에는 벚꽃이 활짝 피었고, 먼 산에는 개나리, 진달래가 점점이 흩뿌려져 꽃 천지가 되어 있는데, 오후 쉬는 시간 10분 잠에서 부스스하게 깨어나는 고3 아이들을 보니 먹먹한 기분이 되더라구. 그래서 내가 제안을 했지. 책상을 창쪽으로 돌리고, 오늘 한 시간은 '째자'고 말야.

잠깐의 환호성이 지나간 뒤에 고요한 음악을 틀어 놓고 시 몇 편 읽고선 조용히 창밖을 바라보던 중에, 어느 한 여학생의 눈에 눈물이 흐른 자국을 보게 된 거야. 고3 시절이 그런 거겠지. 너도 거쳐 왔던 시간이지만, 밤 11시까지 '야자'를 하고, 집에서 몇 시간 자지도 못하고 하루 열 몇 시간 내내 재미없는 공부를 '당해야' 하는 시절을 지나면서 아이들은 몹시 센치해 있었던 거겠지.

그때서야 나는 「무진기행」과 오늘날 우리들의 삶을 연결지을 수 있게 되었던 것 같다. 논리로도 도덕으로도 환원할 수 없는, 이 '집요한 욕망'의 체제를 누그러뜨릴 수 있을 '정직한 에로스'의 힘을 생각하게 되었던 것이다. 학벌, 취업, 사회적 삶, 이런 따위 가면을 벗어던지고 있는 그대로의 자신을 만났을 때 빠져들 수밖에 없는 우울 혹은 슬픔에 대해, 그리고 그것이 환기하는 어떤 인간적인 삶의 가능성을 나는 생각하게 되었던 것이다.

'김예슬 선언'은 한국 사회의 가장 아픈 곳을 찔렀던 것이 틀림없어. 그러나, 그 반응들은 천차만별이었지. 김예슬 씨를 향해 되지도 않을 도덕적 훈계를 늘어놓는 자도 있었지. 사실 그들은 대단히 많은 말들을 했지만 결국 자신들의 예의 그 '집요한 욕망'을 드러내고 있었을 따름이야.

이 집요한 욕망이 오늘날 한국 사회의 모든 논리와 도덕을 압도하고 있다는 얘기는 앞에서도 한번 했었지. 삼성 수뇌부가 사실상 범죄조직과 다름없는 집단이라는 걸 모르는 이는 없어. 그리고 정도의 차이는 있지만, 저 집요한 욕망을 드러내는 자들은 누구든 '논리 따위, 도덕 따위, 귀찮은 것들로부터 해방되어도 아무 탈 없이 번영을 구가하는 삼성 같은' 절대 강자의 자리를 선망하고 있음에 틀림없어.

사육당할 것인가, 방황할 것인가

S야, 너는 어떤 삶을 살고 싶으냐. 이제 이 질문은 이렇게 환원되어야 한다고 나는 생각한다. '이 정글 같은 경쟁을 뚫고, 삼성 따위 기업집단의 일원이 되어 풍요와 안락 속에서 사육당하는 삶인가', 아니면

'인간적인 가치의 한 자락이라도 부여잡을 수 있을 방황하는 삶인가' 로 말야.

김용철 변호사의 회고록 『삼성을 생각한다』를 너도 보았겠지. 내가 그 책에서 가장 인상 깊게 느꼈던 장면은 이런 것이었다. 그가 삼성 구조 본 법무팀장으로 일할 당시, 그들의 범죄행위에 공모하던 시절의 이야 기다. 수백만 원짜리 옷을 사서 한 번 걸치고는 내팽개치고, 사용한도가 무한대인 법인카드를 들고 다니며 돈을 펑펑 쓰던 어느 날, 이상하게 하 루 종일 코피가 흐르기 시작했다는 대목이 있었지. "피비린내가 가시지 않는 입에 약을 한 주먹씩 털어 넣을 때마다, 나는 휴지처럼 구겨진 내 삶을 확인했"다는 그 대목을 생각한다. 나는 이 대목이 참으로 귀하게 다가왔다.

실은, 오늘날 우리들에게도, 그리고 풍요와 안락을 위해 이 모든 것 을 저당 잡히기를 강요당하는 너와 네 친구들의 삶 속에서도 이미 줄줄 코피가 흐르고 있지 않으냐. 「무진기행」의 윤희중이 어머니의 무덤 앞에 서 풀을 뜯으며 '무덤 속으로 들어가고 싶' 을 만치 괴로워하던 그 치욕 을 우리들 또한 마음의 무진에서 확인하고 있는 것은 아니냐. 우리 입가 에 묻어 있는 피비린내는 이렇게 살면 안 된다는 것을, 그리하여 '다른 삶' 을 충동하고 있는 것은 아니냐.

물론 우리는 「무진기행」의 윤희중처럼 일탈을 꿈꾸되 현실에 투항 할 가능성이 훨씬 더 높은 평범한 사람들이다. 그러나, 윤희중이 그러했 듯 지금 우리에게 필요한 것은 차라리 '우울' 이 아니겠느냐. 김예슬 씨 가 썼듯이 '스무 살이 넘어서도 꿈을 갖는 것이 꿈이어야 하는' 이 현실 앞에서 어떻게 우울해 하지 않을 수 있겠느냐 말이다.

S야. 언젠가 만났을 때, 특목고 출신이 절반이라는 학교 분위기를

말할 때의 네 표정이 생각난다. 거기에는 그런 현실에 주눅 든 시골 일반계 출신의 열등감도 서려 있었지만, 우리 사회의 주류인 그들과 대학에서 동류로 섞이게 된 네 자신에 대한 일말의 안도감도 서려 있음을 나는 어렴풋이 느낄 수 있었다. 너를 책망하기 위한 이야기가 아니다. 그러나 네가 느끼고 있을 그 일말의 안도감이 실은 너를 삶의 진실로 다가가는 것을 끊임없이 방해하는 대적(大敵)임을 말하려는 것이다. 명문대 재학생이라는 타이틀이 오늘날 얼마나 알량하고 오죽잖은 것인지를 너도 적잖게 느꼈을 것이다. 너는 '네 마음속의 카스트'와 불화해야 할 책무까지 떠맡은 셈이다. 같은 불화를 겪고 있을 친구들과의 동아리에서 나누게 될 공감과 우정이 그 불화를 견딜만한 것으로 유쾌한 것으로 만들어 줄 것이라고 나는 믿는다.

S야. 이재용 씨는 「무진기행」을 읽었을까. 결혼으로 졸지에 한 기업의 후계자가 되어버린 소설 속 윤희중과, 아버지로 인해 한국 최대의 기업 집단의 승계자가 되어버린 자신이 결국 같은 사람임을 그는 알고 있을까. 물론 나는 이재용 씨가 자신의 기득권을 포기하기를 바라는 마음 같은 건 없어. 그건 그이의 선택의 문제니까. 다만, 나는 이재용 씨도 「무진기행」을 읽었으면 좋겠다는 바람만은 가져본다. 너도, 네 친구들도 말야. 이재용 씨도, 너도, 네 친구들도, 지금 달리고 있는 인생의 레일에서 한 번쯤은 멈춰 서서 우울해 질 필요가 있다고 생각하기 때문이야. 왜냐고? 아무리 봐도 오늘날 우리 사회에서는 이 '정직한 우울'이 꽤 귀한 감정이 되어 버렸다는 생각이 들어서야.

이 장황한 글은 결국 우울이, 슬픔이 찾아올 때 한번 그 옷을 입고 지내보자는 얘기였어. 객쩍은 소리가 길었네. 부디, 건투를 빈다.

삼성, 이건희, 그리고 김성환

　　　　　　　　　　　　　J, 보아라. 인문고전교실 강좌 뒤풀이에
서 너희들과 나눈 이야기가 떠올라 이렇게 편지를 쓴다. 오늘 김동춘 교
수의 강의는 참 좋았다. 고등학생도 쉽게 이해할 수 있도록 '기업사회
론'을 구체적이고 설득력 있게 전달하는 모습이 참 미더웠다. 어디든 엉
터리가 넘쳐나는 사회에서 이런 견결한 학자가 계신다는 게 나는 참 고
맙고 좋구나. 최근 몇 년간 피부로 느껴 온 이 변화의 흐름들을 '기업사
회'라는 스펙트럼에 투과시켜 놓으니 모든 게 그려놓은 것처럼 분명해
지더구나. "기업권력이 정치권력을 압도하고, 사회 조직들이 기업을 모
델로 하여 재조직되고, 경영 논리가 가장 우선시되는" 이 현상은 김동춘
교수도 강의 중에 자주 예를 들었지만, 삼성과 오늘날 한국 사회를 견주
어 보면 금방 답이 나오는 이야기가 아닐까 싶다.

　　이래저래 참 좋은 공부를 한 셈인데, 뒤풀이 때 너희들과 나눈 대화
를 집에 와서 되짚어 보려니 뭔가 모르게 허전해지데. 내가 느꼈던 이 허
전함의 실체를 조금씩 더듬어 가면서 이 글을 시작한다.

　　내가 3년간 가르친 느낌으로도 확실히 너는 어학에 재능이 있어 보

였다. 언젠가 너도 외고에 가고 싶었는데, 비싼 학비와 기숙사비를 감당할 수 없어 일반계인 우리 학교로 왔다고 했었지. 네가 사범대와 어문학 계열을 놓고 고민하다 결국 상경계열로 진학한 이유도 충분히 짐작할 수 있다. 그때 너는 재경직 공무원이 되고 싶다고 했지만, 너처럼 사회 문제에 관심이 많고 예민한 아이가 그런 공부를 잘 견뎌낼 수 있을까 걱정스러웠던 것도 사실이었다. 무엇보다 너는 비정규직 노동자인 네 아버지를 통해 일찍부터 노동 문제를 첨예하게 느낀 경우였고, 그래서 대학 입학 후에도 이 문제를 두고 공부한다는 이야기를 전해올 때 흐뭇하면서도 걱정스럽기도 했다. 네가 이런 현실을 외면하면서 재경직 공무원 시험을 준비할 수 있을지 걱정이었거든. 아니나 다를까 너는 사회학으로 전공을 바꾸기로 결심했다고 전해 왔었지.

그런데, J야. 오늘 우리가 김동춘 교수의 강의를 듣고 나눈 이야기들은 제법 신나고 재미도 있었는데, 끝내 공허했던 것은 무엇 때문일까. 생각해 보니, 그건 우리가 한국 사회를 꼭대기에서 '내려다보듯' 이야기들을 풀어냈기 때문이 아닐까 싶어. 이러쿵저러쿵 신나게 이야기들을 하지만, 이야기가 끝나고 나면 우리는 이 총체적으로 썩어빠진 한국 사회를 개조하는 일 앞에서는 너무나 무력한 필부들로 되돌아오고 마는 거야. 대체, 우리는 무엇을 할 수 있는 것일까. 그리고 지금 경영학에서 사회학으로 전공을 바꾸려는 네게 지금 필요한 것은 무엇일까. 또렷한 답은 없지만, 어쨌든 한국 사회 전체를 '내려다보는' 듯한 태도는 아니어야 한다는 생각만은 분명하구나.

현실과 정직하게 대면한다는 것

아래 글은, 여러 해 전 당시 〈민주노동당〉 소속 노회찬 의원이 폭로하여 언론에 공개된 삼성의 2인자 이학수와 이건희의 처남인 〈중앙일보〉 회장 홍석현이 주고받은 대화 녹취록의 일부인데, 이야기를 풀어나갈 실마리가 될 것 같아서 먼저 한번 옮겨본다.

> **홍석현** 아, 그리고 추석에는 뭐 좀 인사들 하세요?
>
> **이학수** 할 만한 데는 해야죠.
>
> **홍석현** 검찰은 내가 좀 하고 싶어요. K1(경기고 출신. 이후 괄호는 모두 인용자)들도. (중략)
>
> **홍석현** 갑자기 생각난 게, 목요일 날 김두희(전 법무장관)하고 상희(대검 수사기획관) 있잖아요.
>
> **이학수** 리스트에 들어있어요.
>
> **홍석현** 김상희 들어있어요? 그럼 김상희는 조금만 해서 성의로서, 조금 주시면 엑스트라로 하고. 그 담에 이○○는 그렇고, 줬고. 김두희 전 총장은 한둘 정도는 줘야 될 거예요. 김두희는 2천 정도. 김상희는 거기 들어있으면 5백 정도 주시면은 같이 만나거든요. …… 석조(광주지검장)한테 한 2천 정도 줘서 아주 주니어들, 회장께서 전에 지시하신 거니까. 작년에 3천 했는데, 올해는 2천만 하죠. 우리 이름 모르는 애들(소장 검사를 지칭) 좀 주라고 하고.

'안기부 X파일'로 불리운 이 사건은 보수 언론들에서는 대개 구석자리에 보일락말락하게 보도되는데, 대개 제목과 몇 줄 글이 전부야. 이런 구체적인 내용들은 절대 보도되지 않아. 우리는 그래서 '아, 안기부가 도청한 거를 노회찬 의원이 어떻게 구해서 폭로했구나' 정도만 알뿐, 거기에 담긴 사실들은 알지 못해. 궁금하긴 하지만, 주류 언론은 우리 사회 권력자들의 치부를 담은 저런 구체적인 내용들은 절대 보도하지 않으니까. 그렇지만 말야, 또 조금만 노력하면 저 정도는 충분히 알아낼 수도 있는 내용이야. 소수의 양심적인 비주류 언론은 그래도 이런 사안을 성실하게 다루어주니깐 말야.

위 내용이 담긴 녹취록을 읽으면 누구나 뜨거운 분노를 느끼게 돼. 저들은 마치 사육하는 동물을 향해 먹을 것을 던져주듯이 검찰과 관계하고 있어. 검찰과 아무 상관없는 일반인들도 모욕감을 느낄 만한 대화이지. 검찰은 이렇게 떡값만 받아먹는 게 아니라, 언젠가 〈PD수첩〉에서 보도했듯 성접대까지 받고, 집에 갈 때는 제 옷에 묻은 아가씨들의 화장품 냄새를 지우기 위해 돼지갈비를 구워먹고 돌아간다고 하지. 기가 막힌 일이다. 이런 자들이 힘없고 약한 사람에게는 또한 얼마나 무자비하더냐.

J야. 우리에게 필요한 것은 '삼성이 좋다, 나쁘다'에 대한 판단보다 이렇게 구체적인 사실 관계에 주의집중하고 더 알기 위해 노력하는 태도가 아닐까. 우리는 대체로 신문 한 부도 꼼꼼하게 정독하지 않지. 그리고, 인터넷 포털 사이트 초기화면에 뜨는 뉴스의 헤드라인만 보고 지나치면서도 세상에 대해 뭔가 '알고 있다'는 착각들을 하며 살아가는 게 아닐까. 이렇게 대충 듣고, 대충 아는 사람들은 결국 세상 문제를 대충 판단하고 말아. 사람들은 삼성이 국가 권력을 농단하고 있다는 것 정도는 알지만, 그 구체적인 내용은 잘 몰라. 만약 그 내용들을 알고 있다면, '우리를 먹여 살려주는 고마운 삼성'이라느니, '이런 자랑스러운 기업

을 어떻게 함부로 흔들 수 있느냐 는 따위 이야기를 그렇게 쉽게 할 수는 없을 거야. 삼성 수뇌부의 노골적인 범죄행각에 대해 불매운동 같은 상식적인 저항조차 쉽지 않은 것도 여러 요인이 있지만, 사람들이 이런 구체적인 사실들에 주의집중하지 않기 때문이라고 나는 생각해. 철학자 시몬느 베이유가 갈파했듯, '도덕이란 궁극적으로 주의집중의 문제'이니깐 말야.

어떤 백혈병 – 삼성 노동자들의 삶

또 하나, 이야기하고 싶은 게 있다. 삼성 노동자들의 삶에 대한 이야기다. 우리는 대체로 이건희 씨 일가와 평생토록 얼굴 한번 마주칠 일이 없을 것이고, 그리고 싶지도 않을 것이다. 완전한 '남'이지, 뭐. 그런데, 사람들은 삼성 이야기만 나오면 으레 이건희 씨와 그 일가에 관한 뒷담화에 빠져드는 경향이 있는 것 같아. 사실 말이지만, 우리가 뒤풀이 자리에서 한껏 떠들었던 것도 그런 이야기들이었고.

집에 와서 곰곰이 돌이켜보았더니, 문득 이런 생각이 들더구나. 삼성에 관해서 이야기할 때, 이건희 씨 일가에 관한 흥미진진한 뒷담화보다 훨씬 더 중요한 것은 그들과 직접 연관된 사람들, 그리고 그들로 인해 고통받고 있는 사람들이 엄청나게 많다는 점이 아닐까. 더 나아가 그들의 행태가 우리들의 물질적·정신적 삶과 '직접적으로' 연관되어 있다는 것을 직시하는 것이 아닐까. 그런 의미에서 삼성 노동자들의 삶은 결정적으로 중요한 영역인데, 희한하게도 거의 이야기되지가 않더구나. 이 자리에서는 내가 자료를 찾아 읽으면서 조금 알게 된 삼성 노동자들의 이야기를 좀 해볼까 해.

우선, 아까 강의 시간에 김동춘 교수가 이야기한 삼성반도체 백혈병 노동자들의 이야기를 좀 더 풀어보자. 9년 전에 내가 경기도에서 근무할 때의 일이야. 내가 담임을 맡은 반에 백혈병을 앓고 있는 여자아이가 있었어. 늘 마스크를 쓰고 있었고, 급식을 먹을 때도 개인용 식판을 따로 써야 했고. 철없는 남자아이들이 '마스크맨'이라고 놀려서 내가 그렇게 못 부르게 하려고 아이들을 다그친 기억이 난다.

큰 병을 앓는 아이를 둔 집안들이 그러하듯 몹시 가난했고, 감기만 걸려도 아이는 응급실에 실려가야 했고, 무균실에 며칠씩 갇혔다가 회복되면 겨우 집으로 돌아오곤 했어. 중학교 1학년이었던 아이는 정이 그리웠을 테고, 마스크 뒤에서 언제나 웃으려 했고, 병원에 있다가 학교에 돌아오면 그 사이에 늘 뭔가를 만들어서 아이들에게 주곤 했었는데, 자주 외면당했지. 담임이었던 나는 이게 늘 마음 아팠고, 그래서 이 아이를 우리 반의 일원으로 자리 잡게 하려고 딴에는 애를 썼었지. 그러면서 내가 알게 된 것은 열네 살 소녀의 생에 깃든 깊은 슬픔이었다. 이를테면, 그림을 잘 그리던 그 아이가 지갑 속에 넣고 다니던 몇 장의 연필 스케치 그림은 알고 보니, 대학병원 무균실에서 함께 지내다 죽은 친구들의 얼굴이었어. 물론 그 아이는 몇 년 뒤 완치가 되었고, 지금은 잘 살고 있다는 소식을 들었다. 다행이지.

어쨌든 그때의 경험으로 내가 알게 된 것은, 백혈병이란 드라마에 나오듯 머리에 뒤집어쓴 털모자 하나로 표현되는 외상없는 질병이 아니라, 집안 살림을 결딴내는 어마어마한 치료비와 항암 치료, 구토, 탈모, 응급실과 무균실, 검사 결과를 기다릴 때의 지옥 같은 초조함 따위의 캄캄한 질병이라는 사실이었다.

김동춘 교수가 이야기한 박지연 씨 말고도 백혈병으로 세상을 떠난 삼성반도체 노동자가 많단다. 황유미, 이숙영, 황민웅, 이 세 사람의 이름을 혹시 들어본 적이 있니? 이들은 삼성반도체 기흥공장에서 함께 일하던 동료였고, 모두 급성 골수성 백혈병으로 죽은 분들이야. 10만 명에 3.7명 꼴로 발생한다는 이 희귀한 병이 한 기계를 놓고 짝꿍으로 일했던 20대 초반의 황유미, 이숙영 씨에게 찾아왔어. 그리고 그 라인의 유지 보수를 담당한 엔지니어였던 황민웅 씨에게 발병했고, 이후 삼성반도체 백혈병 대책위에 접수된 발병 사례만도 22건이라고 해. 그 뒤로 접수된 사례가 더 늘었다는 소식도 들었다.

재발한 병으로 몸도 못 가누면서도 억대에 가까운 치료비로 노심초사하는 아버지를 바라보며 눈물만 흘리던 황유미 씨는 결국 스물셋에 죽었어. 투병 중이던 황민웅 씨는 아픈 몸을 이끌고 기어코 둘째의 출생신고를 했고, 얼마 뒤 죽었다. 2009년 5월, 이들 세 사람을 포함한 삼성 백혈병 피해 노동자와 유가족들이 집단으로 제출한 산업재해 신청은 전원 불승인 판정을 받았다고 한다. 그들이 작업 중에 들이마시는 수십 종의 화학물질의 존재도, 내과학(內科學) 교과서에도 나온다는 백혈병과 화학물질의 명백한 상관관계도, 직접적 증거 없이 간접적으로라도 '상당인 과관계'가 성립되면 산업재해로 인정한다는 대법원 판례도 소용없었던 것이다. 그러므로 이 모든 것들은 '우연'이었어. 억대의 치료비도, 죽음 앞에 선 자의 산더미 같은 고통도 슬픔도 결국 각자의 몫이었고. 산재 신청을 하겠다는 황유미 씨의 아버지에게 회사 관계자는 이렇게 말했다고 해. "아버님, 삼성을 이기려고 하십니까? 이길 수 있으면 이겨보세요"라고. 아, 참으로 기가 막힌 말이지. 인터넷에서 이 기사를 읽다가 나도 모르게 부들부들 떨던 기억이 난다. 자신들이 사람이 아니라 '괴물'임을,

'짐승'임을, 자랑스럽게 떠벌이는, 그 흉측한 언어들……. 얼마 전, 박지연 씨의 가족들이 양심고백을 했어. 박지연 씨가 죽고 나서 삼성이 회사를 상대로 낸 산업재해 인정 소송을 취하하고, 민주노총이나 언론과 접촉하지 않고 멀리 이사갈 것을 요구하면서 4억 원을 주었다고 말야.

내가 삼성반도체 백혈병 관련 자료를 찾아 읽으면서 가장 가슴에 남았던 말은 황유미 씨의 아버지 황상기 씨가 '삼성에 노동조합만 있었어도 우리 딸이 죽지 않았을 거'라고 말씀하신 대목이야. 알다시피 삼성에는 노동자의 권익을 대변해 주는 노조가 없어. 아예 만들 수조차 없도록 구조화되어 있어.

무노조 경영에 맞선 삼성 노동자들의 투쟁사

J야. 좀 힘들겠지만, 아래 기록들을 주욱 읽어봐 주렴. 삼성 노동자들이 노조를 만들기 위해 싸워온 기록들 중에서 내가 몇 대목만 뽑아본 것이다.

2000년 10월, 삼성SDI 노동자 박경렬 씨는 공장을 나서다 경비원에게 가방을 수색당했어. 가방 안에는 기다란 칼 한 자루와 면도칼 묶음, 라이터가 들어 있었고, 실랑이 끝에 그는 경찰에 잡혀갔고, 폭력 혐의로 구속되었어. 그는 삼성SDI에서 노조를 만들기 위해 꾸려진 비밀모임의 일원이었지. 그는 그 시도가 발각되고 나서 회사 관계자들에게 납치되어 전국을 끌려다니며 노조 설립 포기를 종용받았고, 일 년 동안 일거수일투족을, 실로 지독하리만치 철저히 감시당하면서 살아야 했어. 그의 인간적인 자존은 허물어졌고, 일상적으로 죽음을 생각하게 되었다고 해.

그는 결국 '가방 속에 칼을 넣고 다니는 사람'이 되어버렸던 거지. 그리고, 타인에게 아무런 위해도 가하지 않았지만 결국 구속되고 말았어.

좀 더 앞선 이야기지만, 1994년 삼성중공업에서 퇴직한 최석철 씨가 자신의 승용차로 무려 세 차례나 서울 삼성 본관을 들이받는 일이 일어났어. 1987년 6월 항쟁 이후, 삼성중공업 노동자들이 노조를 설립하려는 움직임이 크게 번졌을 때 회사 측이 이를 막기 위해 노사관계법상의 '복수노조 금지조항'을 악용하여 먼저 노조 설립 신고를 하려 했거든. 회사는 영문도 모르는 최석철 씨를 구슬려서 노조위원장으로 이름을 올렸고. 그에게 동료 노동자들의 엄청난 원성이 쌓인 것은 당연한 일이었지. 그는 동료들의 추적을 피해, 그리고 미리 회사 측과 약속한 대로 대전으로 이주해서 새로운 생업에 종사하게 되었고. 그런데 이미 회사 바깥사람이 된 그에게도 회사 측의 집요한 감시의 시선은 좀처럼 거두어지지 않았던 거야. 그는 배신감과 분노로 자포자기 상태에 빠졌고, 기막힌 처지를 호소할 길을 찾을 수 없었고, 차라리 법정에서 자신이 겪은 일들을 폭로하고픈 마음으로 삼성 본관을 차량으로 들이받았다고 고백했어. 그는 제발 좀 구속시켜 달라고 호소했지만, 그나마도 이루어지지 않았다고 해.

2003년 6월, 삼성SDI 부산 사업장에서 노사협의회 노동자위원 선거가 있었단다. 그런데, 선거가 끝난 다음 낙선한 측 노동자들이 식사를 하던 도중, 현직 과장인 박용민 씨와 다른 3명이 휘발유를 싣고 두 대의 차량에 나눠 탄 다음 삼성SDI 본관 관리동으로 돌진하여 건물을 들이받는 사고가 일어난 거야. 그들은 휘발유를 뿌리며 회사에 의한 집요한 선거 개입과 일부 노동자들의 회사 측과의 치졸한 야합에 항의하면서 "이제는 삼성 노동자가 깨어나야 한다"고 연설한 뒤 자기 몸에 불을 지르려 했어. 다행히 생명에는 지장이 없었지만 회사 측의 선거 개입은 밝혀지지 않았고, 이들은 모두 징계·해고되고 말았어. 삼성SDI의 현직 과장인 박용민 씨는 왜 그랬을까? 그는 노동자들의 투쟁을 회의적으로 바라보던 평범한 '삼성맨'이었다고 해. 그는 현장 파트장일 때 같이 일하던 송수근 씨가 노조를 설립하려 했다는 이유로 해고당하고, 회사 앞에서 처절한 1인 시위를 벌일 때 회사 측의 지시로 그를 감시하는 일을 하기도 했었대. 송수근 씨가 자신의 차에 확성기를 달고 회사 앞에서 호소할 때, 회사 측이 서너 배의 용량을 가진 앰프로 맞방송을 하면서 이를 방해하는 모습도, 결국 송수근 씨가 업무방해, 집시법 위반으로 구속되는 것도 지켜보았고. 그리고 이 억울함을 풀 길이 없던 송수근 씨의 아내 박미경 씨가 자살 충동을 가까스로 억누르면서 송수근 씨의 팔순 노모와 회사 앞에서 1인 시위하는 모습도 지켜보았고.

그는 IMF 사태를 빌미삼아 동료들이 퇴출당하는 것을 지켜보면서 심각한 문제의식을 느낀 거야. 이 모든 일들 속에서도 죄책감을 견디며 살아왔건만, 이용당했다는 생각, 무언가가 크게 잘못되었다는 각성을 하게 된 거야. 그는 노사협의회 위원에 출마하여 동료 노동자들의 권익을 위해 활동했는데, 그를 회사 측에서는 이유 없이 간부사원인 과장으로 승진시켜 버렸고, 그는 안팎에서 애매한 처지가 된 거지. 과장이 되고 난 이후에도 그는 나름대로 애를 썼지만, 수없이 사진을 찍히고 감시당했다고 해. 문제가 된 그 노사협의회 선거에서도 그는 노동자 측 후보들의 당선을 위해 몸부림쳤지만, 회사 측의 집요한 방해로 결국 그 시도도 좌절되고 말았고. 그 당시에 그는 죽는 것이 두렵지 않을 만큼 괴로웠다고 하더군. 그래서 그런 무서운 일을 결행하게 된 것이겠지. 그리고, 그와 함께 해고된 동료들은 지금 막노동을 하고 있다고 한다.

2004년 7월, MBC 〈시사매거진 2580〉을 통해, 삼성에서 노조 설립에 관여한 노동자들에 대한 휴대폰 위치 추적을 했다는 사실이 폭로되었어. 이미 죽은 사람 명의의 휴대폰과 불법 복제된 휴대폰을 이용해 '친구 찾기' 서비스로 이들의 위치를 실시간으로 감시한 거지. 위치 추적의 발신 기지국이 삼성SDI 수원 사업장 인근이라는 점, 위치 추적 대상자들이 모두 노조 설립과 관계된 전·현직 삼성 노동자라는 점에서 이 사건의 본질은 충분히 짐작할 수가 있는 거야. 결국 피해자 12명이 삼성SDI를 검찰에 고발했어. 그런데 말야, 그 중에 삼성SDI에서 현직으로 일하고 있던 노동자 4명은 정말 지독하게도 작업장 내 1m 감시(모든 행동을 1m 이내에서 감시하는 것)와, 퇴근 후 미행에 시달렸고, 결국 3명은 고소를 취하할 수밖에 없었어. 끝까지 고소를 취하하지 않은 강재민 씨에게는 동료와 상관들에 의한 이루 말할 수 없는 욕설과 정신적 압박이 쏟아졌고. 서울중앙지검은 '공소권 없음', '기소중지'로 이를 끝맺고 말았지. 당시 〈민주노동당〉 단병호 의원이 삼성SDI 대표이사를 국정감사에 증인으로 채택하려 했지만 다른 국회의원들의 반대로 무산되고 말았고, 재차 노동부가 수원지검에 수사 지휘를 의뢰했지만 검찰은 이를 따르지 않았고.

더 기막힌 일도 있어. 삼성전자 광주 공장에 '아르네 삼성'이라는 사내 기업이 있어. 이 회사는 삼성전자가 지분의 19퍼센트를 가진 기업인데, 여기 노동자들이 노조 설립 신고서를 광주 광산구청에 제출하려 했었대. 경찰에 신변보호 요청을 하고 정복 경찰관 2명을 대동하고 구청 입구에 도착한 그때, 삼성 측 직원들이 노조 설립 신고 서류를 탈취해 버린 거야. 경찰은 별다른 제지를 하지 않았다고 하고. 그런데, 그 서류는 가짜였어. 이렇게 될 줄을 짐작하고 미리 노조위원장의 옷 속에 진짜 서류를 숨겨둔 거지. 그것으로 노조 설립 신고를 마치고 정상적인 노동조합으로 탄생한 거야. 그러자 희한한 일이 벌어졌어. 삼성전자는 서로 터놓고 지내던 공장 안에서 아르네 삼성과의 사이에 철제 담장을 쳐버린 거야. 마치 이스라엘이 팔레스타인 거주민 지역에 설치한 분리 장벽처럼 하루아침에 한 공장 안에서 아르네 노동자들은 분리되었고, 구내식당 및 통근버스 사용을 금지당했어. 그리고 삼성전자는 자신들이 투자한 지분을 회수해 버렸어. 기가 막힌 일이지. 당연히 조합원들이 동요했고, 결국 아르네 삼성 노조는 와해되고 말았어.

이것이 초일류 기업 삼성 노동자들의 현실이야. 이 글을 읽는 너도, 믿기 어려울 거야. 당연하지. 이런 이야기는 언론에서 거의 다루지 않으니까. 그러나 분명한 사실들이야. 이런 삼성 노동자들의 현실은 삼성의 창업주인 이병철의 그 유명한 발언 "내 눈에 흙이 들어가기 전에 노조는 인정할 수 없다"는 선언과 이를 계승한 이건희의 신념에서 유래한다고 볼 수 있을 거야. 아마도 여기에는 노동자란 돈만 많이 쥐어주면 되고, 인간으로서의 자존, 노동자로서의 권리 따위는 무시해도 좋다는 극히 속물적이고 절망적인 인간관이 깔려있는 게 아닐까.

J야. 노동조합이란 무엇일까. 노동력은 비록 예속되어 있으되 노동자는 인간으로서 존엄하다는 믿음의 표현이라고 나는 생각해. 당연하게도 노동조합을 만들 권리는 헌법이 보장하고 있는 것이고. 그런데 노동조합 설립 시도 자체를 이토록 악랄하게 탄압하는 것은 무엇 때문일까. 그들에게 인간이란, 헛것―승리―을 쟁취하기 위한 도구일 뿐인 거야. 삼성이 건설한 '물신의 제국'은 인간 삶의 현장에서 인간의 온기를 몰아내고, 오직 '돈', 오직 '승리', 오직 '미래'를 위해 이 모든 구체적인 인간적 삶의 권리를 오직 '낭비'로 여기고 없애 버린 잿빛의 성채가 아닐까.

진실로 두려운 것은 그들만의 제국이 이제 서서히 사회 전체를 잠식해 가고 있다는 사실이겠지. 이제 자본의 이념을 대변하는 자들은 이쪽 저쪽 다 봐주며 대충 살지 말자고 한다. 철두철미하게 수단방법 가리지 말고, 무엇이든 삼성처럼 하자! 온 사회에 넘쳐나는 이 강팍한 외침이 들리지 않느냐.

이건희라는 인물

이런 맥락에서 한국에서 가장 중요한 두 인물은 바로 박정희와 이건희라고 나는 생각해. 독재자 박정희는 누천년 이래 우리 사회의 바탕을 이루어 온 농촌 공동체를 파괴하고 그 짧은 시간에 온 사회를 '공장'으로 '병영'으로 '초단타 급매물 시장'으로 재편한 혁혁한 공로가 있겠지. 박정희는 자신의 꿈대로 한국 사회를 거의 완벽하게 변화시켜 냈어. 그리고, 삼성 총수 이건희는 박정희의 발상을 아주 현대적인 방식으로, 그리고 끝까지 밀어붙임으로써 삼성을 세계 시장의 중심부까지 이끌어갔고, 그 아래에 언론과 공권력을 쥐락펴락하는 물신의 제국을 건설하였고, 자신은 이 제국의 사제(司祭)가 된 거야. 5년 전이었을 거야, '판교 로또'라 불린 판교 신도시 아파트 청약 당첨자가 발표되던 날, 어느 경제신문에 오른 '미담 사례' 중에는 이런 것도 있었단다. "간밤에 꿈에서 이건희 회장님을 만났는데, 회장님이 내 손을 잡아주시더니 오늘 당첨이었다"라는.

평범한 사람들만 이건희를 이렇게 떠받드는 건 아니야. 이건희가 펴낸 에세이집 『생각 좀 하며 세상을 보자』를 읽다가 이른바 원로급 문인들이 이건희에 대해 앞다투어 찬사를 보낸 것을 보고 충격을 받은 적이 있어. 이를테면, 『토지』의 작가인 고(故) 박경리 선생마저도 이건희를 만난 소감을 이렇게 썼더구나. "그는 깊은 곳에 가라앉아서 세상을 응시하는 듯한 눈빛이었다. 그는 섬세하고 치밀하고 스스러워하는 듯한 그 점 때문에 독특했다. 창조적 감성, 그것을 느끼게 했던 것이다"라고 말야.

이건희 이야기를 조금만 더 하자. 이건희는 1942년 서울에서 태어나 선대 회장인 이병철에 의해 일찌감치 삼성의 후계자로 지목되어 경영수업을 받았다고 해. 그리고 1987년 이병철 사망 직후 경영권을 승계하여 지난 20년간 삼성을 이끌어왔고, 지금은 이재용, 이부진 등 3세로 경영권이 넘어가는 단계인 것 같아.

이건희는 성장기의 시간을 대부분 혼자서 지냈다고 해. 그래서 그는 기계, 영화, 스포츠 등에 엄청나게 몰입했고, 거기서 그의 비범한 집중력이 길러졌겠지. 또한 그는 미래에 자신에게 주어질 역할을 중심으로 철저하게 관리되었을 것이고, 또한 '목적'을 향해 자신의 내면을 규율하는 습속이 생겼을 것 같아. 이건희가 1993년 일본 오사카에서 했던 말을 들어볼까.

한 손을 묶고 24시간 살아봐라. 고통스러울 것이다. 그러나 이를 극복해 봐라. 나는 해봤다. 이것이 습관이 되면 쾌감을 느끼고 승리감을 얻게 되고 재미를 느끼고 그때 바뀐다는 것을 알게 될 것이다.

J, 너는 이런 이야기를 들으면 어떤 생각이 드는지 모르겠다. 나는 이런 식의 몰입과 자기절제는 좀 무섭고 끔찍하구나. 중요한 것은 그가 유례를 찾기 어려울 정도로 철저한 '이념형 인간'이라는 사실이 아닐까 싶

어. 그가 종종 역설한 '복합화'에 대한 철학을 드러내는 발언을 읽어볼까.

한 곳에 (삼성의) 임직원이 모두 모여 산다면 40초 만에 모일 수 있다. 이게 경쟁력이다. …… 우리나라 병원은 입원실은 1개인데 외부 손님용 화장실은 5개다. 사회구조가 엉망이다. 개인의 이기심 때문이다. 병원 1~2만 평에 병실, 슈퍼, 간호학교, 주차장, 수영장, 공부방, 양로원 넣고 초·중·고·유아원으로 집단 거주시킨다. 이게 복합화다. …… 복합화(타운)가 제대로 되면 삼성 정신, 삼성 노하우가 형성된다.

나는 이 대목을 읽으며 섬뜩했다. 40초 만에 임직원을 모으려는 발상, 병원 안에 유치원부터 양로원까지 모두 다 모아 놓으려는 그 사고방식이 놀랍지 않으냐. 이 공간에서 모든 인간적인 요소, 우연, 예측할 수 없는 계기들은 모두 '낭비'인 거야. 모든 시공간은 오직 효율성, 합목적성을 기준으로 최적화되고, '낭비'의 원천을 아예 제거함으로써 이룩한 유토피아가 바로 그의 복합화 단지인 거야. 이런 의미에서 이건희는 근본주의자라고 나는 생각해. 기계적 근본주의. 그가 인간의 삶을 바라보는 시선은 이미 기계의 세계에 진입해 있는 것이다.

이건희의 내면세계는 문학작품 속 인물들에 가까워 보인다. 이를테면 조세희의 연작소설 『난장이가 쏘아올린 작은 공』에 등장하는 은강그룹 회장의 아들 경훈―'강한 사람'이 되기 위해 자신에게 다가오는 인간적인 번민들을 스스로 잘라내는―이나, 19세기 미국 작가 허먼 멜빌의 소설 『모비 딕』의 주인공 에이허브 선장―천재적인 직관과 집중력을 가졌으나 자신에게 원초적인 외상을 안겨다 준 고래와의 '궁극적 허무의

승부'에 몰입함으로써 삶의 이유를 찾는-과 같은 순수한 이념의 구현체로 존재하는 인물 말야.

이건희가 건설한 것은 '물신의 제국'이다. 이것은 문학적인 수사가 아니라 '사실'의 표현이다. 우리는 어떻게 해야 할까. 우리는 그들을 '인간'의 감수성으로 지켜보아야 할 것이다. 달리 무슨 길이 있겠느냐. '물신의 제국'를 벗어날 수 있는 길은 '인간의 감수성'이며, '인간의 저항' 밖에 없다.

삼성이라는 암종(癌腫)

J야, 너는 혹시 삼성일반노조라는 조직과 김성환이라는 이름을 들어봤는지 모르겠다. 나는 우연히 이분을 알게 되어 지금껏 교분을 이어오고 있어. 삼성 이천전기에서 일하다 해고된 뒤, 삼성에서 노동조합을 만드는 일로 십수 년간 싸워온 분이야. 물론 그 일로 3년 가까운 시간 동안 억울한 옥살이도 했었고. 이분이 감옥에 계실 무렵, 내가 면회를 가서 처음으로 만나게 되었는데, 그때 이분이 했던 말씀은 아직도 잊히지 않아. 그 이야기를 잠시 소개할까 해.

제가 삼성을 두고 '물신'이라 말했는데, 대한민국 국민은 삼성을 상대로 독립운동을 해야겠다는 생각을 합니다. 물신이 다 장악하고 있는데, 못하는 게 없는데, 거기에서 우리가 할 수 있는 일은 단순히 노동조합을 하나 만드는 차원이 아니라 인간성의 회복이다, 물신에 맞선 인간성의 회복이라 생각합니다. 지금 저들의 본색이 단적으로 드러나고 있습니다. 저들이 가진 가치관이란 것이 죄를 지어도 돈을 들이밀면서 이 땅 사람들을 속물화시키는 거 아닙니까.(삼성일가의 8천억 사회 환원 보도를 말함—필자) 자기들 눈높이에 이 사회를 맞추는 거거든요. 돈으로 다 해결된다는 사고방식으로 온 국민을 교육시켜요. …… 지금은 내가 힘이 없지만, 다음을 위해서는 저 막강한 권력과 싸워야 한다고 생각합니다. 지금 지더라도 바위에 계란을 집어 던져서 바위가 깨지진 않지만 바위에 흔적이라도 남겨야 한다, 그 뒤에 오는 사람들이 그걸 보고 다시 할 수 있다, 저는 이렇게 생각합니다.

J야. 오늘 내가 너에게 너무 거창하고 무거운 이야기를 던진 것 같다. 그러나, 우리가 이 시대를 '인간'으로, '의식 있는 존재'로 살아가기 위해서는 반드시 이 삼성 문제를 고민하지 않으면 안 되리라고 생각해. 내가 대학 다니던 시절에는 '핵심 고리'라는 표현을 잘 썼는데, 아마도 지금 한국 사회에서는 바로 이 삼성 문제가 핵심 고리라는 생각이 드는구나. 물론 우리는 김성환 위원장처럼 살아갈 수는 없다. 우리에게는 앞으로 삼성과 그런 방식으로 엮일 가능성도, 그리고 그때 김성환 위원장처럼 맞서 싸울 용기가 있는 것도 아닐 것이다. 그러나, 우리는 이 문제들을 남의 일처럼 이야기하는 습속만은 버려야 할 것이라 생각한다. 우리가 오늘 좀 그러했지만, 마치 '국가대표 평론가'가 된 것처럼 이야기하는 습속, 삼성 일가의 삶을 연예인들에 관한 뒷담화처럼 이야기하는 습속은 공허하고 부질없다는 생각이 드네.

행동을 하든, 하지 않든, 그것은 개인의 선택의 문제이고 훨씬 덜 중요한 문제라고 나는 생각한다. 다만, 우리는 우리 눈앞에서 지금 벌어지고 있는 이 자명한 현실을 어떻게 바라보고 있는지, 이 고통, 이 슬픔, 이 막막함을 우리의 의식 속에서 어떤 방식으로 처리하고 있는지에 대해 준열하게 성찰하는 것은 누구도 피해갈 수 없는 '책임'의 문제라고 나는 생각해. 그것은 물론 사회적 책임의 영역이지만, 그것은 무엇보다 자신의 영혼을 건사하기 위한 투쟁이기도 한 것이야.

J야. 예수님이 말씀하시듯, 인간은 빵으로만 살 수 없는 존재야. 우리는 육체적 존재이면서, 또한 정신적 존재인 것이다.

오늘날 우리에게 삼성은 무엇일까? 삼성은, 정신적 존재인 우리들의 영혼을 깊이 병들게 하는, 암종(癌腫)이라고 나는 생각한다. 이 긴 글을 통해 나는 오직 이 한 가지 사실을 말하고 싶었다.

SAMSUNGCARD ✂

최성각

삼성을 넘지 못하면
희망이 없다

김용철 변호사의 책을 읽으면서 나는 몇 번이나 책을 창밖으로
내던지고 싶었다. 잘못 던지면 이건희가 좋아한다는 해발 600미터의 좋은
공기가 돈 한 푼 안 들이고도 흘러넘치는 마당에서 행복하게 놀고 있는
거위 등판에 맞을까봐 참았다. 책을 읽는 동안 나는 구토가 이는 장면이 하도 많아서
육신과 마음의 평안을 위해 권정생 선생의 책을 꺼내 같이 읽곤 했다.
과연 누가 귀족인가? 주가조작 등을 통해 비자금을 조성해 자식에게 장물을
이양하는 게 목적인 삼성 일가와 그 하수인들이 귀족인가? 타워팰리스가 아니라
오두막집에서 생쥐와 같이 살더라도, "꽃 한 송이 참새 한 마리도
끝까지 사랑하자"고 권하는 권정생 선생이 참다운 귀족이 아닐까?

최성각　작가이자 환경운동가이다. 소설을 '사람 사는 이야기'라고 여기는 그는 도식적인 장르의 구속에서 벗어나 작가로서 절박하다고 여기고 쓴 모든 글이 자신의 문학이라고 생각한다. 일찍부터 환경운동판에 뛰어들어 90년대 초 상계소각장반대운동을 벌였다. 90년대 말 지인과 같이 환경단체 '풀꽃세상'을 창립해 새나 돌멩이, 지렁이, 갯벌의 조개, 자전거 등에게 풀꽃상을 드리면서 우리 사회가 생명에 대한 감수성을 회복하기를 열망했다. 풀꽃평화연구소의 이름으로 그가 엮어낸 『새만금 네가 아프니 나도 아프다』는 새만금 파괴에 대한 눈물겨운 보고서다. 새만금살리기 운동을 하던 즈음, '삼보일배', '생명평화'라는 말을 개발해 사용하기도 했다. 2003년 이후 세상을 망치는 방식과 똑같은 방식으로 굴러가는 주류 환경운동판과 거리를 두고 서울과 시골을 오가며, 거위를 키우고 닭똥을 모으고 밭의 김을 매며 어설픈 시골생활을 하고 있다. 『부용산』, 『택시 드라이버』, 『거위, 맞다와 무답이』 등의 소설집을 펴냈으며, 산문집 『달려라 냇물아』, 『날아라 새들아』가 있다. 최근에는 서평집 『나는 오늘도 책을 읽었다』를 펴내기도 했다. 그의 책읽기 글에는 매번 대통령과 거대자본에 대한 비판이 따르는데, 이 책에 실린 글 역시 그의 이러한 독서의 소산이다. 현재 풀꽃평화연구소장, 《녹색평론》 편집자문위원, 《프레시안》 서평위원으로 활동 중이다.

삼성을 넘지 못하면 희망이 없다

　　　　　　　　　　『삼성을 생각한다』라는 책이 나왔다는 것을 나는 〈한겨레〉였거나, 아니라면 〈프레시안〉을 통해서 처음 알게 되었다. 혹은 〈시사IN〉일 수도 있다. 세상을 살피고, 세상일을 흡수하는 내 창(窓)은 대충 그 정도다. 세상을 바라보는 내 창이 써놓고 보니 몇 개 안 된다. 쓸데없는 고백이지만, 그 몇 개 안 되는 창으로도 젊은 날처럼 창밖의 풍경들을 샅샅이 살피지는 않는다. 얼추 본다. 이런 태도를 만약 불성실이라 한다면, 그것은 불성실이기는커녕 나이가 준 선물 같은 것인지도 모른다.

　　왜 나는 이렇게 불성실해졌을까? 어느 날 잠깐 생각해 보았다. 오십 중반을 넘어서면서 나 역시 별 수 없이 눈이 침침해져서일까, 아니면 세상일을 너무 오랫동안 세세히 들여다보느라 지친 것일까? 잘 모르겠다. 누가 어찌 생각하든 간에 몇 개 안 되는 창을 통해서라도, 한 사람의 글 읽은 자로서 나는 세상살이에 최소한의 관심을 기울이는 일을 중지할 수는 없다. 누가 시켜서가 아니라 스스로 그래야 한다고 생각하고 있기 때문이다. 시대를 아파해야 한다는 글 읽은 자로서의 당위보다는 아마도 세상이 지금보다 좀 더 나아져야 하지 않겠나, 하는 열망 때문일 것이다.

그런데 근래 나는 위험스럽게도, 창밖에서 벌어지는 일들을 아주 시큰둥하게 대한다. 곰곰 생각해보니, 다른 어떤 이유보다도 세상 이야기가 나를 행복하게 하지 않기 때문인 것 같다. 언제부터인가, 아침에 일어나 만난, 나를 슬프게 하거나 답답하게 하거나 몹시 열 받게 하는 세상일들로 인해 내 삶을 어둡고 직직하게 만들고 싶지 않다는 생각이 일기 시작했다. 잘못하면 벌써 5, 6년째 먹고 있는 혈압약이 소용이 없어질 수도 있다. 좀 더 생각해보니 다른 이유도 있는 것 같다. 세상에서 일어나고 있는 일들의 빤한 되풀이 때문에 지루해졌는지도 모르겠다. 형태는 다르지만 똑같이 반복되는, 나를 결단코 행복하게 하지 않는 세상사 틈바구니에서 어떻게 내 혈압약의 효험을 최대치로 살릴 것인가. 실로, 어려운 일이다.

조용한 입소문의 베스트셀러

이 책의 출간 소식을 알게 되었지만, 그렇다고 기다렸다는 듯이 책방에 쪼르르 달려가 서둘러 구입하지는 않았다. 그 까닭은 아마도, '저자 김용철'의 이력과 그가 한 일에 대해서 그와 천주교정의구현전국사제단이 노력한 만큼 세상에 알려져 있기에 그 정도는 알고 있다고 생각했던 것 같다. 그리고 삼성에 대해서는 사실 알고 있는 것도 별로 없지만, 더 알고 싶지 않았기 때문인지도 모른다. 말이 나왔으니 말이지만, 내가 아무리 2010년에도 여전히 대한민국 사람이긴 하지만, 왜 나마저 삼성에 대해 생각해야 한단 말인가? 김용철 변호사(이후 존칭 생략)야말로 거기서 고임금을 받으며 그 해괴한 일가와 사치스럽게 잘 놀다가 어느 날 그들에게 배신을 때리기로 작심한 양반이니까 삼성에 대해 생각해 볼 게 참으로 많겠지만, 나는 아니지 않은가. 삼성 일가가 나를 '관리' 하지 않는데, 짐승들 여물도 끓여야 하고, 밭의 김도 매야 하고, 시골의 여러 표 안 나는 할 일들이 태산인 내가 왜 삼성에 대해 굳이 생각해 봐야 한 단 말인가. 내 비록 김용철 변호사에 대해 아무런 감정도 없는 사람이지 만, 제목에 대한 그 정도 수준의 가벼운 반발심은 조금 있었던 것 같다.

그러나 얼마 전, 동네의 지하책방에 갔을 때, 책방 입구에 이 책이 가 로로 네 권 분량의 길이로 세로로도 역시 두세 권 분량의 너비를 차지하 고 제법 높이 쌓여 있을 때, 처음 드는 생각은 반가움이었다. 대개 책방 입구 좌대에 산더미처럼 쌓여 있거나 특권적으로 배치되어 진열된 책들 은 내가 개인적으로 매우 혐오하는 책들이곤 했다. 형형색색의 자기계발 서들, 증권, 재테크, 건강 책들, 또 쏟아지는 야리꾸리한 심리학 책들, 아, 그리고 엄청나게 팔렸다는 정신 나간 듯이 보이는 한국 소설 등등.

시골에서 주말에 서울 집으로 돌아가면 나는 어김없이 한 번쯤 책방 에 들르곤 하는데, 대개 책방에서 나올 때에는 마음이 편치 않아져 늘 남 모르게 장탄식을 하곤 한다. 세상에 나오지 않았더라면 더 좋았을 책들 이 너무나 많다는 게 내 장탄식의 이유다. 꼭 펄프 이야기, 쓸데없는 책 들 때문에 베어지는 나무 이야기가 아니더라도, 너무 심하다 싶은 책들 이 너무 많이 쏟아져 나오고 있다. 그러나 『삼성을 생각한다』라는 책이 특별하게 진열되어 있는 것을 보고 든 생각은 달랐다.

"그래, 이런 책은 널리 읽혀야 하겠지!"

책 내용도 자세히 모르면서 나는 그렇게 중얼거렸다. 그러면서도 나 는 언뜻 책에 손을 대서 펼쳐보거나 뒤적여보거나, 책방에서 나갈 때 계산할 요량으로 챙겨들지는 않았다.

"언젠가 이 책의 인기가 사그라들었을 때, 신촌시장 골목에 있는 내 단골 헌책방에서 구해야지", 그리곤 지나쳤다.

무엇이 〈경향〉마저 난감하게 했을까

그랬는데, 그만 나는 이 책을 구입하지 않을 수 없었다. 그것은 순전히 철학하는 김상봉 교수 때문이었다. 김 교수가 2010년 2월 17일에 〈프레시안〉에 '경향신문을 비난하지 않겠습니다' 라는 제목으로 올린 글 때문이었다. 이야기인즉, 김 교수가 〈경향신문〉에 이 책에 대해 쓴 칼럼을 송고했더니만, 게재를 거부당했다는 이야기였다. 김 교수는 3주에 한 번씩 그 지면에 글을 써오던 터라 이번에도 다른 때처럼 때에 맞춰 송고한 자신의 글이 아무렇지도 않게 발표될 줄로 알았더니만, 신문사에서 말하기를 "신문사로서는 감당하기 어려운 부담이 된다면서 양해를 구"한 모양이다. 김 교수가 그 양해를 거절했더니만, 신문사가 그 지면을 다른 이의 글로 채우자 김 교수는 그런 전말과 함께 "우리 사회에서 삼성이 누구도 비판할 수 없는 신성불가침의 권력"이 된 것을 개탄하면서 신문사로부터 게재를 거절당했던 글을 올린 것이다.

젠장, 도대체 이 책의 무엇이 〈경향신문〉의 칼럼 담당자 혹은 편집국을 불편하게 했을까, 궁금해졌다. 마지못해 이 책을 구입하면서 역시 기분이 안 좋았다. 나는 베스트셀러에 대한 병적인 거부감이 있는데다 소문난 책일수록 근거 없이 다소간 비웃는 못된 버릇이 있는 사람인데, 이번 경우에는 달랐다. 자칫 그런 내 오래된 습성에 충실하다가는 이 책을 정작 보고 싶을 때 구하기 힘들어질지도 모른다는 위기감이 고개를 쳐들었다. 〈경향신문〉마저 이 책에 대한 칼럼을 싣지 못한다면, 지금 비록 책방에서 조용히 잘 팔리고 있긴 하지만, 조만간 이 책이 소리소문 없이 죽을지도 모르겠구나, 하는 아슬아슬한 마음이 들었던 것이다.

나는 책을 읽으면서 우선 생면부지의 김상봉 교수에 대한 원망 때문에 책상 모서리에 머리통을 찧고 싶었다. 아, 이분은 왜 이런 구역질나는 내용을 나로 하여금 읽게 만들었단 말인가, 그런 이유 때문이었다. 저자 김용철에 대해선 책을 덮는 순간까지 만감이 교차했다. 스스로 배신자가 아니라고, 오히려 삼성이 자신을 처음부터 배신했다고 차분차분 항변하지만, 그는 삼성의 입장에서 볼 때에는 짧은 7년 세월 동안 100억 원이나 투자했는데 배신을 때린 고약한 배신자일 수밖에 없었다.

누구를 일러 배신자라 하는가, 그게 이 글이 겨냥하는 중요한 주제가 아니긴 하지만, 나는 김용철 변호사에 대해 책을 덮을 때까지 상당히 삐딱한 시선으로 바라볼 수밖에 없는 긴장감을 떨치기 힘들었다.

'폭로의 책'과 '참회의 책'

김용철 변호사, 이 사람은 누구인가?

이분은 왜 갑자기 양심선언을 했을까? 그가 처음 사제단을 찾아갔을 때 한 노(老)사제가 말씀하셨듯이, 이이는 이건희 일가와 경영 임원진의 최측근으로부터 사랑과 신뢰 속에서 7년이나 호의호식하면서 딸랑딸랑, 삼성 일가의 모든 범죄 현장 최전선에서 코피 터지도록 온몸을 불사

르며 봉사했던 사람이 아닌가? 그런데 무엇이 그로 하여금 이토록 목숨 걸고 삼성 일가 비리를 세상에 폭로하게 만들었을까? 그가 검사 때려치우고 기업에 간 이유도 상당히 아리송하지 않은가? 사람의 정의감이 이렇게 나이 들어서 갑자기 생길 수 있는 것일까? 저자는 삼성 재판을 지켜본 아이들이 "'정의가 이기는 것이 아니라, 이기는 게 정의'라는 생각을 하게 될까봐 두렵다. 그래서 이 책을 썼다"라고 말하고 있지만, 그가 양심선언 전까지 그토록 미래 세대가 꾸려갈 한국 사회를 줄기차게 염려해왔던 사람이었을까?

아니잖는가!

검사 때려치운 이유도 부장으로 승진해 부하 검사들 술 사주면서 접대하기 싫어서 때려치웠다는데, 그게 납득이 되는가? 깨끗한 기업에 가서 '합리적 경영기법'을 배우겠다고? 삼성이 어떤 기업인지 대한민국에서 나이 40이 넘도록 몰랐다고? 합리적 경영은 무슨 놈의 합리? 책의 어느 대목엔가 밝혔듯이 "처자식 호강시키려고 갔다"는 말이 오히려 솔직하고 설득력 있지 않은가?

스스로도 밝혔듯이 그는 체제순응형의 사람이고, 법조인으로서는 삼성 입사 1호로서 7년 내내 승승장구 엄청난 신뢰를 받아 경영 임원으로서 이건희, 이재용 로얄패밀리(나는 이 탈세범들을 언젠가는 호되게 제대로 벌 받아야 할 '불쌍한 인간들'이라 단언하지만)와 이학수, 김인주 등 가장 막강하고 비열한 노예들과 같이 북 치고 장구 치고, 희희낙락 한판 잘 놀지 않았던가? 그가 그 7년 세월을 랭보의 시에 빗대어 '지옥에서 보낸 한 철(시절)'이라고 말하고 있긴 하지만, 그가 7년간 삼성에 있으면서 한 짓들은 삼성이 이 나라를 장기판의 졸로 보고 무슨 게임에서든 이겼기 때문에 정의라고 여겨질 수도 있는 온갖 탈법과 비리와 부정의 공범자로서의 적극적 협력이 아니었던가. 특권적 경험과 지식과 인맥, 학맥을 온통 삼성 일가의 범죄에 동원하지 않았던가.

밤새워 조사받을 용의가 있다고 특검실 문을 발로 뻥, 차기 전에 그는 이 세상에서 가장 낮은 자세로 엎드려 대성통곡하면서 그를 삼성에 갈 수 있도록 검사로 만들어준 부모님과 사회에, 그리고 그가 그토록 염려하는 미래 세대에게 진심으로 좀 더 참회해야 할 사람이 아닌가. 그리고 "삼성 일가를 시대와 역사가 반드시 단죄해야 하듯이 나도 중벌을 받아야 할 사람"이라고 독자들이 질릴 정도로 강조해야 할 사람이 아닌가. 그게 책을 덮을 때까지 내가 견지하고 있었던 저자에 대한 편견이었다.

책을 덮은 지 제법 한참 되지만, 나는 아직도 그 편견을 수정하거나 철회하고 싶지 않다. 그가 보통사람으로서 7년간 공범자에게 떨어지는 떡고물로 누린 사치는 일일이 열거하고 싶지 않지만, 삼성 일가와 그 똘마니들의 병적인 사치와는 다른 의미에서 구역질이 나는 내용들이었다.

나는 삼성 일가와 그 일가에 빌붙어 사는 수십억 연봉의 노예들에게도 분노했지만, 회심한 김용철의 책이 충분히 담고 있지 않은 내용 때문에 분노했다. 그것은 무엇이었을까? 이 나라에 아무리 내부고발자가 귀하다 하더라도, 우리 사회가 아무리 내부고발자에 대한 대접이 소홀하다고 해도, 그의 책에는 '화려한 삼성 노예'로 살았던 세월에 대한 참회가 더 통렬하게 담겨 있어야 했다. 그게 내 생각이었다.

윤락 사건 무마로 얻은 제주도 가족여행

삼성 일가가 사는 모습이나 저자가 했던 일 모두가 참으로 제정신 가진 이들이 참고 읽기 힘들지만, 이런 대목은 왜 그리 오래도록 머릿속에 남는지 알다가도 모를 일이었다.

삼성그룹이 사실상 부도를 맞아서 임직원들이 대대적으로 쫓겨났던 1999년 나는 제주 호텔신라 퍼시픽스위트룸에서 가족과 함께 여름휴가를 보냈다. 며칠 지내고 체크아웃할 때 보니 계산서에 1,500만 원 가량이 나왔다. 당시 휴가는 회사 임원들이 연루된 연예인 윤락 사건을 잘 해결해 주었다고 해서 받은 것이었다.(188쪽)

김용철이 1958년생이니까 그보다 세 살쯤 더 먹은 나는 어쨌거나 비슷한 세대라 말해도 그리 틀린 말이 아닐 텐데, 그런 나는 1999년에 뭘 하고 살았을까? 아무도 월급을 주지 않는 자발적 실업 상태에서 글쟁이입네 하면서도 제대로 된 팔리는 소설 한 편 쓰지 못하면서, 갯벌과 내 삶이나 가족과는 당장에 아무런 직접적인 관련이 없었건만, '새만금을 살려야 한다'고 메아리 없는 기염을 토하고 있었던 것 같다. 그 갯벌이 노는 땅이 아니고 죽은 땅은 더욱이 아니므로, 그 땅을 메워 농지를 만들겠다는 것은 사기극이라고 주야장창 외치고 있었다. 새만금을 살리려고 수년간 그토록 애썼건만 끝내 갯벌은 생짜로 메워지고, 메워지자마자 그곳에 농지는커녕 골프장을 짓겠다는 소리가 나오고야 말았다. 내 밥벌이보다는 그런 관심이 지나치다 못해 나는 결국 지인들과 환경단체를 만들어 '자연에 대한 존경심을 회복하자'고 밤잠 안 자며 열심히 일하고 있었다. 그때 이 땅에 같이 살던 내 비스무레한 연배의 검사 출신의 삼성 고위층인 김용철은 고위급 임직원들이 룸살롱에서 연예인과 어린 여대생과 놀다 발각난 일을 법적으로 잘 덮어준 대가로 제주도에서 가족과 여름휴가를 보냈는데, 그가 말하는 '며칠'이 참으로 '며칠'인지 잘 모르겠지만, 그때 쓴 돈이 물경 '1천5백만 원 가량'이었던 것이다. '며칠'이라는 기간은 우리말의 관습상, 최소한 열흘 이내의 기간을 지칭한다고 봐도 그리 틀린 말이 아닐 것이다. 사나흘도 '며칠'이라 말할 수 있고, '대엿새'도 며칠이라 할 수 있고, '일주일 남짓'도 며칠에 속할 수 있겠다. 여하튼 아무리 길게 잡아도 열흘 이내의 기간을 지칭하는 말이라 봐야 한다.

그렇다 치고, 숫자에 워낙 약한 사람이지만 나는 '제주도-며칠-1천5백만 원', 이 세 가지 단어를 잘 외운 뒤에 그즈음에 만난 사람들에게 물었다.

"자네가 여름휴가로 가족들과 제주도에 갔다 치자. 제주도 고급 호텔에서 며칠 상간에 1천5백만 원을 쓸 수 있겠나?"

"왜 못 써. 돈이 없어 못 쓰지, 이 사람아!"

몇 사람에게 물었더니만, 모두 간단하게 대답했다.

나는 심각하게 물었는데, 모두 나를 조롱하듯이 가볍게 답했다. 그런데도 그들의 얼굴 한 귀퉁이에 어떤 쓸쓸한 기운이 스쳐지나간 것 같기도 하다.

나는 마치 아무에게도 드러내지 않았던 치부가 노출된 사람처럼 갑자기 무기력해졌다. 그리고 나는 알게 되었다. 내 주변의 적잖은 사람들은 돈이 없어 못 쓸 따름이지 며칠 상간에 1천5백만 원을 쓰려고 작정하면 그까짓 돈 정도야 너끈히 쓸 능력이 모두 있다는 것을. 그렇게 말할라치면 '며칠'에 1억5천만 원을 못 쓸까? 15억인들 못 쓸까?

나는 그때 깊은 소외감을 느꼈다. 웃기는 이야기로 들리겠지만, 그때 내가 일하던 단체의 활동가는 월 60만 원을 받고 있었다. 우리는 단체를 처음 창설했기에 A4 종이 한 장, 봉투 한 장, 전화 한 통화도 아껴 썼다. 회원들의 월 회비는 1천 원에서부터 3천 원, 많으면 5천 원이었다. 비슷한 연배의 한 사내가 한 시대의 과격한 생태계 파괴를 억제하고 막기 위해 여러 시민들과 그런 처지에서 잠 못 이루며 공부하고 애쓰며 노력할 때, 다른 곳의 한 사내는 자신이 속한 회사의 더러운 자들이 어린 여대생과 윤락을 했다는 게 발각되자 법적으로 그 일을 무마시켜 준 대가로 아름다운 섬에 가족과 놀러가 '며칠'간 '1천5백만 원 가량'을 쓰고 있었던 것이다. 김용철 본인도 며칠 만에 쓴 돈이 좀 과했다고 느꼈기에 그 내용을 밝힌 것으로 보아, 그가 '잘 했다'고 하는 이야기가 아니라는 것쯤은 나도 안다. 그 지경으로 형편없이 망가진 인생을 살았다는 맥락에서 고백한 것이라고 말이다.

그러나 분통 터지는 일이 아닐 수 없었다. 그가 만약 고시를 합격하지 않았더라면 검사가 안 되었을 것이고, 검사가 되지 않은 상태로 삼성에 입사했더라면 그런 불상사를 잘 덮을 재간을 발휘할 길이 없었을 것이다. 거듭 말하지만, 나는 그보다 세 살이나 더 먹은 사람인데, 누구 입에서 나온 말인지 모르지만 고시보다 어렵다는 신춘문예에 자그마치 두 번이나 당선된 사람이다. 나도 지금 태어나지 않고 몇 백 년 전에 태어났더라면 전국 글쓰기 대회에서 두 번이나 장원을 한 사람인지라, 그렇고 그런 벼슬아치가 되어 내가 땀 흘리지 않아도 되는 전답도 꽤나 얻었을 것이다. 너무 늦게 태어난 시대 탓을 해야 옳을까, 김용철이나 삼성 자식들, 참 잘 낫다고 부러워해야 옳을까, 비감스러우면서도 분통이 터지는 일이었다.

'짧은 시간에 많은 돈을 쓸 수 있는 것이 곧 능력'으로 간주되는 사회는 어떤 사회일까? 나는 그런 사회는 신속하게 무너져야 하는 사회라고 생각한다. 그것은 표현할 길 없는 인간의 원초적 감수성으로 바라볼 때, 무엇보다도 불경스럽기 때문이다.

'옛날의 김용철', '오늘의 김용철'

최근에 〈프레시안〉을 통해 '정의'를 주제로 김민웅 교수와 나눈 인터뷰에는 '옛날의 김용철'도 나오지만, '오늘의 김용철'도 나온다.

김민웅 그렇게 검사를 하다가 기업에 들어갔다. 삼성이다. 좋았나?

김용철 좋았다. 물론 불편한 점도 있었다. 기업에 왔을 때, 내게 노사 관계를 맡기려 했다. 그것과 관련된 일은 내가 안 한다고 약속을 받고 왔는데 말이다. 솔직히 나한테 시키는 일이 노조를 위한 것은 아니지 않겠나. 노조가 안 생기고 못 만들게 하는 것. 수사하던 모든 역량을 동원해 노조를 만들려는 사람을 매수, 미행, 감청하라는 것 아닌가. 그런 역량을 발휘하라는 게 뻔했다.

심문도 해달라고 했다. 고위 임원이 다른 곳에서 돈을 많이 받는데 자백을 하지 않는다고 했다. 솔직히 기업에 와서도 이런 걸 해야 하나 하고 생각했다. 결국 안 했다. 검찰 때는 자나 깨나 잡아 넣을 것만 생각했다. 나는 못됐다. 공무원은 돈을 먹고, 사업가는 탈세를 하는 인간들이라고 생각했으니…….

검사 시절에는 죄만 생각했는데 기업에 가보니 이젠 범죄를 생각하지 않아도 돼 좋았다. 기업에서는 그런 거 할 필요가 없지 않나. 기업에서 만난 사람은 모두가 선량한 사람이었다. 내 부하 중에는 독일에서 온 전화를 독일어로 의사소통하는 이도 있었다. 하버드 대학을 나와 일하는 이도 상당수였다. 이렇게 훌륭한 사람이랑 좋은 일 하니 어찌 안 좋을 수 있겠나?

김민웅 검찰의 위계질서와 삼성에서의 위계질서를 비교해 보면?

김용철 기업에서는 상사가 탄 차가 안 보일 때까지 90도로 허리를 숙이는 건 당연한 일이었다. 내가 살던 방식이 아닌 다른 방식으로 살았다. 다이아몬드 시계 10개를 아무렇지도 않게 사는 임원도 보았다. 하나에 1,000만 원 이상은 되는 시계였다. 내가 보기엔 공허해서 그랬으리라 생각했다. 나도 10개는 아니더라도 1개 정도는 샀다.(웃음)

아주 비싼 양복도 샀다. 지금도 가지고 있다. 하지만 입을 기회도, 생각도 없다. 관리도 안 되고 입으면 무척 신경을 써야 하기 때문이다. 사람이 옷을 모셔야 하는 수준이다. 어쨌든 그런 신분 상승에 폼이 났다. 예를 들면, 삼성에 있을 때 1년에 150번쯤 골프장에 갔다. 계산해 보니 모든 휴일을 다 가고 단 하루 안 갔다. 크리스마스 때 폭설로 모든 골프장이 문을 닫을 때, 그때 빼곤 모두 간 것이다.

김민웅 그렇게 다니던 삼성을 그만 둔 계기는 무엇인가?

김용철 아까도 말했듯이 삼성에 있는 사람이 다 선량한 사람인 줄 알았다. 하지만 세월이 지나면서 갈등이 심해졌다. 외환 위기로 국민 대다수가 일자리를 잃고 힘든데, 삼성은 대량으로 사람을 해고

했다. 그러면서 삼성 임원은 위기가 기회라며 골프 회원권 몇 천만 원짜리를 사 놓았다. 얼마 뒤에 그 회원권은 몇 억 원이 되었다. 내가 그런 짓을 같이 했다면 편하게 사는 건데, 그러지 못했다.

회사를 그만둔 것은 그런 것에 회의도 느끼고 몸도 너무 망가져서 그랬다. 일주일에 하루는 호텔에서 식사를 했다. 술도 엄청 비싼 것을 먹고, 운동도 하지 않았고, 무슨 고민할 게 많다고 고민도 많이 하니 탈이 안 나겠나. 내가 안에서 겪은 삼성 문제를 세상 사람들이 다 아는 줄 알았다. 하지만 대부분이 모르고 있었다. 내가 보고 겪은 거니 일단 그거라도 알려 놓으면 사람들이 어떤 식으로든 행동을 취하리라 생각했다. 그래서 2년 전에 알렸던 거다. 하지만 나의 예측력은 형편없었다. 여야 합의로 특검까지 했지만 모든 걸 덮었다. 결국 김용철은 입만 열면 거짓말을 한다는 오명을 썼다. 패륜적 배신자로 비난받는 거는 감수해야 한다. 삼성과 검사 동기들을 곤란하게 만들었기 때문이다……(하략).(《프레시안》 2010년 7월 5일자, 김민웅·김용철 대담 「더 나빠질 게 없는 한국, 얼마나 희망찬 사회인가」에서.)

옛날의 김용철은 그가 말한 것만으로도 족하다. 문제는 '오늘의 김용철'이다. 그는 아직도 독일어로 통화하고, 하버드 대학을 나와 삼성에서 일하던 그 사람들을 '훌륭한 사람들'이라 생각하고 있다. 참으로 맥빠진다. 그들이 어떻게 훌륭한 사람들이란 말인가. 회화를 잘하고, 좋은 대학을 나온 사람일 뿐이 아닌가. 이런 사고방식을 가진 이는 어디에서부터 말을 걸어야 할지 참으로 난감하다. 얼마나 세속적인가? 세속적이라면 모름지기 건강해야 할 것이다. 이 생각은 바른 생각도 아닐뿐더러 건강하지도 않다. 그가 세상과 사람을 보는 눈은 이 책을 내기 전이나 낸 후나 달라지지 않은 것 같다. 그러니 '검사 출신 1호'를 조건으로 입사했고, 7년씩이나 그 범죄 집단의 사랑받는 일원으로 잘 놀다가 뒤늦게서야 세상에 삼성 사람들 사는 것을 알려야겠다고 결심하게 되었을 것이다. 그가 훌륭한 사람의 조건이 독일어로 외국인과 통화하거나 하버드 대학을 졸업하는 것과 전혀 상관없다는 것을 알았더라면 삼성에 가지도 않았을 것이고, 그 작태를 고발해야겠다는 결심을 하는 데 7년씩이나 걸렸을 리가 없다. 그게 내 생각이다. 그래서 그가 내부고발자로서는 참으로 귀한 사람이지만, 그의 '오늘 고백'이 나는 여전히 미심쩍은 것이다.

앞서 말했지만, 이 책 『삼성을 생각한다』의 구성은 참회의 양보다는 정의감을 앞세운 폭로가 더 많은 양을 차지하고 있다. 만약 내가 저자처럼 어마어마하게 귀중한 정보를 체험으로 소지한 자로서 책을 펴낸다면 폭로의 책이 아니라 우리나라에서는 좀처럼 찾아보기 힘든 진정한 의미에서의 참회의 책으로서 펴내려고 했을 것 같다. 폭로는 바로 보는 데에는 도움이 되지만, 사회를 정화시키는 데에는 한계가 있기 때문이다.

어쨌거나 김용철 변호사는 "정의로운 자들만이 정의를 말할 수 있는 것은 아니다"라는 화두를 이 책을 통해 던지고 있다. '불의한 양심에도 진실은 있다'는 화두, 말이다. 그런데 이 화두는 생각보다 흥미롭다. 저자가 거기까지 질문한 것은 아니지만, '본래 정의로운 자가 어디 있겠는가?' 하는 질문이 이 화두 속에 담겨 있기 때문이다. 바로 그렇기 때문에 다시 말하지만, 정의를 말하려면 죄악의 목록집만으로는 불충분하다는 이야기다. 그래서 나는 김용철에게 더 극단적인 정직성, 바위에 머리를 찧을 정도의 참회를 요구하고 있었는지도 모른다. 한 사람에게 너무 많은 것을 요구하면 안 된다는 것을 나는 그만 깜박 잊은 것이다.

함량 미달의 얼치기 귀족, 삼성 일가

그런 개인적인 아쉬움에도 불구하고, 김용철의 책으로 우리 사회는 이 책이 발간되기 전보다는 조금이라도 나아졌다고 생각한다. 그가 아니었더라면, 그의 폭로가 아니었더라면 삼성 일가의 삶과 거기 90도로 절하며 천만 원짜리 시계를 10개씩이나 대량 구매하는 '공허한 자들'에 대해 우리가 자세히 알 도리가 없었을 것이다.

유럽에 뿌리를 둔 '귀족 콤플렉스'가 있는 삼성 일가는 돈의 힘으로 이 나라를 자기들 마음대로 쥐락펴락할 수 있다고 생각하고 그 망상을 치밀하고 악랄하게 실천하고 있다는 것을 이 책을 통해 소상하게 알 수 있다. 선입견 없이 보고 싶어도 인간으로서도 어딘가 썩 자연스럽지 않은 이 탈세범(들)은 '자존심 강한' 이 나라 검찰을 타락시켰고, 언론이기를 스스로 포기하기로 작정한 언론을 손아귀에 넣었고, 선거로 뽑힌 대통령마저 업신여기고 대체로 깔봤다. 삼성 일가는 무엇보다도 노조도 못 만들게 억압함으로써 삼성의 수십만 명 직원들을 모욕하고 있고, 이 나라 국민들을 지네들이 '멕여살린다'고 착각하고 있다. 한마디로 시건방지기 짝이 없고 덜 떨어진, 귀족이라면 IOC 위원회로부터도 경멸당한 함량 미달의 귀족들이다.

왜 내 나라의 검찰을 삼성 일가는 이토록 능멸하는가? 삼성 일가는 왜 내 비록 〈한겨레〉를 구독하느라 따로 구독은 않았지만 내심 존중해마지 않았던 〈경향신문〉까지 이토록 수치스러운 용단(?)을 내리게 하고야 말았는가? 무슨 권리로 삼성 일가는 내 세금을 공적자금이라는 형태로 자신들의 사업 실패(삼성자동차)를 메우는 데 써서 낭비되게 했더란 말인가? 왜 배추 한 포기도 키워보지 않은 무능력한 그대들이 존경받아야 할 내 나라 권력층을 이토록 비참하게 타락시키고 무력하게 만든단 말인가?

다시 한 번 생각해보자. '돈의 힘'을 이토록 과신하는 범법자들을 이렇게 승승장구하도록 놔둬도 되는 것인가? 그래도 이곳에 법이 있고, 상식이 흐르는 '한 나라'라고 말할 수 있을까? 아니다. 그럴 수는 없다. 이번에는 '비즈니스 프렌들리' 정신에 의해 비록 사면 받았지만, 삼성 일가가 언젠가 엄혹하게 난죄받아야 하는 것은 이 국가공동체의 자존심이 걸린 문제다.

책을 읽으면서 나는 몇 번이나 책을 창밖으로 내던지고 싶었다. 잘못 던지면 이건희가 좋아한다는 해발 600미터의 좋은 공기가 돈 한 푼 안 들이고도 흘러넘치는 우리 마당의 풀밭에서 행복하게 놀고 있는 거위 등판에 맞을까봐 참았다. 나는 이 만만찮은 분량의 뜨거운 폭로서를 읽는 동안 구토가 일고, 욕지기가 나오는 장면이 하도 많아서 내 육신과 마음의 평안을 위해서 권정생 선생님의 책을 꺼내, 같이 읽곤 했다. 권 선생님의 책을 무슨 통증 치료제로 사용한 것이다.

복순아. 가난할수록 더 착하게 살아야 한다. 아무리 가난해도 착하게 살 수 있는 권리는 아무도 못 빼앗아 간단다. 못 먹고 못 입어도 우리 꽃 한 송이 참새 한 마리도 끝까지 사랑하자꾸나.(「길을 밝히는 사람들」, 『죽을 먹어도』, 아리랑나라, 2005년, 12쪽)

나지막한 목소리로 복순이한테 이런 권유를 하는 사람이 아름답지 않은가? 이런 권유를 하는 사람을 '훌륭한 사람'이라 해야 옳지 않겠는가. 과연 누가 귀족인가? 주가조작과 분식회계로 비자금(특검 발표 4조5천억 원, 김용철 추정 10조원)을 조성해 자식에게 장물을 이양하는 게 절체절

명의 목적인 삼성 일가와 그 하수인들이 귀족인가? 타워팰리스의 펜트하우스가 아니라 오두막집에서 생쥐와 같이 살더라도, "꽃 한 송이 참새 한 마리도 끝까지 사랑하자"고 어린이들에게 권하는 권정생 선생님이 참다운 귀족이 아닐까? 이런 비교 자체가 불경스럽다.

저자 김용철에 대한 개인적인 평가야 어찌됐든, 나는 이 책이 계속 팔렸으면 좋겠다. 한 백만 권쯤 팔린다고 한국 사회가 당장에 달라지지야 않겠지만 이 책으로 알게 된 것들이 우리 사회가 더 나은 세상으로 이행하는 데 반드시 유용한 거름이 될 것이라 믿고 있기 때문이다. 이 책이 팔릴 때, 권정생 선생님 같은 분이 남긴 몇 안 되는 책들도 덩달아 팔리면 얼마나 좋을까.

SAMSUNGCARD ✂

김진호

'성공주의'에 잠식된
우리의 빈 영혼에 대하여

권위주의 체제는 '빨갱이'라는 악마가 필요했다. 민주화 시대에는
'반민주세력'이라는 악마가 있었다. 그런데 기업의 시대인
포스트 민주화 체제에 와서 이 악마는 사라졌다. 대신 낙오자,
탈락자, 무능력자와 같은 '성가신' 존재들이 폐차더미처럼 쌓여 가고 있다.
오직 성공한 자만 살아남을 수 있는 무한경쟁 속에서 그 성공의 정점에는
삼성이란 제국의 신화가 있다. 이 성공의 시대에 악마는
증발해 버린 것이 아니라 우리의 내면에 주인으로 자리 잡고 있다.
우리의 빈 영혼을 장악한 이 악마는 쾌락이면서 동시에 보이지 않는 파괴와
파멸의 독사 같은 것이라는 각성이, 삼성을 '다시' 생각해야 하는
이 시대의 성찰의 과제에서 누락되어서는 안 될 것이다.

김진호 대학에선 수학을 전공했지만, 신학자가 되었다. 민중신학자 안병무에게서 신학을 배운 것이 신학자로서 그의 사유와 실천, 삶의 방식의 기본 방향을 결정했다고 한다. 재야 신학연구단체인 '제3시대그리스도교연구소' 의 동료들과 함께 민중신학의 가능성을 확장하고 밀고 가는 작업을 계속해 오고 있다. 신학대학원을 졸업한 이후로 제도권 신학의 공간 밖을 떠도는 신학의 방외자로서 20여 년을 유랑한 것은 그가 신앙하는 예수의 삶을 닮은 것이었다. 그의 예수는 당대의 권력에 맞선 독설가이며, 스스로 정주하기를 포기한 유랑자이다. 성서학자인 그는 예수가 동시대의 거시적·미시적인 권력과 벌인 싸움들에 주목한다. 그가 수행하는 '해체와 전복의 언어로서의 예수전 텍스트 읽기' 는 철저히 '탈정전적'이며, '탈교회적' 주체의 형성에 맞추어져 있다. 그리고 그것은 우리 시대의 고통과 직접적으로 대면한다. 비판을 잃은 사회는 언제나 역사 속에서 끔찍한 결과를 초래했다는 인식에 바탕을 둔 그의 글쓰기는 미시 권력을 향할 때 차분함과 냉정함을 잃지 않는 것과 대조적으로 교회 안을 향할 땐 자못 분노의 어조를 띤다. 최근 급성장한 후발 대형교회가 한국 사회의 심화되는 고통의 구조와 어떤 연관을 맺고 있는지 그 실체적 흔적을 추적하고 있다. 안병무 선생이 설립한 한백교회에서 7년 간 담임목사를 지냈으며, 제3시대그리스도연구소 연구실장으로 있다. 〈당대비평〉 편집주간으로 일했고, 『예수역사학』, 『반신학의 미소』, 『무례한 자들의 크리스마스』 등 다수의 책을 펴냈다.

'성공주의'에 잠식된 우리의 빈 영혼에 대하여

'이건희 제국'은 우리 '안'에도 있다

2005년 8월, '안기부 X파일'이 공개된 바로 그 무렵, 한 계간 잡지는 삼성을 특집으로 다루면서 '삼성공화국'이라는 표현을 사용했다. 제3공화국이니 제5공화국이니 하는 용어가 일종의 '군대공화국'이라면 지금은 '삼성공화국'의 시대일 수 있다는 뜻이겠다. 여기에 수록된 한 글에서는 삼성 '공화국'의 실체는 공화제 사회가 아니라 정확히는 삼성이 권력을 장악한 '경제적 참주정 사회'라고 말한다. 삼성이 국가 전반의 지배력을 행사하는 방식이 현실의 법체계 속에서 정당하지 않기 때문이겠고, 삼성에 대한 시민적 지지가 그네들의 권력이 정당화되는 데 영향을 못 미치고 있다는 점에서도 그러하겠다.

2007년 10월 29일, 삼성그룹 구조조정본부의 고위 임원을 지내다 내부고발자로 나선 김용철 씨 관련 천주교정의구현전국사제단의 1차 기자회견이 열린 직후, 또 다른 잡지는 특집 제목 속에 '이건희 제국'이라는 표현을 사용하였다. 올해 초 출간된 김용철 씨의 책 『삼성을 생각한다』에 따르면 과연 '이건희 제국'이라는 표현이 걸맞아 보인다. 거대한 기업군을 거느린 삼성의 운영체계는 군주국이라고 해도 과언이 아닐만큼 한 사람에게 권력이 독점되어 있고, 가신 집단의 절대적인 충성심이 그의 권력을 철옹성처럼 비호하고 있으니 말이다.

나아가 그이의 권력이 삼성그룹의 범위를 넘어 한국 사회 전반에까지 막강한 힘을 과시하고 있고, 심지어 불법과 탈법조차도 공적 법률기관과 언론에 의해서 정당화되고 있다. 신문 매체나 방송은 삼성에 대한 비판 기사를 특별히 자제하는 편이고, 김용철 씨의 책을 펴내려는 출판사도 좀처럼 찾기 어려운 사정에 있었다고 한다. 삼성의 위력을 보여주는 또 하나의 소소한 에피소드로, 최근 이 책에 대한 김상봉 교수의 서평이 비판적 신문에서조차 게재되지 못했다는 사연도 있다. 더욱 놀라운 것은 정의구현사제단의 대표적 신부들이 인사상의 불이익을 당했다고하니 종교계 역시 삼성의 영향망에서 멀지 않다는 인상을 지울 수 없다. 가히 이건희의 삼성제국은 한국 사회 전반에까지 그 권력을 미치고 있으며, 점점 그 권역이 광대해지고 세밀해지는 추세라고 할 수 있을 것이다.

그런데 이 글을 쓰기 전부터 궁금했던 것은, 위에서 이야기한 '삼성공화국', '이건희 제국' 운운하는 말들에 대해 '보통사람'들은 어떻게 생각할까 하는 것이었다. 신문기사, 논문, 책 등을 통해 알고 있는 이런 정보가 주위 사람들과 이런 식의 이야기를 자주 나누는 나와 같은 사람들에게는 상식에 속하지만 다른 대화권의 사람들, 우리 사회의 보통사람들에게도 상식일까? 만약 그렇다고 한다면 사람들은 삼성을 어떻게 이해하는 것일까?

비록 사사로운 것이지만, 그 궁금증을 안고서 다섯 명의 사람들을 각각 만나서 이야기를 나누어 보았다. 모두 30대 후반에서 40대 중반 사이의 남자이고 부장이나 차장, 과장급 직장인이다. 그중 한 명은 삼성 계열사에서 근무한 경력을 갖고 있었다. 그리고 다른 한 명을 제외하고는 학생 시절에 반정부 데모에 참여한 적이 전혀 없었고, 대체로 이념적인 문제에는 무관심하고, 시사정보에 대해서도 별다른 관심이 없고 정보도 많지 않은 이들이다. 대체로 나와는 다른 성향의 사람이라는 점에서 내가 생소해하는 사람들의 생각을 읽어내는 데 이 대화들은 유익할 것 같았다.

한데 놀랍게도 그들은 삼성, 이건희, 이재용 등에 관해 생각보다 많은 정보를 가지고 있었다. 그것들은 대개 부정적인 것이었는데, 일하면서 혹은 술자리에서 들은 것이 직장인의 경험에서 유추한 상상력과 결합하여 구성된 에피소드들로 보인다.

아무튼 이 만남들을 통해 나름 추론할 수 있었던 것은 이렇다. 사람들은 삼성의 부조리한 행태에 대해 잘 알고 있었고, 그것에 관해 이야기할 사적 기회를 꽤 많이 갖고 있었다. 반복된 언어적 수행은 의혹 수준의 생각을 확신하게 하고, 단편적 정보들을 연결하는 스토리라인을 형성하게 하는 효과가 있다. 이렇게 해서 만들어진 삼성 스토리는, 사람들의 직간접 경험을 경유하면서 개연성을 지니게 된다. 말하자면 삼성에 대한 사람들의 생각은 그다지 순진하지 않았고 대단히 현실적이라는 것이다.

더욱 놀라운 것은 이러한 부정적 이해에도 불구하고 사람들은 삼성과 이건희에 대해 긍정적인 평가를 내리고 있다는 점이다. 무엇보다도 삼성이 국제 시장에서 성공을 거둠으로써 민족적 자긍심을 크게 고양시키는 기업 집단이라는 이해와 관련되어 있는 듯이 보였다.

외국계 기업에서 일할 때 유럽의 몇 개 나라를 전전했던 경험을 가진 이는 백인 사회에서 위축되어 있던 자신에게 삼성 브랜드가 얼마나 커다란 위안이 되었는지를 이야기했다. 다른 이는 보다 논리적 해석을 부여했는데, 이 기업 집단이 이룩한 시장에서의 성공은 그들의 잘못보다 훨씬 더 큰 사회적 공헌을 우리 사회에 하고 있다는 것이다. 또 다른 이는 자기가 외국 바이어들을 대상으로 마케팅할 때의 어려움에 대해 이야기하면서, 삼성이 국제 시장에서 거둔 성공이 얼마나 대단한 것인지를 설명하려 했다. 그에 의하면 이것이 그네들의 잘못을 다소 불공정하더라도 용인해 줘야 하는 이유다.

이런 해석도 있었다. 삼성이 좌초하면 우리 사회는 몰락한다는 주장이다. 전 세계의 경쟁사들은 삼성을 좌초시키고 싶어 안달한다는 것이다. 그러므로 훌륭히 세계 시장에서 일하는 기업을 시장 외적 잣대로 위축시킨다면 결과적으로 외국 기업들의 농간에 놀아날 뿐이며 우리 경제는 종속되고 말 것이라고 한다. 시장의 경쟁력을 위해서 민주주의를 유보하자는 것이냐고 되물었을 때, 그는 명쾌하게 대답했다. 가난한 민주주의보다는 풍요로운 자본주의가 낫다고.

다들 명료한 주장을 펴고 있었다. 물론 어느 것도 내게 생소한 얘기는 아니다. 보수주의 논객들로부터 익히 들어왔던 논변들이다. 다만 학자들의 추상적 얘기들보다는 현장을 뛰는 이들의 설명이, 적어도 내게는 더 큰 호소력이 있는 소리로 들렸다는 것이 다르다면 다를 뿐이다. 아무튼, 내 생각에는, 딱히 이념적으로 보수주의자가 아닌 우리 사회의 중산층 직장인들에게 이념적 보수주의자들의 주장이 더 친화적으로 수용되고 있음이 분명했다.

다섯 사람 모두는 일터에서 퇴출 위기에 노출된 사람들이다. '잘해야 부장이 끝'이라고 생각하는 이들이다. 특히 삼성의 구조조정이 매우 야비하다는 직간접 기억을 가지고 있는 사람들이다. 무엇보다도 노조가 없는 회사의 횡포를 추체험하고 있었다. 그래선지 그들 역시 예외 없이 진지하게 퇴출 이후를 대비하고 있었다.

그렇지만 성장 중심의 경제가 제공해 주는 위기 해법에 그들은 여전히 큰 기대를 걸고 있었다. 첫째는, 말할 것도 없이, 부동산이 주는 높은 부가가치에 대한 기대다. 설사 직장에서 퇴출되더라도 부동산 경기만 괜찮다면 살만하다는 것이겠다.

그것이 얼마나 위험한 기대인지 그들은 모르지 않았지만, 시장 자체가 '무모할 만큼 위험성 높은 투기'가 벌어지는 장이라고 생각하고 있기에 '리스크'는 당연히 감수하지 않으면 안 된다고 믿는 듯이 보였다. 그런 점에서 국가가 할 일은 그 '투자'의 리스크 요인을 축소하는 것이어야 한다고 보았다. 그들의 생각에는, 그중에 대표적인 것이 삼성과 이건희를 휘둘리게 하는 우를 범해서는 안 된다는 것이겠다.

이 대목에 이르자 문득 그들이 논리보다는 욕망에 의존해서 생각을 펴고 있다는 느낌이 들었다. 신자유주의적인 지구화, 그 무한경쟁체제가 얼마나 사람들의 삶을 무자비하게 파괴하고 있는지를 서생(書生)짓 하며 사는 나보다 훨씬 더 체감하고 있기에, 살아남아야 한다는 욕망은 더욱 절절한 위기의식과 연관되어 있었던 것이다. 요컨대 생존 욕망이 낙관적 시나리오를 가상으로 그리게 하고, 그것을 위해 자기들의 경험을 반영하는 해석의 프레임을 동원하고 있다는 생각이 든 것이다.

그런데 이 해석의 프레임은 시장주의, 그것도 성장일변도의 시장주의에 크게 의존하고 있었다. 이는 우리 사회의 이념적 보수주의자들의 설명과 맞물린다. 여기에서 '보수주의 정부–재벌기업–자기 자신'을 잇는 생각의 계열이 형성되는 것이겠다. 이때 민주주의는 장애물이다. 아니면 시장친화적 민주주의가 되거나. 최근의 '법치'(法治)라는 어법은 이러한 시장친화적 민주주의를 위한 미사여구에 다름 아니다. 왜냐면 이미 우리가 경험하고 있듯이 법적 정의가 규범적, 도덕적, 혹은 대화적 정의와 균형을 이루기보다, 법이 다른 것을 압도하는 상황은 담론적 지배력을 더 많이 확보한 이들에게 유리하게 작용하기 때문이다. 담론적 지배력이란 언론의 지배력과 관계되며, 법률적 언어의 구성 능력과도 관계된다. 이것이, 김용철 씨가 폭로한 것처럼, 삼성 구조조정본부가 법조계와 언론계에 대대적인 로비를 했던 이유겠다.

내 생각에는, 이들처럼 성장주의적 해석의 프레임에 정신을 지배당하고 있는 것은 우리 사회에서 일반적인 현상이다. 그러한 담론의 질서에 포박되어, 다른 대항적 담론에게 공여할 영혼의 여분이 별로 없는 이들이 너무 많다는 것이다. 아니 그것에 비판적인 주장을 펴는 나 자신도 이러한 성공주의적 담론의 질서에서 얼마만큼 자유로운지는 장담할 수 없다. 이건희 제국은 바로 이러한 정신의 편향 속에서 서식하고 있다. 이것은 한국 사회의 정치경제적 현상일 뿐 아니라 우리의 영혼의 현상이기도 한 것이다.

성공주의 신앙과 내재된 삼성주의, 그 둘은 동거 중이다

그런데 다섯 남자 중 한 사람의 말이 내 귀에 특히 솔깃했다. 그는 내게 왜 신학자가 그런 일에 관심을 갖느냐고 물었다. 직접적으로 삼성과 연계시킨 말은 아니지만, 분명 삼성을 비판하고 싶어 하는 나를 반박하기 위한 신앙적 화법임이 분명했다. 삼성을 두고 왈가왈부하기보다는 하느님에게 영광이 될 만한 것에 힘쓰라는 말이겠다.

그는 박지성보다 박주영을 좋아한다. 왜냐면 박주영의 '골 세레머니'가 기도이기 때문이다. 단지 성공에 대한 감사기도가 그에게는 제일 중요한 잣대인 것이다. 삼성을 얘기할 때도, 그런 생각의 편향은 비슷하게 펼쳐졌다. 신학이 할 일은 '세속적' 성공 과정을 묻는 데 있는 것이 아니라, 성공의 결과 혹은 태도를 물어야 한다는 주장이다. 과정에 대한 것은 시민운동가들이나 국가가 할 일이니, 신학자는 성공한 그이들이 하느님에게 영광을 돌리는 삶으로 전향하도록 하는 일, 그의 표현으로는 '영적인' 것에 힘쓰라는 권고다.

물론, 내가 알기로는, 그는 세속적 일상에서 매우 엄격한 도덕성을 발휘한다. 빛과 소금이 되어야 한다는 신앙적 명제를 그는 이렇게 실천하고 있다. 그러니 그가 과정을 말하지 않는 것은 아니다. 다만 과정을 얘기하는 대목에서는 개개인의 덕목으로 환원시켜 이해하고 있다.

여기까지만 보면 그의 주장은 일관성이 있다. 그는 나름대로 정교분리 주장을 펴고 있다. 세속적인 것과 영적인 것을 나누고 그 역할 분담에 최선을 다함으로써 세상에 선(善)을 이루어가는 것이 하느님의 뜻에 맞는다는 것이다.

한데 이러한 이분법이 위기를 맞는 지점은 생각보다 현실과 맞닿아 있다. 추상적으로는 그리스도인이란 존재 전체가, 그의 표현으로는, '영적'이어야 한다고 생각하지만, 영적인 생존 못지않게 세속적 생존이 절실하기 때문이다. 그러한 절실함을 외면할 수 없기에 세속적인 생존에 관한 신앙윤리를 필요로 한다. 그것은 자기 개인의 도덕성으로 해석되었다. 그것은, 물론 세속적 일이지만, 엄격한 도덕성을 통해 영적인 방식으로 세속을 사는 것, 세상에 속해 있지만 속하지 않는 자처럼 사는 것이라는 믿음과 연결된다. 그는 이것을 「창세기」 18장 26절을 예로 들면서 설명했는데, 아브라함이 소돔에 대한 징벌 유보를 간구할 때 하느님이 말한 심판의 원리, 곧 한 사람이라도 의인이 있다면 심판을 중지하겠다는 것은 곧 개인의 도덕성이 세상을 영적으로 변화시키는 것이 된다는 해석과 연결시켰다. 이런 식의 정교분리의 이분법은 그 회색지대까지 나름 일관되게 해명하고 있다.

그런데 그의 논지에서, 세상 속에 살면서 세상에 속하지 않은 자처럼 살아간다는, 이른바 '영적인 삶'의 태도는 그 세속적 결과에 연연하지 않겠다는 의미를 포함하고 있지만, 사실은 그러한 삶의 태도는 세속적 성공과 깊게 연관되어 있다. 즉 영적인 삶은 세속적 성공을 보증한다는 믿음이 그 논리 속에 은연중 깔려 있는 것이다. 이러한 해피엔딩의 논리는 거꾸로 세속적 성공에 대한 욕망이 영적 삶의 태도를 자극한다. 즉 양자는 상호보완적이다.

하지만 이러한 생각은 세속적 실패를 고려하지 않을 때에만 일관성의 위기를 맞지 않는다. 이는 논리를 단순화해야만 가능한 신앙적 이해의 프레임임을 보여주는 전형적 사례로서, 성공지상주의 신앙관이라고 할 수 있다. 그리고 바로 이러한 논리는 성공한 자, 성공한 집단, 성공한 나라에 대한 신앙적 친화성을 무의식적으로 내재화한다.

악마가 사라진 세상, 실은 악마는 몸속에 있다

성공주의가 고대 이스라엘 사회에서 역사의 큰 물결을 일으키며 지배적인 가치관으로 자리 잡았던 시간들이 있었다. 그중 헬레니즘 제국인 프톨레마이오스에 의해 지배당했던 기원전 3세기의 이스라엘이 특히 그랬다. 식민지 시대임에도 이스라엘 내 다수의 지배층은 번영의 가치와 그 실물적인 발전의 산물들에 열광했다. 알렉산드로스의 다른 장군들이 세운 나라들에 비해 프톨레마이오스 제국은 정치적으로 안정되었고 경제적으로 크게 번성했다. 전례 없이 안정된 중앙집권적 체제 아래 제국은 각 지방의 농민들에게 개량된 농법, 농기구, 새로 개발된 태양력에 기초한 과학화된 농경주기에 관한 지식 등을 보급했고, 국제무역에서 유리한 작물 경작을 유도했으며, 화폐제도를 확산시켜 무역의 효율성을 크게 진작시켰다. 헬레니즘 제국들 여기저기 건설된 폴리스 간 국제무역의 시대가 활짝 열린 것이다.

한편 제국의 수도 알렉산드리아에는 거대한 도서관이 건립되고 있었다. 70만 권이라는 어마어마한 장서로 유명한 이 도서관 건립을 위해 제국은 막대한 기금을 쏟아 부었다. 특히 책을 필사하여 복사본을 만드는 서기관의 수효가 급증하고, 체계적이고 전문적인 서기관 교육시스템이 제도화된다. 이 과정에서 문자 능력이 출중한 중산층 엘리트가 대량으로 탄생하게 되었다. 이들 중 적지 않은 이들은 경제적 활황으로 부를 축적한 서민 계층에서 배출된 이들이었다.

제국 수도에서 벌어진 현상은 제국 전역, 그리고 그 외부에까지 영향을 미쳐, 지중해 연안 지역 도시들을 중심으로 문헌들과 지식인의 수가 급증한다. 바로 이런 맥락에서 이스라엘에서는 이른바 '지혜'라는 장르의 문학이 태동한다. 과거 왕실 사제나 서기관들이 저술한 문헌인 '율법서'나 '역사서'는 왕과 귀족의 나라의 토대가 되는 뿌리와 비전을 다루었는데, 이들 신흥 지식인인 민간 서기관들의 지혜 문서들은 대중의 일상적 삶의 질서를 언어적으로 체계화하는 것, 곧 일상적 경험을 성찰하는 가르침을 다룬다. 이렇게 해서 쏟아져 나온 문서들에는 한 가지 뚜렷한 특징이 있었는데, 그것들은 한결같이 '악마' 가 사라진 세상을 이야기하고 있다는 것이다.

그런데 바로 이 시기에, 제국이 제공해 준 안정과 번영의 토대 위에서 많은 '현자' 들이 발전에 대한 낙관을 의심 없이 전제해 놓고 악이 소멸해 가는 가능성을 탐닉하고 있었는데, '코헬렛' (Qohelet; 전도자)이라고 자칭하는 한 노(老)학자가 그러한 주류적 인식을 거슬러 "헛되다"는 말을 30여 회나 내뱉으며 지독한 냉소주의 문학을 저술하였다. 그가 쓴 제1성서('낡은 약속' 이라는 뜻의 구약성서라는 이름은 다른 종교, 예컨대 유대교나 이슬람교에 대한 모욕일 수 있다)의 「전도서」는 "코헬렛이 말한다. 헛되고 헛되다. 헛되고 헛되다. 모든 것이 헛되다.(1,2)"로 시작하고, "코헬렛이 말한다. 헛되고 헛되다. 모든 것이 헛되다.(12,8)"로 끝을 맺고 있다. 왜 그는 이 번영과 평화의 시대에 그토록 지독한 냉소주의에 빠져야 했던 것일까?

그가 보기에 세상은 결코 아름답지도 위대하지도 않았던 것이고, 주류 문학이 말하는 것처럼 악마는 사라진 것이 아니라 사람들의 공모 속에서 오히려 칭송받으며 일상과 동거하고 있었던 것이다. 그 시대는 새로이 부자가 된 사람들을 많이 탄생시켰지만, 다른 한편으론 막대한 세금을 강탈하는 프톨레마이오스 제국 특유의 조세체계 아래서 훨씬 더 많은 대중들이 몰락의 기로에 놓여 있었던 시대였기도 하다. 주류 담론 속에서 모든 것이 낙관적 기억을 통해서만 구현되던 시대에는 대중의 고통은 존재할 자리를 빼앗긴다. 다시 말해 대중은 주체(화)의 조건을 빼앗기는 것이다. 코헬렛의 냉소는 그러한 시대를 지배하는 성공지상주의의 거짓됨과 허망함을 겨냥했던 것이다.

한편 바로 같은 시기에, 제1성서에 속한 또 다른 문헌인 「욥기」에는 흥미롭게도 악마가 등장한다. 이 악마는 심지어 신의 궁전에 침입해 있다. 신과 대화하고, 의인에게 재앙을 주자고 신을 부추기며 내기를 건다.(1,1~12) 악마가 사라지고, 악이 제거된 혹은 제거될 것이라는 낙관이 지배하던 시대에, 그 악마가 도리어 신과 함께 있다는 서사는 「전도서」의 냉소보다 더 직접적으로 낙관적 세계관에 도전한다. 이는 번영의 시대에 악마적 질서가 더욱 무서운 실체로서 세상을 통제하고 있다는 사실에 대한 증언이었던 것이다. 더욱 결정적인 것은, 동시대의 또 다른 문서들인 「다니엘서」와 「토비트서」, 「유딧서」, 「희년서」, 「마카베오서」 등에서 공통되게 '몸 안으로 들어온 악(마)'의 모티브가 등장한다는 것이다. 악은 이제 '음식'이 되어 몸 안으로 들어와 몸을 오염시킨다.

요컨대 이것은 '악'이, 마치 적이 우리의 강토 안으로 쳐들어와 지배하듯이, 의인화된 존재로 우리 몸 안으로 쳐들어와 지배한다는 상상이다. 악마는 바로 이렇게 사람들의 신체 내부로까지 침입해 들어오는 존재로 재등장하였다. '음식'은 바로 악마가 몸 안으로 들어와 존재의 내면을 지배하는 것과 같은 현상을 적나라하게 보여주는 예이다. 몸 안으로 들어와 몸을 부정 타게 하는 것, 그리하여 악마의 몸으로 변모케 하는 것, 그것이 바로 음식 금기를 일상화하는 신앙으로 나타난 것이다. 이것은 다시 말하면 국가/제국의 통치자와 대중 사이의 갈등이 단지 토지만이 아니라 개개인의 몸으로까지 확대된 현실의 반영이다. 몸 자체가 전쟁터가 되었다는 진술인 것이다.

그런데 '음식이 된 악'이라는 이 상상력은 악에 대한 전혀 새로운 패러다임이다. 「욥기」에서 악은 적의 군대처럼 쳐들어와 재앙을 만난 이의 모든 것을 파괴한다. 하지만 음식이 된 악은 자신이 파괴되는지도 모르는 사이에 몸의 일부가 되고, 심지어 쾌락을 선사하기까지 한다. 기원전 3세기, 전대미문의 번영이 지중해 동남부를 풍요와 지식으로 넘실거리게 하던 시절, 모든 것이 풍족해졌다고, 지배적인 언어들이 담론의 세계를 첩첩이 채워가던 그 낙관의 시절에, 고대 이스라엘이 성찰해 낸 악(惡)의 모습은 내면으로 들어온 욕망이었다. 그것은 쾌락이었지만, 동시에 보이지 않는 파괴와 파멸의 독사 같은 것이었다.

포스트 민주화 사회에서 남은 것은?

한국 사회가 권위주의적 군부독재체제에서 민주정부들을 거치면서 포스트 민주화를 향한 길을 찾아 나서고 있는 중이라 한다면, 그것은 어떤 방향과 양상으로 가시화되고 있는 것일까. 거칠게 요약하자면, 군인들의 합리성이 사회 전체의 합리성이 되어야 한다고 강요받던 시대는 1987년 6월 항쟁을 기점으로 반독재 민주화운동 특유의 문화적 성향이 대안적 합리성으로 수용되는 시대로 이행했으며, 그것은 이제 기업가의 합리성을 전 국민에게 강요하는 시대로 급속히 변해 가고 있다 할 수 있겠다. 기업(자본)의 헤게모니가 전 사회적으로 압도적인 것이 된 계기는 IMF라는 한국 자본주의의 총체적 위기였으며, 이 시기는 1997년의 정권교체와 함께 시민적 주권 사회를 향한 절차적 민주주의의 제도화 과정과 맞물리는 것이었다. 이후 정치적 자유의 제도적 실현 과정이 어떻게 자본의 자유에 의해 포섭되고 한계가 지워졌는지를 해명하는 것은 사회과학이 풀어야 할 숙제로 남아 있지만, 이 글이 주목하는 것은 이 과정에서 무엇이 우리들의 내면을 규정하는 지배적인 가치체계가 되었나 하는 것이다.

'민주화'라는 가치가 보일 듯 말 듯한 '열망의 대상일 뿐'인 시대에는 지배체제든 도전세력이든 모두 서로를 향한 '악마'와의 싸움에 몰두했다. 그리고 숱한 희생과 저항의 대가로 민주화가 거스를 수 없는 제도화의 대상이 되는 것과 함께 우리 사회에도 악마가 사라졌다. 문제는 프톨레마이오스 제국 시대의 고대 이스라엘처럼 낙관이 지배하던 시대여서 악마가 사라졌다고 선포된 것이 아니라는 것이다. 민주화 과정을 경과해 오면서 이제 어느 편도 진리를 대표할 수 없을 만큼 오염되었다는, '절망의 일상화' 때문에 그리 된 것이다. '열망'으로서의 민주화는 과거를 상징하는 그 아비의 법과 질서를 증오하고 위반하며 나아가 숙청하고자 했는데, 제도로서의 민주화를 밀고 간 관성화된 이 '청산'의 에토스는 결국은 자기 자신조차 몰아냈다. 그렇다면 가혹한 군사독재와 맞서던 그 뜨거운 '자유'의 에토스는? 정치적 자유에 대한 욕구는 자본의 자유가 지닌 현란한 능력에 포섭되거나 투항해 버렸다. 요컨대, '가치의 아노미'가 민주(적 제도)화 시대 우리의 현실이었다.

게다가 지구화가 광폭한 바람처럼 우리를 뒤엎었을 때, 생존과 성공의 욕망이 폐허가 된 가치의 뜰 구석구석을 온통 채워버렸다. 얼마 안 가 민주화는 더 이상 사람들에게 꿈으로 남아 있지 않았고, 미지의 그 이후를 향한 무분별한 모색으로 공적 담론은 점철되었다. '포스트 민주화'라는 말이 담고 있는 현실적 양태는 바로 이러한 가치의 아노미 속에서 벌어지는 방향 없이 질주하는 미친 말과 같은 생존과 성공을 향한 욕망의 표출로 나타났다. 이런 시대에 생존과 성공은 모든 것을 정당화하는 논리가 되었다. 옳고 그른 것도, 선하고 악한 것도, 아름답고 추한 것도 없으며, 다 그만그만한 것들뿐이다. 남은 것은 이런 세상에서 살아남는 것이며, 이런 세상에서 쾌락의 색실 한 가닥을 낚아채는 안간힘이다. 고대 이스라엘과는 다르게 체감되는 이러한 시대감각은, 그러나 이 또한 동일한 역사의식으로 표상될 수 있는 것이다. '악마가 사라진 세상!'이라고.

이러한 시대의 징후가 단적으로 표상된 것이 'MB 정부'다. 민주화 시대의 가장 큰 역설적 비극은 이 시기가 과거 다른 어느 때보다 자본의 집중과 특권화가 단기간에 강화된 시기라는 데 있을 것이다. 과대 성장한 자본의 헤게모니를 실감하면서, 대중은 민주주의적 합리성이 아니라 '기업가적 합리성'이 지구화 시대에 생존과 성공의 가능성을 가장 높게 할 것이라는 바람을 가지게 된 것이고, 이를 배경으로 MB 체제는 역사 속에 등장한 것이다.

그런데 『삼성을 생각한다』의 저자에 의하면, 이 한국적 포스트 민주화 체제를 추동하는 제도적 헤게모니 세력은 MB 정부가 아니라 삼성의 이건희 체제가 될 수도 있다는 사실을 깨닫게 된다. 알려진 바대로 이미 삼성의 연매출액은 국가 예산을 압도하고 있다. 또한 그들은 정보력에서 국정원을 능가하고, 기획력에서 청와대를 압도하는 능력을 소유하고 있으며, 정계, 재계, 법조계, 학계, 언론계 등, 사회 각 영역의 여론 주도 집단을 지지층으로 둠으로써 막강한 정책 형성 능력을 갖춘 세력이 되어 있다. 게다가 내적 갈등으로 점철되었던 민주화 경험에 비해, 또한 MB 식 막가파 정치 이후 사회적 합의 시스템이 교란된 상황에 있는 정부에 비해, 잘 조직된 중앙집권적 전제군주체제와 같은 삼성은 훨씬 효과적으로 민주화 이후의 비전을 더 잘 제시하고 있는 듯이 보인다. 그렇기 때문에 시민사회나 대중은 삼성의 부당내부거래, 불법 상속, 노조 탄압, 정경유착 등의 부조리함에 대해 잘 알고 있음에도, 지구화 시대의 생존과 성공의 꿈을 위해 삼성을 용인하고 나아가 욕망하는 것이다.

하여 우리 모두가 음울하게 상상하는 포스트 민주화 시대의 미래는 MB 정부로 표상되는 듯하지만, 실은 점차 고장 난 무대뽀 트랙터처럼 갈팡질팡하는 정치세력이 아니라 '기업가적 합리성'이 추동하는 '잘 조직된' 기업이 이끄는 사회인지 모르겠다. 그러나 사회세력간의 협상에 기초하는 정치가 아니라 시장의 이익을 일방적으로 강조하는 기업이 우리의 미래를 이끌고 있다면, 더구나 그 기업이 군주제 모델에 기초하고 있다고 상상해 본다면, 그것은 차라리 한 편의 치명적인 재앙의 시나리오라 생각되지 않는가.

군부 권위주의 체제는 '빨갱이'라는 악마가 필요했다. 그리고 민주화 시대에는 '반민주세력'이라는 악마가 있었다. 그런데 기업의 시대인 포스트 민주화 체제에 와서 이 악마는 사라졌다. 대신 낙오자, 탈락자, 무능력자와 같은 '성가신' 존재들이 폐차더미처럼 사회의 한켠에 쌓여가고 있다. 오직 성공한 자만 살아남을 수 있고, 그 성공의 정점에 삼성이란 제국의 신화가 있다. 코헬렛의 "헛되다"는 한탄이 겨냥하는 것은 이 성공의 탑만이 아니라, 시대를 지배하는 성공지상주의 가치관이었다. 시대의 풍경에서 사라진 악마는 증발된 것이 아니라 바로 우리 내면에 주인으로 자리 잡고 있다. 「욥기」의 악마는 신전에서 신과 대화하는 자리로까지 극상되었다. 신의 이름으로, 진리의 이름으로, 온갖 거룩한 것들의 이름으로 사람들의 내면을 장악하고 있다는 고대의 이 강렬한 유비는 단지 그 시대에만 해당되는 것일까. 나아가 「다니엘서」와 「토비트서」 등의 예에서처럼, 일상의 '음식'이 되어 우리 몸의 일부가 되고 쾌락을 선사해 주는 악마(욕망)라는 고발 또한 마찬가지인가. 성공주의 시대에 우리의 빈 영혼을 장악한 악마는 쾌락이면서 동시에 보이지 않는 파괴와 파멸의 독사 같은 것이라는 각성이, 삼성을 '다시' 생각해야 하는 이 시대의 성찰의 과제에서 누락되어서는 안 될 것이다.

SAMSUNGCARD

이택광

이건희 가라사대: 국민이 삼성이다

텔레비전을 통해 방영되었던 시대극들 중에는 삼성과 현대를 비교하는
작품들을 심심찮게 발견할 수 있다. 2004년까지만 해도 한국에서
모범적 기업 이미지는 일반적으로 현대였지 삼성이라고 보기 어려웠다.
그런데 홀연 이런 현대의 상징성을 압도하면서 삼성이 국가이익실현의 첨병으로
전면에 등장하게 된 것이다. 21세기 한국 사회에서 삼성은
무엇인가? 삼성은 한국 사회의 욕망구조를 고스란히 투영시키고 있는
거울상이다. 이 욕망의 기표를 바꾸지 않는 한, 한국 사회에서 삼성은 끊임없이
사면·복권될 수밖에 없다. 그 누구도 아닌 국민이 곧 삼성이기 때문이다.

이택광 어느 날 등장하여 지식인 매체와 언론 매체를 종횡무진하며 미술과 영화, 대중문화 등 여러 장르의 글을 쏟아내고 있는 영문학자이다. 『중세의 가을에서 거닐다』, 『들뢰즈의 극장에서 그것을 보다』, 『근대, 그림 속을 거닐다』 등 인문비평서만이 아니라 『인문좌파를 위한 이론 가이드』 등 문화정치 영역에서 좌파 이론의 복원을 시도하는 의욕을 드러내기도 한다. 그것은 문화적인 것에서 정치적인 것을 발굴해 내는 것을 문화비평의 사명으로 생각하는 그의 자연스런 활동영역이다. 두 번째 문화비평서인 『무례한 복음』에서 그는 탈정치를 부추기며 경제만을 부르짖는 권력의 속셈을 폭로하고 사회의 모순과 대중문화를 통해 바라보는 대중들의 이중성이 권력과 욕망을 매개로 공모하고 있음을 적나라하게 드러낸다. 우리 사회의 보수성을 폭로하는 그의 문화비평 작업이 주목을 받는 까닭이다. 어릴 적에 자신을 안드로메다에서 온 외계인이라고 생각했다는 그는 그래서 지구환경에 한동안 적응하지 못했으며 우주여행을 떠나는 그림을 그려서 꽤 큰 상을 받기도 했다고 추억한다. 그 후로도 그림을 잘 그려 여러 번 상을 탔지만 곧 시들해져서 시를 쓰기 시작했고 영문학과를 졸업한 뒤 유학을 감행해 영국 셰필드 대학원 영문학과에서 박사학위를 받았다. 영국에 있으면서 〈교수신문〉 통신원으로 활동하기도 했다.

이건희 가라사대: 국민이 삼성이다

갑자기 '좋은 기업'이 되어버린 삼성

한때 인기를 끌었던 〈사랑과 야망〉이라는 텔레비전 드라마가 있다. 한국의 셰익스피어라고 할 만한 김수현의 작품이다. 이 드라마는 단순한 통속극에 그치지 않고 한국 부르주아의 형성을 상징적으로 보여주고 있다는 점에서 흥미를 끈다. 드라마는 두 형제를 중심으로 이야기를 끌고 가는데, 야망에 불타는 형은 대기업에 입사해서 겉으로는 승승장구하지만 속으로는 비열한 짓을 서슴지 않는 인물로 그려지고, 건설업에 뛰어들어서 자신의 회사를 일구는 동생은 무식하고 다혈질이지만 순정을 가슴에 품고 있는 인물로 묘사된다. 물론 이 드라마가 노골적으로 현실에 대한 알레고리를 차용하고 있는 것은 아니기에, 시청자들은 암묵적으로 형이 입사해서 승승장구하는 기업은 삼성으로, 동생이 혈혈단신으로 일으키는 기업은 현대라는 사실을 모호하게 추측할 수 있을 뿐이다.

관심을 갖고 찾아보면, 그동안 텔레비전을 통해 방영되었던 시대극들 중에 이렇게 삼성과 현대를 비교하는 작품들을 심심찮게 발견할 수 있다. 〈야망의 세월〉은 아예 노골적으로 삼성보다도 현대 편을 들어주는 드라마였다. 이 드라마는 지금 대통령의 자리에 오른 이명박이라는 개인의 일대기를 다루었는데, 당시 극본을 쓴 나연숙 씨가 삼성보다 현대를 훨씬 국가에 기여한 좋은 기업이라고 지칭해서 화제를 낳기도 했다. 대중문화에서 이런 기조는 2004년까지도 크게 변하지 않았다.

논란을 낳다가 시청률 저조로 조기 종영한 〈영웅시대〉에서도 삼성을 연상시키는 대한기업은 현대를 암시하는 세기기업보다 소심하고 이기적인 모습으로 그려진다. 드라마의 특성상 기업의 성격이 인물이라는 상징성을 통해 형상화된다고 했을 때, 항상 국가를 먼저 생각하는 세기의 천태산과 자기 기업을 우선순위에 놓는 대한의 국대호는 극명하게 대립적인 인물이라고 할 수 있다. 여기에서 천태산은 정주영을, 국대호는 이병철에 대한 알레고리라는 것은 특별한 부연설명 없이도 충분히 짐작할 수 있었다.

텔레비전 드라마로 대표할 수 있는 대중문화에서 이런 기조는 주목할 만한 것이라고 할 수 있다. 말하자면 2004년까지만 해도 한국에서 모범적 기업 이미지는 일반적으로 현대였지 삼성이라고 보기 어려웠다. 그런데 이런 분위기가 어느 시점에 와서 부지불식간에 바뀐 것이다. 물론 여기에서 현대와 삼성을 놓고 어떤 기업이 훨씬 윤리적인지를 따지는 것은 이 글의 목적이 아니기에 이 문제에 대한 논의는 이쯤에서 그치는 것이 좋겠다. 다만 강조해야 할 것은 현대에서 삼성으로 한국을 대표하는 기업 이미지가 대체되었다는 사실 자체이다.

텔레비전 드라마가 대중의 욕망을 충족시키고 이를 통해 즐거움을 제공하는 문화 형식이라고 했을 때, 앞서 언급한 변화는 상당히 의미심장한 내용을 시사해 주는 것이라고 할 수 있겠다. 2003년 노무현 정부 출범 이후 대북송금 특검수사로 인해 상처를 입긴 했지만, 한때 현대는 '국가'를 사주의 이익보다 우선하는 대기업으로 '국민'에게 깊은 인상을 남기고 있었다. 그런데 홀연 이런 현대의 상징성을 압도하면서 삼성이 국가 이익 실현의 첨병으로 전면에 등장하게 된 것이다.

이와 같은 변화가 말해 주는 것은 무엇일까? 여러 가지 의미를 생각해 볼 수 있겠지만, 무엇보다도 변화한 한국 자본주의의 구조 때문이라고 할 수 있을 것이다. 대북지원에 대한 특검의 수용은 한반도를 하나의 경제단위로 보고 자본축적의 방향을 설정하는 기획에 큰 타격을 입히는 것이었다고 할 수 있다. 김대중 정부 이후로 이른바 '햇볕정책'으로 통칭되었던 이 기획은 한국 우파의 주장처럼 자신의 정체를 숨기고 정권을 장악한 친북 인사들의 '퍼주기'를 의미하는 것이 아니었다. 개성공단의 설립은 북한을 남한 자본주의의 성장을 지속시킬 수 있는 새로운 자본축적의 영토로 재규정하는 상징적 사업이었다고 할 수 있다.

그러나 지난 경과들이 보여주듯이, 이렇게 남한 자본주의의 파트너로 북한을 지정하는 것이 그렇게 성공적이었다고 보기는 어렵다. 북한의 입장에서도 남한의 햇볕정책은 무조건 자신들에게 유리한 것이었다고 볼 수 없기 때문이다. 따라서 민족주의를 연료로 사용한 남북 공동의 '성장' 기관차는 생각보다 큰 힘을 발휘하지 못했고 급기야 궤도이탈하고 말았다. 한편, 노무현 정부에 이어 등장한 이명박 정부는 지난 10년간 남한 자본주의의 지속성을 위해 수립된 로드맵을 그대로 계승하기보다 이를 전면적으로 수정함으로써 전혀 다른 판을 짜버렸다. 남북 긴장은 다시 고조되었고, 북한을 냉전시대처럼 '주적'으로 규정함으로써 남한 내부에서 이데올로기적 헤게모니를 장악하고, 미국의 세계체제 전략을 동북아에 관철시키는 방향으로 급선회가 이루어진 것이다. 현대가지고 삼성이 뜨는 과정은 이런 변화와 무관하지 않다.

무슨 음모이론을 제기하려는 것이 아니다. 변화의 배후에 삼성이 있었다는 말이 아니라, 민족주의가 퇴조하고 세계화 이데올로기가 전면화하는 과정에서 삼성의 존재가 부각되었다고 할 수 있다는 뜻이다. 게다가 정보·기술 산업의 발달로 인해 삼성의 자본축적이 현대보다 훨씬 유리한 고지를 점하게 된 것도 무시할 수 없는 요소일 것이다. 한국 자본주의의 재편과정과 삼성의 부상을 서로 연결해서 생각하는 것은 따라서 지극히 합당한 태도라고 할 수 있겠다.

'초일류'라는 기표에 숨어 있는 욕망

21세기 한국 사회에서 삼성은 무엇인가? "삼성이 한국을 먹여 살린다"거나, "삼성이 망하면 한국도 망한다"는 말들이 버젓하게 진리인 것처럼 운위되는 현실은 과연 정당한 것일까? 앞서 이야기했지만, 삼성을 한국 사회가 '대표선수'로 인준하기 시작한 것은 비교적 최근의 일이라고 할 수 있다. 과거에 삼성은 '애국'이라는 단어와 거리가 멀어도 한참 먼 기업이었다는 사실을 상기할 필요가 있다. 2004년까지도 삼성에 비해서 현대는 여전히 국가발전에 공헌한 '애국적인 기업'이라는 인상을 국민 대다수에게 주고 있었는데, 이 상황이 서서히 변화한 것이다. 앞서 언급했듯이 이 변화의 계기는 대북지원 특검을 통해 밝혀진 현대의 '불법' 비자금 조성과 연동한다고 볼 수 있다.

대북지원 특검은 당시에 현대의 비자금을 '통일비용'으로 보아야 한다는 민족주의적 의견과 대북 '퍼주기' 의견이 서로 대립하면서 시끄러웠는데, 결론적으로 말하자면 이런 논란은 민족주의라는 '예외적' 이데올로기와 시장주의라는 '보편적' 이데올로기 사이에서 어디를 선택할 것인가에 대한 정치적 갈등 때문에 발생했다고 할 수 있다. 당시 야당이었던 〈한나라당〉의 이데올로기 공세가 먹혀들어간 것처럼 보인 이 상황은 그러나 시장주의에 예외는 없다는 노무현 정부의 소신 덕분에 전격적으로 특검이 이루어질 수 있었다고 보아야 할 것이다. "권력은 시장으로 넘어갔다"는 선언으로 유명한 노무현 정부가 수많은 민족주의자들의 반대를 무릅쓰고 대북지원 특검을 수용했던 배경은 이런 원칙주의로 인한 것이라고 할 수 있다.

현대가 '민족'을 기업 이미지의 지표로 삼았을 때, 삼성은 '초일류'라는 형이상학적 이데올로기를 자신의 정체성으로 내세웠다. 표면적으로 본다면, 민족주의와 세계주의의 대립처럼 보이는 이런 설정은 예외주의와 보편주의가 서로 충돌하는 양상을 보여주었다. 아이러니하게 국가와 가장 친밀했던 현대에게 이 상황은 유리하지 않았고, 이로 인해 만들어진 헤게모니의 공백을 차지한 것은 삼성이었다고 할 수 있다. 여기에서 중요한 것은 현대와 삼성을 놓고 대중적 인지도를 저울질하는 것이 아니다. 최근 현대는 고 정주영 회장의 연설을 이용한 이미지 광고를 내보내고 있는데, 이런 현대의 홍보 전략은 명백하게 과거 현대를 '좋은 기업'으로 각인시켰던 '패기와 도전'이라는 브랜드를 다시 대중에게 확인시키려는 것이라고 볼 수 있다. 노무현 정부 말기 이후 한국 사회를 지배했던 욕망의 코드와 사뭇 다른 정서를 현대의 광고에서 읽어내는 것은 비단 나만은 아닐 것 같다.

앞서 말했듯이, 현대와 비교하면 삼성은 기회주의적인 느낌을 많이 풍기는 기업 이미지를 갖고 있었다. 그러나 과거에 통용되었던 이런 삼성의 이미지는 두 겹으로 이루어져 있었다는 사실을 지적해야 할 것이다. 대체로 삼성은 자체 개발투자보다도 남이 해놓은 성과를 이용해서 자신의 부를 축적했다는 세간의 믿음이 상당했다. 이런 믿음이 얼마나 진실한지는 확인할 길이 없지만, 개발독재시대에 중공업 우선 정책을 최상의 목표로 설정했던 사회적 분위기와 삼성에 대한 평가는 일정하게 궤를 같이했을 것이다. 앞서 말했듯이, 이렇게 변화한 삼성의 이미지를 통해 알 수 있는 것은 오늘날 대중에게 받아들여지고 있는 삼성에 대한 인상이 원래부터 그랬던 것은 아니라는 사실이다. 따라서 대중이 어떻게 삼성이라는 기업의 의미를 인식했고, 그 인식이 왜 변화했는지를 살펴보는 것은 전혀 생뚱맞은 일은 아니라고 할 수 있겠다. 무엇보다도 삼성에 대한 평가의 추이는 한국 사회의 변동을 설명해 주는 중요한 징후라고 볼 수 있지 않겠는가.

삼성에 대한 대중의 인식은 기본적으로 '동일시'(identification)를 통해 발생한다고 할 수 있다. 이런 현상에서 핵심적인 것은 삼성의 이해관계를 자신의 것으로 내면화하는 메커니즘이다. 이런 내면화의 경로는 삼성그룹 구조조정본부의 핵심 임원이었다가 양심선언을 통해 삼성의 문제점을 고발한 김용철 변호사의 책 『삼성을 생각한다』에서도 생생하게 드러나고 있다.

이 글을 쓰기 직전, 미국에 사는 둘째 아들을 만나러 공항에 갔다. 북적이는 사람들 속에서, 둔탁한 목소리가 튀어나왔다. "안 뒤지고 살아 있구나." 본능적으로 고개를 돌렸을 때, 눈에 들어온 것은 칠순쯤 됐을까 싶은 노인의 굳은 얼굴. 그는 내가 계속 피를 쏟아서 끝내 죽기를 바라는 걸까. 노인의 표정에는 '그렇다'는 대답이 새겨져 있었다. 가끔 이런 일을 겪는다. 서울 압구정동에서는 "어디서 고개를 뻣뻣이 들고 다니냐"라고 툭 내뱉고 지나가는 아주머니를 만나기도 했다. 그들에게 나는 '배신자' 다. 그래서 그들은 묻는다. "너도 우리처럼 살았잖아. 그런데 네가 갑자기 왜 우리를 욕먹게 하나?"(같은 책, 19쪽)

이 진술에서 흥미로운 것은 김용철 변호사를 '배신자' 라고 부르는 심리상태이다. 공공을 위해서 양심선언을 한 행위를 배신이라고 판단하는 이런 정서는 어디에서 기인하는 것일까? 김용철 변호사가 없는 사실을 지어내서 허위사실을 유포한 것이 아닌 이상, 양심선언은 공공의 이익을 위한 용기 있는 행동이었다고 생각하는 것이 상식이다. 그런데 김용철 변호사가 목격한 이들은 상식에 따른 반응을 보이지 않았다. 양심선언이 자신들에게 손해를 끼쳤다고 생각하는 것이다. 이들은 삼성의 임원이거나 아니면 삼성 재벌가의 친척들일까? 설령 그렇다고 쳐도, 김용철의 양심선언은 삼성 내의 문제점을 개선하기 위한 선의에 기반하고 있기 때문에 나쁜 행위라고 볼 수가 없다. 본인들 스스로 부끄러워해야 하는 것이 정상이지 당당하게 김용철 변호사에게 '배신자' 라고 부를 수는 없는 것이다.

삼성과 직접적인 관련이 없는 이들이 김용철 변호사를 보고 이렇게 불렀다면 더욱 황당한 일이다. 삼성 비리를 만천하에 알리고 개선을 요구한 것이 과연 자신들의 이해관계에 어떤 영향을 끼쳤기 때문에 이런 반응을 보이는 것일까? 물론 김용철 변호사의 양심선언으로 인해 삼성 주식이 폭락했다면 이런 식으로 막말을 쏟아낼 수 있을 것이다. 그러나 아무리 그렇다고 해도, 장기적으로 본다면 김용철 변호사의 증언은 삼성을 건강하고 투명한 기업으로 거듭나게 함으로써 투자자들에게 훨씬 유리한 조건을 만들어 낼 수가 있다. 당장은 힘들지라도 장기적으로 본다면 오히려 투자자들에게 좋은 일을 김용철 변호사가 개인의 희생을 감수하면서 결행한 것이다. 이른바 근대적인 상식을 갖춘 시민이라면 김용철 변호사에 대해 감사를 표해야 하는 것이지, 그를 비난할 수 없는 일이다. 칸트 식으로 말하자면, 김용철 변호사는 사사롭게 이성을 사용한 삼성 권력에 맞서서 공적으로 이성을 사용한 경우라고 말할 수가 있다.

김용철 변호사의 양심선언에 대한 상식 밖의 반응은 비단 여기에 그치지 않았다. 『삼성을 생각한다』에서 직접 인용하고 있기도 한 〈매일경제신문〉의 칼럼(2007. 10. 31.)은 전형적인 물타기 수법을 보여주고 있다.

요즘 우리 주변에는 진실게임이 난무하고 있다. 하루가 멀다 하고 꼬리를 무는 폭로와 해명 속에 한국 사회는 온통 난장판이 됐다. '폭로의 귀재'들이 득실대는 정치권에서 상대방 대권후보의 과오를 진실게임으로 몰아가는 모습은 5년 전과 흡사하다. 국정감사는 난데없는 국회의원 향응접대 파문으로 엉뚱한 공방이 벌어지고 있다. 검찰 수사도 만만찮다. 변양균·신정아 씨 사건에 이어 국세청장 상납의혹이 불거지면서 검찰과 국세청은 피의자 진술의 신빙성을 놓고 끝장토론식 기싸움을 벌이고 있다. 삼성에서 보통 사람은 엄두도 못 낼 호사를 누리다 퇴직한 법조 출신 임원이 삼성그룹 비자금 의혹을 폭로하는가 하면, 대학 총장 부인이 편입학 대가성 돈을 받았다며 논쟁이 벌어지고 있다.

서로 관련성이 없는 사건들을 병렬배치해서 양심선언의 의미를 퇴색시켜 버리는 '사술'을 이동주 사회부장은 구사하고 있다. 이 칼럼의 요지는 "잔인한 폭로"가 정의의 이름으로 포장되는 것을 개탄하면서 김용철 변호사와 천주교정의구현사제단을 "정의라는 이름을 남용하는 무리"로 규정하는 것이다. 한마디로 김용철 변호사가 진실이라는 이름으로 폭로한 내용을 신뢰할 수 없다는 말이다. 이 칼럼은 애매한 양비론의 입장을 취하곤 있지만, 김용철 변호사의 양심선언에 대한 '불편한 심기'를 고스란히 드러내는 '역작'이라고 할 수 있다. 특히 다음과 같은 구절은 가히 압권이다.

지난주 한국을 찾은 중국의 문호 왕멍(王蒙)은 필자에게 대가다운 가르침을 주었다. "내가 문화혁명 와중에 겪은 고초가 반드시 나 개인 문제는 아니라는 점을 말하고 싶다. 중국은 온갖 혼란, 침략전쟁, 정치사상의 범람 속에서도 점차 평온을 되찾았다. 내가 겪은 고통은 다른 사람에 비하면 심한 편도 아니다. 먼저 고생하고 나중에 편한 것(先苦後甛)이 더 좋지 않은가." 때론 사회의 흠집처럼 보이더라도 불완전한 인간이 모여 사는 곳엔 '합리적 무시'가 필요하다.

이 칼럼에서 흥미로운 것은 바로 '합리적 무시'라는 표현이다. 이 구절에서 '합리'라는 용어는 정반대의 의미를 지칭하는 용법으로 탈바꿈한다. 중국의 문호 왕멍은 자신의 '가르침'이 이런 궤변을 옹호하기 위해 남용되리라는 것을 상상도 못했을 것이다. 그럴 듯한 말로 포장되어 있긴 하지만, 요약하자면 삼성 비리는 삼성이라는 개별 기업의 문제라기보다 한국 사회가 발전해 가기 위해 거칠 수밖에 없는 필요악이라는 숨은 논리가 이 칼럼의 메시지인 셈이다. 우리 모두는 "불완전한 인간"인데 마치 자기만 양심을 가진 것처럼 진실을 말하는 것이 탐탁지 않다는 심기가 가감 없이 드러난다.

도대체 이런 반응은 무엇 때문에 발생하는 것일까? 그 까닭은 단순하다. 쾌락은 상호적인 것이기에 너와 내가 함께 즐겨야 가능한 것이다. 아파트라는 주거환경은 한국 사회를 지배하는 쾌락원칙, 다시 말해서 욕망의 구조를 물질화해서 보여주는 극명한 실례이다. 욕망은 내가 보는 것도 중요하지만, 나를 남들에게 보여주는 것이 핵심적이다. 그래야 쾌락은 현실화한다. 욕망의 무대에서 나는 보는 존재이지만, 동시에 보이는 존재이기도 하다. 이 욕망의 변증법에서 주체는 타자와 공모관계에 놓인다. 그런데 김용철 변호사는 이 공모관계를 깨트려 버린 것이다. 그에게 '배신'이라는 모자가 씌워진 것은 필연적인 일이다. 모든 욕망은 '주체의 발화'에서 드러난다. 김용철 변호사를 '배신자'라고 부르는 그 표현이야말로 삼성을 둘러싼 욕망의 공모관계를 스스로 폭로하고 있는 것이다. 과연 김용철 변호사는 무엇을, 또는 누구를 '배신'했다는 것일까?

예외적 인간에 대한 불편한 마음

김용철 변호사의 양심선언에 대해 어슷비슷한 반응이 나오는 까닭은 많은 사람들이 삼성이라는 쾌락의 대상을 포기하고 싶지 않기 때문에 발생한다고 볼 수 있다. "삼성이 망하면 대한민국이 망한다"는 망상은 이런 욕망의 상관관계 때문에 자연스러운 '진실'로 인준된다. 그러나 양심선언은 삼성이라는 한국 자본주의의 쾌락원칙에 머물 수 없는 김용철이라는 개인의 결단을 의미하는 것이다. 이것을 정신분석학적으로 '주이상스'(Jouissance)라고 부를 수가 있는데, 이 말은 쾌락의 충족에서 만족하지 못하는 고통스러운 충동의 상태를 지칭한다. 김용철 변호사가 '양심의 가책'을 느낀 지점은 더 이상 삼성이라는 쾌락의 대상에서 즐거움을 느낄 수 없을 때였다. 다음과 같은 진술은 상당히 인상적이다.

> 그들이 내게 맡긴 역할에 충실할수록 괴로움도 깊어갔다. 결국 몸이 못 견뎠다. 하루 종일 코피가 흘렀다. 이비인후과를 찾아가도 방법이 없었다. 때와 장소를 가리지 않고 코피는 터졌다. 그리고 당뇨병, 고혈압, 고지혈증, 전립선염, 지방간으로 인한 간 기능 저하⋯⋯. 온갖 병이 한꺼번에 나를 덮쳤다. 피비린내가 가시지 않는 입에 약을 한주먹씩 털어 넣을 때마다, 나는 휴지처럼 구겨진 내 삶을 확인했다.(같은 책, 18쪽)

더 이상 즐겁지 않은 상태를 벗어나기 위해 인간 김용철은 특단의 조치를 취할 수밖에 없었던 것이다. 그것은 바로 그가 잃어버렸다고 생각하는 "반듯한 삶"을 되찾는 것이었다. 김용철이라는 개인이 생각하는 반듯한 삶은 "일에 충실할수록 보람도 커지는" 평범한 생활이었다. 김용철 변호사는 자신이 의도하지 않았지만, 삼성의 비리를 고발하는 양심선언을 함으로써 한국 사회가 누리고 있던 쾌락의 외설성을 적나라하게 드러내 버린 것이다. 멋진 옷을 입은 것처럼 뽐내는 임금님이 실은 아무것도 입지 않았다는 사실을 보이는 그대로 말해버림으로써 김용철 변호사는 '예외적 인간'(homme moins un)의 길을 선택했다. 내가 보기에 김용철 변호사의 양심선언이 폭로한 것은 삼성의 비리만은 아니었던 것이다. 역설적으로 양심선언이 보여준 것은 삼성이라는 대상에 대한 한국 사회의 도착적 욕망이었다.

도착증이라는 것은 '나는 원래부터 그것을 알고 있었다'고 생각하는 태도이기도 하다. 정신분석학적으로 말한다면, 도착증자는 '어머니의 거세 사실'을 처음부터 알고 있었던 것처럼 행동한다. 그러면서도 도착증자는 이렇게 알고 있는 사실을 부인(denial)한다. 억압된 욕망을 방어하면서 그것을 자신의 것이 아니라고 주장하는 부정(negation)과 달리, 부인은 아예 고통을 주는 현실 자체를 인정하지 않는 심리작용을 의미한다. 이 상황은 상당히 역설적이다. 여기에서 어머니라는 존재는 도착증자가 '만족시켜야 할 것 같은 대상'이다. 그런데 이 대상을 만족시키고 싶어 한다는 '이 사실'이 남에게 알려지는 것을 도착증자는 참을 수가 없다. 삼성에 대한 한국 사회의 태도는 이런 도착증자의 행동을 닮아 있지 않은가? 앞서 지적한 칼럼에서도 이를 확인할 수가 있다. '합리적 무시'를 권면하면서, 삼성이라는 어머니의 팔루스(Phallus)가 되고자 하는 자신의 욕망을 애써 부인하는 태도를 읽어내는 것은 그렇게 어렵지 않은 것이다. 이런 도착증이 더욱 깊어지는 지점에서 2007년 11월 6일자 〈머니투데이〉에 실린 다음과 같은 발언을 만날 수 있다는 것은 그래서 어쩌면 너무도 자연스러운 일일지도 모르겠다.

김용철 변호사가 삼성의 로비 증거라고 제시한 이건희 회장의 내부 지시사항 문건이 화제가 되고 있다. 로비 의혹을 입증하는 자료라고 제시된 것인데 정작 로비를 입증하기보다 이 회장의 세심한 경영 스타일을 잘 보여주고 있기 때문이다. 이건희 회장은 은둔의 경영자로 알려졌다. '모든 것을 다 바꾸라'는 신경영 선언이나 창조경영 등 거창한 화두만 던지는 경영 스타일로 알려져 왔다. 그러나 이번에 공개된 문건에서 이 회장은 세심한 경영 스타일을 보여주고 있다. 현장을 중시하고 작은 일까지 배려하는 모습이 새롭다. 또 인재 육성에 대한 관심과 먼 미래를 준비하는 태도, 한 가지 문제를 끝까지 확인할 만큼 철두철미한 모습 등도 인상적이다.

김용철 변호사의 폭로가 이건희 회장에게 타격을 입혔다기보다 오히려 경영 스타일의 진정성을 재발견하게 했다는 논리가 작렬하는 기사이다. 친위대도 아니고, 이렇게 온몸을 던져서 이건희 회장을 옹호하는 모습은 '총폭탄' 운운하면서 '장군님에 대한 보위'를 다짐하는 북한의 선전방송을 연상시킬 정도이다. 자본가와 '인격화된 자본'을 동일시한다는 측면에서 이 기사의 오류는 명백하다.

마르크스는 인격화된 자본으로서 '존중받고 싶은' 자본가의 욕망을 언급하고 있는데, 이때 자본가는 돈에 대한 욕심을 광적으로 표출하는 수전노와 달리, 절대적 부에 대한 욕망을 사회적 메커니즘과 관련지어서 생각하는 존재이다. 자본주의라는 사회적 메커니즘에서 자본가는 "하나의 톱니바퀴"에 지나지 않는다. 그렇지 않을 경우 그는 수전노와 다를 것이 없는 존재로 전락해 버린다. 수전노는 자본가가 가장 싫어하는 '구시대의 산물'이다. 어떤 자본가도 자신을 수전노와 동일한 존재로 만들려고 하지 않는 것이다. 그래서 이들은 '부의 사회환원'이라는 윤리를 발명하는 것인지도 모른다.

마르크스의 주장에 따르면, 자본주의적 생산은 "필연적으로 한 기업에 투하되는 자본을 끊임없이 증대시키고, 또 경쟁은 자본주의적 생산양식의 갖가지 내재적 법칙을 개별 자본가들에게 외적인 강제법칙으로 강요"한다. 이런 까닭에 자본가의 모든 행위는 자본의 기능에 지나지 않고, "자본가 자신의 사적 소비는 자본의 축적에 대한 도둑질로 간주"

되는 것이다. 자본을 낭비하는 것이 아니라 축적하는 것이 미덕이라는 생각은 근대적 자본가를 규정하는 핵심적인 척도이다.

마르크스의 논리는 삼성을 옹호하고 있는 〈머니투데이〉의 기사가 얼마나 황당한 생각에 기초하고 있는지를 잘 보여준다. 김용철 변호사가 폭로한 삼성 이건희 회장의 모습은 마르크스가 언급하고 있는 근대적 자본가의 이미지와 상당히 동떨어져 있다. 그런데 문제의 기사는 이런 '오너 경영'의 전근대성을 옹호하면서 동시에 자본가로 존중 받을 만한 이건희 회장의 모습을 부각시키려는 분열적 태도를 보여준다. 이건희 회장이 자본가로 존중을 받으려면 김용철 변호사가 지목한 비리를 처음부터 저지르지 말아야 했다. 자본가의 미덕은 오직 자본의 축적에 매진하는 것이지, 이건희 회장처럼 자식에게 재산을 물려주기 위해 자본을 빼돌리는 짓을 하지 말아야 하는 것이다.

삼성이라는 새로운 쾌락원칙

〈머니투데이〉의 칼럼이 전제하고 있는 것과 달리, 삼성은 이건희 회장의 것이 아니다. 궤변까지도 마다하지 않고 '이건희 체제'를 옹호하고 있지만, 문제는 이건희 체제라기보다 삼성이라는 기업의 생존이다. 그렇게 이건희 회장이 훌륭한 경영인이라면, 삼성은 세계 시장에서 '초일류' 기업으로 살아남을 것이다. 현실은 냉정하기 때문에 아무리 언론들이 설레발을 치더라도 진실을 덮을 수는 없다. 이건희 회장이 과연 그렇게 대단한 경영인인지 그 판단의 몫은 한국 사회에 있다고 보기 어렵다. 김용철 변호사의 문제제기는 바로 여기에 있다. 삼성이 세계적 기업으로 성장하기 위해 해결해야 할 문제를 지적한 것이 그의 양심선언이다. 경제민주주의는 삼성을 살리는 길이지 죽이는 길이 아니라는 것이다.

말로는 삼성이 '변화'를 주창했지만, 정작 변하기를 거부하는 이가 이건희 회장이라는 사실을 폭로하는 것이 김용철 변호사의 전략이었다고 할 수 있다. 말하자면 삼성의 전근대성을 비판해서 '정상화'해야 한다는 주장이 양심선언의 핵심이었던 것이다. 자본가가 존중받기를 포기한 이런 상황에서 그 인격화한 자본이 제대로 굴러갈 것이라고 장담하긴 어렵다는 것은 지당한 말이다. 그럼에도 상황은 이상하게 굴러가고 있다. '진실'은 드러났지만, 삼성은 여전히 건재하다. 이건희 회장은 경영 일선으로 복귀하고 이학수 고문까지 사면되는 상황이 벌어지고 있다.

이 모든 것을 놓고 봤을 때, 한국 사회는 아직 삼성이라는 쾌락의 대상을 포기하지 않으려고 하는 것 같다. 대북송금과 관련해서 현대의 예외성을 인정하지 않아야 한다고 목청을 높였던 〈한나라당〉이 삼성 비리의 예외성을 인정하는 것은 참으로 우스꽝스러운 일이다. 결국 이들에게 시장주의라는 말은 정치적 헤게모니를 장악하기 위한 '편의주의'의 다른 이름일 뿐이라는 것을 다시 한 번 확인할 수가 있는 셈이다. 왜 이런 일이 발생하는 걸까? 이 모든 현실을 '우매한 국민 탓'으로 돌리는 익숙한 논리가 있다. 넓게 본다면 '투표 똑바로 합시다'는 요청과 이런 논리는 맞닿아 있다고 할 수 있다. 결국 정권을 잘못 뽑아서 '삼성 봐주기'가 일어나고 있다는 주장인데, 이 생각이 옳다면 이명박 정부가 특별히 '친삼성' 경향을 가졌다는 사실이 증명되어야 한다.

겉으로 보면 이런 논리는 그럴 듯한 도식을 제시하는 것 같지만, 냉정하게 따져보면 전혀 그렇지 않다는 것을 알 수가 있다. 삼성경제연구소에 경제구조의 개혁을 자문받았던 것이 참여정부였다는 사실에 주목해야 한다. 세간의 믿음과 달리, 참여정부는 국가권력이라는 '공공장치'를 통해 삼성을 견제했다기보다 서로 공모관계에서 신자유주의적 질서를 도입하는 역할을 자임하고 나섰다고 보는 것이 옳다. 개발독재 시절의 감수성을 지닌 이명박 정부에 비해 오히려 386세대의 '근대적 합리주의'를 채택하고 있었던 노무현 정부가 금융자본을 중심으로 재편되는 '세계화'에 훨씬 적극적이있다는 것은 엄연한 사실이다. 따라서 한국 부르주아가 지난 정권에 대해 품었던 불편함은 한국의 시장구조와 자본축적 방식을 '왜곡'으로 규정하고 이를 정상화하기 위한 '국제적 표준'을 강제하려고 했던 노무현 정부의 '개혁노선'에 대한 불만의 표출이었다고 할 수 있는 것이다.

이런 측면에서 삼성을 국가와 동일시하게 만든 주역은 그 누구도 아닌 노무현 정부였고, 이를 지지한 중간계급이었던 셈이다. 이들은 노동운동의 종언에 노골적으로 합의하면서 시장주의의 완성을 통해 한국 사회의 합리화, 또는 정상화를 꾀했던 것인데, 이 과정에서 삼성은 세계 시장에서 경쟁력을 확보한 '표준'으로 승인되었던 것이다. 일련의 비리사건에 연루된 이건희 회장에 대한 사면복권이 이명박 정부에서 신속하게 이루어진 것도 같은 연장선상에 놓여 있다고 할 수 있다. 사면복권 후에 라스베이거스에서 이건희 회장이 한국 사회에 던지는 화두랍시고 내뱉은 "각 분야가 정신을 차려야 한다"는 발언은 이처럼 공공성과 삼성을 일치하는 발상에서 자연스럽게 나온 것이다. 부르주아의 이해관계를 조정하고 사회 구성원의 욕망을 관리해야 할 국가의 역할을 삼성이 담당하고 있다는 사실을 여기에서 다시 확인하는 것은 놀라운 일이 아니다.

삼성은 이제 일개의 기업을 넘어서서 한국 사회의 쾌락원칙을 구성하는 지경까지 이르렀다. 이 문제는 단순하게 삼성의 권력이나 시장 독점에 대한 비판으로 해결할 수 있는 것이 아니다. 삼성 일가의 비리를 폭로한다고 해서 새로운 쾌락원칙으로 작동하고 있는 삼성이라는 욕망의 기표를 일순간에 해체할 수는 없는 것이다. 욕망의 변증법에서 중요한 것은 '인식'이라기보다 '쾌락'이다. 인식은 쾌락의 지속을 방해하기 때문에 냉소라는 다른 형태로 나타난다. 그래서 마르크스의 말과 달리, 대중은 사실을 모르기 때문에 그렇게 하는 것이 아니라, 잘 알면서도 계속해서 그렇게 하는 것이다. 왜냐하면 그 지속성을 통해 멈추지 않고 쾌락을 얻을 수 있기 때문이다. 삼성에 대한 한국 사회의 욕망은 쾌락의 순환회로를 따라 쉴 새 없이 반복운동을 하고 있는 셈이다. 『4천원 인생』(한겨레출판, 2010)이라는 책이 증언하는 비정규직 노동자들의 모습에서 비슷한 심리상태를 확인하는 것은 어렵지 않다. 대형마트에서 일하는 파견노동자에 대한 보고서가 들려주는 이야기는 삼성과 한국 사회의 관계를 지속시키는 욕망의 변증법을 잘 보여준다.

계산에 걸리는 시간을 줄이려면 더 많은 계산대 점원을 채용해야 한다. 그들을 고용해 파견하는 용역회사는 마트에 더 많은 돈을 요구할 것이다. 비용을 지불해야 한다는 명분으로 마트는 점포의 매출 경쟁을 더 부추길 것이다. 어쩌면 20퍼센트의 수수료율을 더 높일 수도 있다. 더 빨리 더 많은 점포가 망할 것이다. 더 많은 노동자가 더 빨리 일자리를 잃을 것이다. 손님을 기다리게 할 것인가, 노동자를 일하게 할 것인가. 일이 그렇게 풀려나가는 게 마음에 들지 않는다면 다른 길이 없지는 않다. 마트의 수익을 줄이면 된다. 노동의 가치를 제대로 매겨 임금을 주고, 점포가 내야 하는 수수료도 인하하고, 대형마트가 좀 덜 벌면 된다. 그러나 이상은 현실에 간단히 압도당한다. "그래도 우리 마트가 잘되는 게 좋죠." 영호가 말했다. 피로가 덮개를 이루듯 쌓여도 마트 노동자들은 마트 탓을 하지 않았다. 마트가 망하는 게 가장 큰일이라고 그들은 생각했다.(같은 책, 130~131쪽)

자본은 인격화를 통해 노동자로부터 '존중'을 확보한다. 삼성의 자본은 이건희라는 자본가의 인격과 일치한다. 그러나 앞서 지적했듯이, 이건희라는 인격은 결코 정상국가에서 존중 받을 수 없다는 문제점을 안고 있다. 존중받지 못하는 자본가라는 딜레마는 언제나 자본가 이건희를 불만에 빠지게 만든다. 그가 당당하게 한국 사회를 향해 "각 분야가 정신을 차렸으면 좋겠다"는 발언을 할 수 있는 까닭이 여기에 있다. 한국 사회에서 자본가는 존중을 받지 못하기 때문에 항상 억울하고 이 사실이 그에게 부당하게 느껴지는 것이다. 그러나 이런 이건희 회장의 불만과 별도로 한국 사회가 삼성에 대해 갖는 태도는 대형마트 노동자가 현재 일하고 있는 마트에 대해 생각하는 것과 유사하다. 말하자면, 실용주의적인 입장이 짙게 드리워져 있는 것이다.

따라서 한국 사회가 삼성에 대해 보이는 '관용'은 이건희라는 자본가에 대한 존중에서 기인하는 것이라고 보기 어렵다. 오히려 한국 사회가 삼성에 요구하는 것은 유사(類似) 국가의 역할이라고 할 수 있다. 난데없이 삼성이 현대를 제치고 '애국적 이미지'로 부상하게 된 것도 이와 무관하지 않다고 생각할 수 있겠다. 삼성에 대한 특별사면은 곧 한국 사회 구성원 모두에 대한 특별대우를 요구하는 상황으로 발전할 수 있다. 이런 논리를 가능하게 만드는 기제야말로 '네가 즐기는 만큼 나도 즐겨야한다'는 쾌락의 평등주의일 텐데, 이 순환의 구조가 작동할 수 있었던 조건은 교육과 부동산을 통한 '계급상승' 이었다. 지금은 마트에서 일하지만 언젠가 수입이 높은 직장이나 직업으로 이동할 수 있다는 부모 세대의 경험치에 근거한 '믿음' 을 청년세대가 아직 버리지 못하고 있는 것이다. 그러나 이런 믿음을 현실화할 수 있는 경제구조가 이제 불가능하다는 사실이 중요하다. 강고하게 보이는 삼성에 대한 대중의 지지가 딜레마를 드러내는 지점이다.

삼성에 대한 특혜는 재벌이라는 한국 특유의 축적방식을 국가의 재현 바깥에 위치시키는 것이라고 할 수 있다. 세속의 법을 초월한 종교적 법칙이 탄생하는 것이다. 과연 이런 상황이 한국의 부르주아 자신에게도 유리한 것일까? 21세기 정치철학의 원리에 따르면, 전혀 그렇지 않다. 우리 모두는 근대의 자식이다. 근대 국가가 우리를 '국민' 으로 인준하면서 주입한 이념이 바로 쾌락의 평등주의이다. 근대 사회의 구성원은 모두 동등한 쾌락을 요구할 '권리' 를 가졌다는 것이 근대의 법이다. 이런 원리로 인해서, 이건희라는 인격화된 자본에 대한 특권은 더 강한 갈등을 초래할 수밖에 없다. 정부의 규제가 전혀 작동하지 않는 무정부의 상황이 부르주아마저 혼란에 빠트릴 공산이 큰 것이다. 문제는 이건희 일가의 비리를 척결하고, 삼성을 '정상화' 하는 것에서 끝날 일이 아니다. 메스는 삼성을 향해서만이 아니라, 다른(반대) 쪽을 향해서도 겨누어 지지 않으면 안 된다. 왜냐하면 삼성의 문제는 한국 사회의 욕망구조를 고스란히 투영시키고 있는 거울상이기 때문이다. 삼성이라는 욕망의 기표를 바꾸지 않는 한, 한국 사회에서 삼성은 끊임없이 사면·복권될 수밖에 없다. 그 누구도 아닌 국민이 곧 삼성이기 때문이다.

류동민

'포함된 자'의 운동과 포퓰리즘을 넘어 : 지젝으로 삼성 읽기

누구나 영원한 사랑을 꿈꾸지만, 현실에 그런 것이 존재하지
않는다는 사실 또한 누구나 알고 있다. 그러므로 어떤 의미에서
영원한 사랑은 그 자체가 하나의 물신인 셈이다. 하지만 영원한 사랑에 대한
꿈이 없으면 불완전한 사랑조차도 불가능해진다. 삼성을 더 나은,
더 민주적인 기업으로 만드는 것은 이를테면 현실의 불완전한 사랑을
조금이나마 영원한 사랑에 가깝게 가져간다는 점에서 무시되기
어려운 작업이다. 사랑이 초월론적 가상 또는 규제적 이념임을 알면서도
우리가 사랑을 포기하지 못하듯이, 사랑은 결국 '사람이 사람답게
사는 세상'에 대한 끊임없는 노력 같은 것일 것이므로.

류동민 충남대 경제학과에서 가르치면서 '1할 2푼 5리의 승률'로 세상을 살아가야 하는 한국 사회의 비주류와 '배제된 자'들에 대한 고민이 자연히 더 깊어졌다. 국가건 자본이건 기성세대건, 그 어떤 대상에게도 돌을 던질 힘조차 없는, 이른바 스펙 안 되는 비명문대에 다니는 학생들과, 그들 중 상당수가 비인기학과에 다닌다는 이유로 하루아침에 기업도 아닌 학교에서 '구조조정'의 대상이 되고, 졸업과 동시에 노동시장에서 불량품 취급을 받아야 하는 사정을 매일같이 눈앞에 두고 목격하기 때문이다. 프로메테우스(Prometheus)가 '먼저 생각한다'는 뜻의 어원에서 출발했듯, 그는 자신이 수행하는 경제학이 현실의 문제와 해결책을 먼저 생각하는 '프로메테우스의 경제학'이기를 희망한다. 그래서 그는 이렇게 말한다. "'그들'의 대학이 아니라 '우리'의 대학에 관심이 필요한 것이며, 싸움은 이제부터 시작되어야 한다"고. 캠퍼스에 사복경찰이 상주하던 시절, 첫 학기 때 고 정운영 교수의 강의를 들으며 마르크스 경제학이 인문적 향취를 지닌 매력적인 학문이라는 인상을 받았다. 대학원에 입학한 후, 우연히 금서(禁書)이던 『자본론』 번역 원고를 교정하면서 처음으로 원전을 꼼꼼하게 읽었다. 박사과정에서는 분석하는 흥미와 사회적 소명의식을 모두 충족시켜줄 것을 기대하며 '노동가치론의 수리적 해석'이라는 주제에 천착했으며, 당시 민주화운동의 결실로 부임한 김수행 교수의 지도로 1994년 박사학위를 받았다. 펴낸 책으로 『프로메테우스의 경제학』, 『경제의 교양을 읽는다』 등이 있다.

'포함된 자'의 운동과 포퓰리즘을 넘어:
지젝으로 삼성 읽기

삼성은 문화자본인가

명색이 경제학자, 그것도 언필칭 '진보적'인 경제학자이건만, 나는 삼성의 문제에 관해 전문적인 수준의 실증 연구를 해본 적이 없다. 그렇지만, 한국 사회에서 삼성이 차지하는 현실적·관념적 지위가 어느 광고 문구처럼이나 '무엇을 상상하더라도 상상 그 이상'이라는 점을 알기 위해서는 굳이 경제학자의 전문적인 분석 따위를 필요로 하지는 않는다. 노무현 전 대통령이 "권력은 시장으로 넘어갔다"라고 말한 것도 벌써 몇 년 전의 일이다. 누구는 그것을 '좌파 신자유주의자'의 시장에 대한 항복 선언이라 비아냥거리기도 했었지만, 추상적인 개념어인 '시장'의 자리에 '삼성'을 집어넣으면 그 말은 훨씬 더 현실감 있게 다가온다. 한국 경제가 수출에 목을 매달고 있는 경제이고, 그 수출의 대부분은 몇 안 되는 품목에 집중되며, 그 품목들의 상당수를 삼성 계열사가 담당하고 있다는 것은 그저 통계로 확인되는 사실에 지나지 않는다. 이를테면, 내 또래가 학교를 졸업하고 일자리를 찾던 시절에만 해도, 삼성은 누구나 선

망하는 직장이기는 했지만, 여럿 중의 하나였을 뿐 지금처럼 독보적인 지위를 갖고 있지는 못했었다.

　봉건제의 역사가 짧고(논자에 따라서는 아예 존재하지도 않았고), 식민지 시대와 내전을 거친 한국 사회에서 전통적으로 문화자본의 역할을 수행한 것은 학력, 정확하게 말하자면 학벌이었다. 수많은 한국의 학부모들이 재산을 털어 넣어서라도 자신의 아이들만은 일류 대학에 보내고자 했던 것은, 그러므로 주어진 틀을 바꿀 힘이 없는 개인의 입장에서는 최선의 합리적인 선택이었다고 할 수 있다. 글로벌 시대를 맞이하여 서울대학교(또는 그 어느 '일류대'라도 좋다!)가 차지하는 문화자본으로서의 위상이 예전만 못하고, 그나마도 점점 진짜 자본의 힘에 의해 영향을 받을 가능성이 커지면서, 한국 사회에서도 문화자본의 존재 형태는 다양한 방식으로 변화하고 있다. 2010년의 한국에서 삼성은 이제 일종의 문화자본을 상징하는 것으로까지 승격되어 있다. 어디에선가 어려서부터 사교육을 받고 치열한 경쟁에서 승리하며 자란 한국인이 삼성에 입사해서 평균적으로 재직하는 기간이 몇 년밖에 안 된다는 점을 지적하면서 그것이 얼마나 엄청난 사회적 낭비인가를 주장하는 글을 읽은 적이 있다. 누군가에게 이 이야기를 해 주었을 때 그 반응은 내가 미처 생각지 못한 것이었다. 요컨대 겨우 몇 년을 다니다 나오더라도 삼성에 입사할 능력이 있었다는 것과 삼성에서 훈련받았다는 사실 그 자체가 하나의 경쟁력이 된다는 주장이었다.

　자본주의 사회에서 일정 금액 이상의 돈이 모여 현실적인 힘을 발휘할 수 있는 수준, 즉 생산수단을 소유하고 임노동을 고용하여 통제할 수 있는 수준에 도달할 때, 우리는 그것을 자본이라고 부른다. 그러나 자본에도 여러 층위가 있다. 아르바이트생 몇 명 고용하여 자영업을 할 수 있는 수준의 자본도 그 누군가에게는 넘볼 수 없는 수준의 현실적 힘이겠지만, 그것이 사회 전체를 통제하거나 심지어 위협할 수 있는 수준의 힘을 갖춘 자본에 비견된다고 보는 것은 불가능하다. 일류 대학을 졸업한 것이 그렇지 못한 이들에 대해 하나의 문화자본으로서 작용한다면, 수도권 대학을 졸업한 것은 지방 대학을 졸업한 것에 대해, 대학을 졸업한 것은 그렇지 못한 것에 대해 문화자본으로서 작용한다. 만약 이들을 모두 똑같은 자본이라는 말로 부른다면, 틀린 말일 뿐만 아니라 때로 부당하기조차 할 것이다. 그런데 자본을 하나의 구조나 관계로서가 아니라 구체적으로 존재하는 어떤 사물이나 현상에만 국한시킨다면, 그것을 넘어서는 새로운 틀을 상상하는 것은 불가능하다. 더 심각한 문제는 적은 양의 문화자본을 가진 이들, 또는 문화자본이 아예 없는 이들이 지닌 더 많은 문화자본에 대한 욕구를 무시하거나 가벼이 여길 수 있다는 점이다.

자본주의가 지닌 혁명성, 그리고 그것이 그토록 많은 비판에도 꿋꿋한 생명력을 지닐 수 있는 것은 다름 아닌 인간의 욕망을 무제한적으로 풀어놓았다는 데에 있다. '쇠사슬을 끊고 나온 프로메테우스'(Prometheus unbound)를 산업혁명을 거치면서 비약적으로 이루어진 생산력의 발전을 가리키는 의미로 사용하는 것은 익히 잘 알려진 용법이다. 그러나 그것은 다른 한편에서는 신분의 제약을 받지 않고 누구나 시장에서 갖고 싶은 것을 맘껏 살 수 있다는 약속을 의미하기도 한다. 계층이나 성별, 피부 색깔, 그 무엇도 아니고 오로지 돈만이 말할 수 있는 장소라는 의미에서 시장은 그 자체가 해방의 힘을 상징하고 있기 때문이다. 물론 시장이 주는 해방의 약속이 모든 사람을 위한 것이 아니라 일부 그룹에게만 주어지는 약속이라는 사실과 때로 이 시장이 축제가 지속되는 동안에는 아무도 예측할 수 없었던 형태로 갑자기 무너질 수도 있음을 극적으로 보여준 사건은 2008년의 글로벌 금융위기였다. 한국에서도 인기 있는 철학자인 지젝은 이 위기에 대한 놀라운 통찰력을 보여준다.(슬라보예 지젝 지음, 김성호 옮김, 『처음에는 비극으로, 다음에는 희극으로』, 창비, 2010) 그 어떤 텍스트이건 독자 자신이 읽고 싶은 것만을 읽게 되는 법임을 전제한 상태에서, 나는 지금부터 지젝의 책에 나타난 개념들을 빌어 삼성의 문제를 생각해 보고자 한다.

'포함된 자'와 '배제된 자'의 대립

방학을 맞아 작정을 하고 매일 아침 등산을 할 때의 일이다. 산으로 가기 위해서는 반드시 어느 자동차 제조업체의 본사 사옥 앞을 지나가야만 했다. 오래 전 아주 잠깐이기는 하지만, 그 회사의 계열사이던 경제연구소에 근무한 적도 있었던 터라, 자연스럽게 눈길은 그쪽을 향하곤 했다.

그 첫 날, 한 무리의 노동자들이 머리띠를 두르고 메가폰과 피켓을 든 채 시위를 하고 있었다. 차창 밖으로 얼핏 눈에 들어온 구호의 내용으로 미루어 판단하건대, 비정규직 노동자들의 해고 철회 내지는 고용계약조건 개선을 위한 시위인 듯했다. 경찰버스가 그저 호위만 하고 있는 것으로 보아 미리 신고가 된 합법적인 집회임에 틀림이 없었다. 내 눈길을 끈 것은 오히려 마치 '명박산성'을 흉내라도 낸 듯 주차장 입구를 가로막고 서 있는 관광버스 두 대, 그리고 사옥 현관을 지키고 서 있는, 그 회사의 사원으로 보이는 와이셔츠에 넥타이 차림의 젊은이들이었다.

그 둘째 날, 시위 노동자들의 모습은 보이지 않았고, 그 자리에는 예

의 관광버스 두 대와 아마도 지나가는 시민들의 눈을 의식하여 평상복 –
그러나 똑같은 흰색 티셔츠에 바지 차림의 유니폼이라 불러도 무방한 –
으로 갈아입은 의무경찰들, 그리고 넥타이 정장 차림의 젊은이들만 서
있었다. 달라진 모습은 딱 하나, 보도를 따라 세워진 그 회사 건물 울타
리에 급조된 것으로 보이는 수십 장의 플래카드가 걸려 있다는 점이었
다. 플래카드의 내용은 참으로 허망한(?) 것들이었는데, 이를테면 "기초
질서를 잘 지키자"라든가 "훌륭한 문화시민이 되자"라는 따위였다. 뜬
금없는 내용으로 가득 찬 급조된 플래카드들은 그 비정규직 노동자들이
회사 건물 울타리에 붙일 대자보나 피켓 등을 막기 위한 목적으로 내다
건 것이었으리라.

그 셋째 날, 넷째 날에도 내가 지나가던 시간에는 더 이상 시위 노동
자들의 모습은 보이지 않았고, 보도블록 한쪽이 파헤쳐져서 무슨 화단
공사인가를 한다는 안내판이 놓여 있을 뿐이었다. 한 번 의심하기 시작
한 마음에는 그 공사마저도 시위를 합법적으로 방해하기 위한 얄팍한 술
책으로밖에 보이지 않았다.

그 며칠 뒤, 나는 인터넷을 통해 그 노동자들이 해당 자동차 회사의
사내 하청으로 일하던 비정규직 노동자였음을 알게 되었다.(안타깝게도
화단정비공사에 대한 나의 의심 또한 사실인 것으로 밝혀졌다.) 사태의 핵심은
이미 우리에게 아주 익숙해진, 전형적인 패턴을 따르고 있었다. A회사
는 B회사에게 하청을 준다. 법률상 B회사와 고용계약을 맺은 노동자들
이 A회사의 작업장에 와서 일을 한다. 그들 옆에서는 A회사의 정규직
사원들도 함께 똑같은 일을 하고 있다. 물론 급여나 고용계약조건에는
넘을 수 없는 차이가 있다. 비정규직 사원들은 부당하다고 생각하는 대
우를 받거나 어느 날 해고당하거나 하여 A회사에 항의한다. A회사에서

는 그들의 고용주는 B회사이므로 그쪽에 가서 얘기하라고 미룬다. 결국 이 노동자들은 A회사의 고용주와는 아무런 논의도 할 수가 없다. 몇 년 전에 이미 사회적 이슈가 되었던 KTX 여승무원 파업의 공식을 철저하게 따르고 있는 셈이다.

결국 그 하청업체 소속의 비정규직 노동자들은 그 주장의 정당성 여부와 무관하게, 상대가 없는 싸움, 메아리 없는 외침을 할 수밖에 없게 된 것이다. 노동과 자본의 사회적 '관계'는 이제 완벽하게 원청기업과 하청기업의 경제적 '거래'로 탈바꿈하는 데 성공한 것이다. 뜻밖에도 그 상대의 자리는 아마도 그 회사의 정규직, 그것도 사무직일 것으로 추측되는 넥타이 정장 차림의 '노동자들'로 채워졌다. 비정규직 노동자들이 식당이나 통근버스 이용에서조차 차별을 받는다는 보도 내용들이 떠오른 것도 같은 맥락에서이다. 1950~60년대 미국 흑인민권운동의 기폭제 중의 하나는 백인전용식당에 흑인이 들어갈 수 없다거나, 버스 안에서 정해진 위치에만 앉아야 한다는 것 등이었다. 그렇다면 비정규직 노동문제는 어떤 측면에서는 인종차별 문제의 21세기 버전인 셈이다.

우리가 목격하고 있는 것은 지젝이 말하는 "포함된 자와 배제된 자 사이의 적대"(같은 책, 196쪽)에 다름 아니다. 이때 국가의 역할은 예컨대 급진주의자들이 말하는 것처럼 지배계급의 집행위원회라기보다는 오히려 "배제된 자를 위협으로 보면서 어떻게 그들과 적당한 거리를 둘까 고민하는"(같은 책, 195쪽) 것으로 옮아간다. 지젝이 주장하듯이, 포함된 자와 배제된 자 사이의 적대를 해결하지 않고서도 다른 계열의 적대를 해결하는 싸움은 얼마든지 가능하다. 흔히 사용되는 개념인 신자유주의, 또는 시장만능주의는 결국 '배제된 자'를 끊임없이 만들어냄으로써 유지되는 체제에 다름 아닌 것이다.

앞서 든 자동차 회사의 에피소드에서 급조된 플래카드와 관광버스 뒤에 서 있는 사무직 정규사원과 그 앞에서 피켓 시위를 벌이는 비정규직 파견노동자 사이의 전선은 정확하게 '포함된 자'와 '배제된 자' 사이의 대립을 상징하고 있다. 이 그림 속에서 국가나 자본은 뒤로 빠져버린다. 다만 플래카드와 관광버스 때문에 몇 사람 서 있기도 어려울 정도로 협소해진 인도 위에서(즉, 차도로 내려감으로써 도로교통법을 위반하지 않는 한도 내에서), 미리 신고가 된 절차에 따라(즉, 집회 및 시위에 관한 법률을 위반하지 않는 한도 내에서) 저항할 권리만 부여함으로써 시위와 관계없을 것으로 상정되는 '문화시민'의 안전을 보장하는 역할을 수행할 따름인 것이다.

물신성 : 허상이자 동시에 위안이 되는 아이러니

'삼성'이 단순히 특정 대기업 집단의 명칭으로서가 아니라 일종의 문화자본으로서의 역할을 수행하는 순간, 이른바 물신성(fetishism)이 생겨난다. 널리 알려진 바와 같이, 프로이트의 정신분석에서 물신성은 일종의 변태적인 욕망에 지나지 않는다. 즉, 물신성이란 진정한 사랑의 대상으로서의 그녀(또는 그)가 아니라 그 주변적인 특징, 예컨대 립스틱이 묻은 담배꽁초라든가 레이스 달린 속옷 따위에 집착하는 비정상적인 심리상태를 가리킨다.

그러나 물신성은 단순한 허상인 것만은 아니며 위안으로서의 역할을 수행한다는 아이러니가 존재한다. 정신분석의 주요 개념인 '징후'와 '물신성'을 비교하면서 지젝은 다음과 같이 말한다.

사랑하는 사람이 죽는 경우를 생각해 보라. 징후의 경우 나는 이 죽음을 '억압하고' 그에 관해 생각지 않으려 하지만 그 억압된 트라우마는 징후 속에 귀환한다. 물신의 경우에는 그와 반대로 나는 죽음을 '합리적으로' 완전히 받아들이지만 물신에, 즉 내게 있어 죽음에 대한 부인을 구현하는 어떤 특징에 매달린다. 이런 의미에서 물신은 우리로 하여금 가혹한 현실에 대처할 수 있게 하는 건설적 역할을 수행할 수 있다. 물신주의자는 자신의 개인적 세계에 빠져 있는 몽상가가 아니라 철저한 '현실주의자'로서, 자신의 물신에 매달림으로써 현실의 거대한 충격을 완화할 수 있기에 사태를 있는 그대로 받아들일 수 있다.(같은 책, 133~4쪽)

종교가 인민의 아편이라는 마르크스의 지적도 바로 이러한 맥락에서 이해할 수 있다. 고통스러운 현실을 잊기 위해 사람들은 아편을 맞는다. 그 고통스러운 현실이 존재하는 한, 아편의 현실적 해악을 알려주는 것만으로 그들이 아편을 끊게 만드는 것은 불가능하다. 자본주의 시장경제가 인간의 욕망을 '해방'시켰다는 것은 물신에 관한 욕망의 해방까지도 포함하는 것이다. 마치 양심의 자유가 온갖 흑심의 자유까지 포함하는 것처럼.

얼마 전 화제가 되었던 고려대생 김예슬의 자퇴선언은 한국 사회에서 매우 상징적인 사건임에 틀림이 없다. 그러나 그녀가 '어느 정도만 노력하면' 삼성 또는 그 어떤 대기업에라도 취업할 수 있는 형식적인 조건, 정확히 말해 학벌이라는 문화자본을 갖추고 있다는 점에서, 그것은 여전히 '포함된 자'의 저항이다. 물론 '포함된 자'의 저항을 폄하하려는 의도는 아니다. 포함되지 못한 자, 즉 '배제된 자'에 근거하지 못하는 운동의 한계를 지적하려 함이다. 이를테면 '아무리 노력해도' 삼성에 들어가는 것이 현실적으로 불가능하도록 미리 한계지어지고 있는 비명문대생의 욕망을 단지 물신성이라는 개념으로 단정지어버리기에는 부족한 그 무엇을 가리키기 위함인 것이다.

다시 지젝으로 돌아가 보자. 그는 베네수엘라의 차베스에 관해 다음과 같이 평가한다.

> 차베스는 배제된 자들을 기존의 자유민주주의적 틀 안에 포함시키고 있는 것이 아니다. 오히려 그는 빈민지역의 '배제된' 거주민들을 자신의 토대로 삼고, 정치 공간과 정치적 조직 형태를 배제된 자들에 '맞도록' 재조직하고 있는 것이다. 현학적이고 추상적으로 보일지는 몰라도 이러한 차이– '부르주아 민주주의'와 '프롤레타리아 독재' 사이의 차이–는 결정적이다.(같은 책, 205쪽)

아직도 현재진행형인 차베스의 실험을 어떻게 평가할 것인가에 관해 섣부른 판단을 내리는 것은 곤란하다. 다만 주목할 것은 어떤 형태로든 '배제된 자'들에 기반을 두고, 그들을 새롭게 조직하는 틀을 갖추어야 한다고 주장하는 점이다. 비유컨대 마치 중산층 이상의 사람들이 유기농 식품을 먹으면서 대형마트에 저항하고 우아하고 품위를 갖춘 방식으로 정치적 올바름을 선택할 수 있는 반면, 정치적 올바름을 따지는 것 자체가 사치인 빈곤계층이 존재한다는 사실을 돌아보지 않으면 안 된다는 의미에서 이 주장은 타당해 보인다.

최근 번역 출간된 『완벽한 가격』(Cheap-The High Cost of Discount Culture)의 지은이 엘렌 레펠 셸은 미국에서 대형할인점의 등장 과정을 설명하면서, "소비자는 노동자나 유권자와는 전적으로 다른 종족인 것처럼 유지되었다"(109쪽)라고 주장한다. 즉, 자본주의적 대량생산-대량판매의 구조가 확립되면서 저렴한 가격으로 팔리는 상품들은 궁극적으로는 그것을 생산하고 유통시키는 수많은 노동자들의 싼 임금이나 열악한 노동계약조건 등에 기반하고 있다. 그렇다면 결국 월마트에서 값싼 물건을 잔뜩 사는 서민 노동자들은 따지고 보면 같은 계급에 속하는 동료들의 희생을 딛고 서 있는 셈이다. 그렇지만 계산대를 사이에 두고 이쪽(사는 쪽)에 선 노동자는 저 쪽에 선 노동자(파는 쪽)와 자신이 같은 노동자라는 사실을 잊기 쉽다. 적어도 돈을 지불하는 그 순간에는.

그런데 거꾸로 이는 그러한 구조가 유지되는 상태에서 값싼 상품을 소비함으로써만 자신의 노동력을 재생산할 수 있는 열악한 처지에 놓인 노동자에 관한 상황 묘사로도 읽어야 한다. 이를 다시 뒤집어 보면, '포함된 자'들의 입장에서 자신의 소비 행위가 지구상 어딘가에, 또는 우리 사회 한구석에 존재하는 다른 '배제된 자'들에 대한 착취에 기여하고 있다는 것은 스스로가 누리는 행복의 정도를 크게 훼손하지 않는다. '포함된 자'가 '배제된 자'를 위해 스스로의 자리를 내어 놓을 수 없는 현실과 때로는 '배제된 자'조차도 다른 '배제된 자'의 희생을 딛고 살아가야 한다는 모순은 절묘하게 얽히면서 이른바 신자유주의적 자본주의를 굴러가게 만드는 힘이 된다.

포퓰리즘과 규제적 이념

한국 사회에서 포퓰리즘이라는 딱지는 예컨대 노무현 정부에 대한 보수 언론의 공격에서 즐겨 사용되던 용어였다. 그런데 굳이 보수 언론의 선동적 용례를 고려하지 않더라도, '배제된 자'들을 기반으로 하는 운동과 포퓰리즘의 차이는 이론적으로나 현실적으로도 종이 한 장 차이라고 할 수 있다. 차베스의 실험을 긍정적으로 평가하는 지젝과는 달리, 그것에 대해 끊임없이 포퓰리즘이라는 비판이 가해지는 것도 어느 정도는 이 때문일 것이다. 그런데 지젝은 바로 같은 책에서 포퓰리즘적 유혹을 경계할 것을 주장한다.

> 칸트(I. Kant)는 '생각하지 말고 복종하라!'는 보수적 모토에 '복종하지 말고 생각하라!'는 명령이 아니라 '복종하라. 그러나 생각하라!'는 명령으로 맞섰다. 우리가 구제금융안 같은 사건들로 옴짝달싹 못하게 될 때 기억해야 할 것은 이것이 사실상 공갈의 한 형태이므로, 우리의 분노를 행동화(act out)하여 스스로에게 상처를 입히는 포퓰리즘적 유혹을 거부해야 한다는 점이다.(같은 책, 39쪽)

'포함된 자'만의 운동으로 끝나서는 안 되며 '배제된 자'를 토대로 삼는 운동이 필요하다는 주장과 포퓰리즘의 유혹을 거부해야 한다는 주장, 얼핏 모순되는 것으로 보이는 이 두 가지 주장 사이에서 어떻게 균형을 잡아갈 것인가? 사실 이는 모든 혁명과 개혁의 시도들에 대해 끊임없이 던져졌으나 제대로 답해지지 못했던, 그래서 그 주동자들의 선의에도 불구하고 많은 혁명과 개혁을 실패로 몰아갔던 물음이기도 하다. 그렇다면 이 물음은 '삼성을 넘어서는' 것을 사회 변화의 주요한 과제로 설정하고자 하는 이들에게 어떤 의미와 연관을 가지게 되는 것일까?

비평가 가라타니 고진(柄谷行人)은 자본주의의 극복을 위해 전통적인 마르크스주의와는 다른 처방을 제시한다. 즉, 자본의 생산물을 '사는 입장'에 설 때 자본의 유혹으로부터 벗어나 '사지 않기', 그리고 자본이 이윤생산을 위해 반드시 필요로 하는 노동력을 '판매하지 않기'가 그것이다. 이것이 가능한가라는 물음에 대해 그는 칸트의 규제적 이념이라는 개념으로 응수한다. 도달해야만 하나 영원히 도달할 수 없는 그 무엇, 그러므로 현실을 끊임없이 규정하는 이념, 그것이 바로 규제적 이념이다. 이를테면 누구나 영원한 사랑을 꿈꾸지만 현실에 그런 것이 존재하지 않는다는 사실 또한 누구나 알고 있다. 그러므로 어떤 의미에서 영원한 사랑은 그 자체가 하나의 물신인 셈이다. 하지만 영원한 사랑에 대한 꿈이 없으면 불완전한 사랑조차도 불가능해진다.

예를 들어 즉각적인 삼성 제품 불매운동이 서 있는 지점도 바로 여기이다. 가라타니 고진의 논의를 적용해 보자면, 그것은 삼성에 노동력 팔지 않기 운동과 함께 이루어져야 한다. '포함된 자'들이 '노동력 팔지 않기'를 실천하지 않는 한 불매운동은 "자본과 국가, 네이션을 함께 공격하는 것"이 아니라 단순 소비자 운동에서 멈추고 말 것이다. "김예슬 학생을 높이 평가하면서도 내 딸에게는 그렇게 권하지 못하는 이율배반, 자본의 지양까지는 아니더라도 좀 덜 자본스러운 삶을 꿈꾸다가 결국 소비자로서 자본의 유혹을 뿌리칠 수 없는 이율배반"(류동민,「포기 못할 경제학적 사랑이여」,『이코노미 인사이트』2010년 5월호), 이 이율배반의 현실적 근거를 부인하기 어렵기 때문이다.

삼성 제품 불매운동의 논리구조는 비유하자면 서울대학교를 없앰으로써 학벌사회를 폐지하자는 운동과 같은 것이다. 물론 수많은 대기업 집단, 정확하게 말해 재벌 중에서 유독 삼성이 문제가 되는 이유는 그것이 재벌구조의 정점에 서 있기 때문이다. 바로 학벌구조의 정점에 서울

대학교가 놓여 있는 것처럼. 그러나, 특정 대상을 제거한다고 해서 구조가 깨지지는 않는다. 비유하자면 서울대학교가 없어지더라도 그 자리는 다른 대학이 대신하게 되는 것이다. 가라타니 고진도 주목하는 글로벌라이제이션의 효과는 그러한 구조를 세계적 범위로 확장하여 유지하는 메커니즘으로 작동한다. 계속 비유하자면 서울대학교의 자리에 고려대학교나 연세대학교가 아니라, 아이비리그의 대학이 들어서면서 학벌사회구조가 더욱 확대재생산되는 메커니즘이 그것이다. 그러므로 삼성불매운동은 가라타니 고진이 말하는 자본 전체에 대한 사보타지와도 구별된다.

하지만 여기에서 우리가 마주치는 더욱 중요한 딜레마는 이런 것이다. 한편으로 깨뜨려야 할 구조의 정점에 놓인 특정 대상에 대한 공격은 좋은 의미에서건 나쁜 의미에서건 포퓰리즘적 동원력을 가질 수 있다. 다른 한편으로 '포함된 자'들과 '배제된 자'들, 즉 삼성이라는 문화자본에 접근할 수 있는 이들과 그렇지 못한 이들, 예컨대 삼성에 노동력을 팔 수 있는 이들과 팔고 싶어도 팔 수 없는 이들 사이의 차이는 간과될 가능성이 있다. 바로 이 지점에서 배제된 자를 토대로 삼되 포퓰리즘의 유혹을 거부해야 한다는 지젝의 명제가 작동한다. 삼성의 자리를 현대가 대신하고, 심지어 월마트나 까르푸의 자리를 이마트가 대신한 것이 애국주의적 감성과 결합되면서 '민족자본'의 승리라도 되는 듯 받아들여지는 현상을 생각해 보라.

삼성을 더 나은 재벌, 또는 더 민주적인 기업으로 만드는 운동, 이를테면 소액주주운동에서도 이룰 수 없는 근본적인 변혁과 현실적인 개선 사이의 딜레마는 예외 없이 존재한다. 삼성을 더 나은, 더 민주적인 기업으로 만드는 것은 이를테면 현실의 불완전한 사랑을 조금이나마 영원한 사랑에 가깝게 가져간다는 점에서 무시되기 어려운 작업이다. "사랑이 초월론적 가상 또는 규제적 이념임을 알면서도 우리가 사랑을 포기하지 못하듯이, 사랑은 결국 '사람이 사람답게 사는 세상'에 대한 끊임없는 노력 같은 것일 것이므로."(류동민, 같은 글) 그러나, 삼성이 더 민주적인 기업이 된다고 할 때, '민주적'이라는 말이 포함된 자들과 배제된 자들 사이에 쳐진 전선을 사라지거나 약하게 만들 수 없는 것이라면, 그것이 무슨 의미가 있을 것인가? 더 좋고 더 민주적인 기업 지배 및 소유구조가 '배제된 자'를 배제하는 기제를 제거할 수 있을 것인가? '삼성'이 존재하지 않는 미국에서도 투자자로서의 노동자가 자신의 연금기금이 투자된 기업의 구조조정안에 찬성하는 역설을 지적하며 민주주의의 후퇴를 걱정하는 라이시의 주장(로버트 라이시 지음, 형선호 옮김, 『슈퍼자본주의』, 김영사, 2008년)은 과연 남의 일에 지나지 않는 것일까?

무엇을 할 것인가, 또는 무엇을 하지 말 것인가?

결국 아무 것도 하지 말자는 것인가라는 당연히 제기될 반문을 예상하면서도 나는 '포함된 자'와 '배제된 자'의 대립, '배제된 자'들의 욕망이 지닌 허상이자 위안으로서의 이중성, 그리고 근본적 구조를 그대로 유지하면서 '배제된 자'들의 포퓰리즘적 동원으로 그치고 말 위험 등을 강조하면서 이 글을 끝맺고자 한다. 가라타니 고진은 자신의 대안이 "적어도 그 루트만큼은 분명하기 때문에" 결코 "절망적이지 않"은 것이라고 말한다.(『세계공화국으로』, 도서출판B, 2007, 225쪽) 그러나 나는 규제적 이념 그 자체보다는 현실이 규제적 이념에 다가갈 수 없도록 만드는 요소를 읽어내는 것이 오히려 더 중요할 수도 있다고 생각한다. 그러한 작업이야말로 설사 당장의 운동에 큰 힘을 부여하지는 못하더라도 중장기적으로는 반드시 이루어져야 할 것임을 강조함으로써 우리의 운동에 작은 성찰의 기회라도 부여할 수 있다면 책상물림 경제학자의 잡설로서는 충분하지 않을까?

성현석

왜 '삼성과 싸우는 기자'가 됐느냐고요?

삼성 직원들이, 또 비슷한 처지에 있는 다른 재벌 기업 직원들이
직장 생활 속에서 몸으로 겪는 불합리와 불의에 맞서기 시작한다면,
이는 새로운 역전극으로 이어질 수 있다. 이건희 회장과 구조본 인사들에 대한
면죄부 판결과 잇따른 사면 조치는 진실과 정의의 패배를 뜻하는
것이었지만, 앞으로 남은 역사에선 이게 뒤집힐 수 있다는 이야기다.
이런 역전극은 대단한 영웅의 몫이 아니다. 바로 옆자리 동료가 주인공이
될 수 있다. 이 글에서 소개하는 불의에 맞서 싸운 평범한 '삼성맨'의 사례를
보고서 용기를 내는 이가 나온다면, 그래서 삼성을 포함한 우리네 일터가
조금이라도 더 지낼만한 곳이 된다면, 그게 바로 역전의 순간이다.

성현석 학력고사 마지막 세대다. 고등학교 시절에는 물리학자나 역사가가 되고 싶었다. 그런데 대입 원서는 공과대학에 냈다. 나중에 굶지 않으려면 그래야 한다고 들었기 때문이다. 그런데 밥벌이는 대학 전공과 전혀 관계없는 일로 하고 있다. 기자가 된 것은 우연이라고 한다. 월간 〈우리교육〉 기자로 일했고, 지금은 〈프레시안〉 기자로 일한다. 언론에 대해 제대로 알지 못한 채 기자 노릇을 시작한 탓에 몇 번 크게 실망한 적이 있다. 마음을 잡은 것은 어릴 적 꿈을 떠올리고서였다고. 눈앞의 현실을 과학자처럼 탐구하고, 역사가처럼 기록하는 게 기자라고 봤다. 과학자와 역사가의 꿈을 모두 이룬 셈이니, 그는 지금 잘 살고 있다고 믿는다. 경험과 사색에서 우러난 직관을 존중하지만, 자기 생각이 꼭 옳다는 독선은 위험하다고 보는 편이다. 그래서 매사에 딱 부러지게 단호한 이들을 보면, 조금 불편해 한다. 말과 글을 꺼내기에 앞서 충분히 머뭇거리는 기자, 그러나 고통과 절망의 현장에 눈물을 보탤 때는 망설임이 없는 기자로 살고 싶은 그는 서점에서 책 구경하기를 즐기고, 길에서 혼자 어슬렁거리기를 좋아한다. 북유럽식 교육-복지 모델에 관심이 많아서 2008년에 핀란드, 스웨덴, 노르웨이, 덴마크를 둘러봤었다. 이를 계기로 〈녹색평론〉에 「북유럽에서 찾아보려고 한 '희망'」이란 글을 쓰기도 했다. 〈프레시안〉에 삼성의 부당함에 맞서 싸웠던 사람들과의 인터뷰 기사를 계속 써 왔다.

왜 '삼성과 싸우는 기자'가
됐느냐고요?

얼치기 좌파 흉내에 들떠 지내던 20대 시절에는 '기업가'라는 말 자체가 탐탁지 않았었다. '기업가는 무슨…… 노동자를 착취하는 자본가, 아니면 그 하수인이라고 불러야지.' 경영학은 자본가의 마름이 되기 위한 매뉴얼, 마르크스주의 경제학이 아닌 주류 경제학은 자본가 계급의 이익을 위해 복무하는 이데올로기쯤으로 여기던 시절이다.

돌아보면, 민망한 기억들이다. 독선적인 진보가 대범한 보수보다 때론 더 해로울 수 있다는 걸 깨달은 것은 나이 서른이 다 되어서였다. 자신이 택한 이념이 무시당하는 꼴을 못 봐서 고집하는 진보, 요컨대 '자존심 진보'와 진실로 약자에게 공감하는 태도 사이의 차이를 구분하게 되면서, 조금은 철이 든 느낌이었다. 선명하고 날선 목소리는, 뱉어내는 사람의 속은 시원하게 해 주겠지만 실제로는 별 힘이 없다는 것을 알게 된 것도 그즈음이었다. 이런 깨달음과 함께 '기업'에 대한 생각도 바뀌었다. 아니, 정확히 말하면, 예전에 갖고 있던 생각을 잠시 밀쳐뒀다. 내가 제대로 겪어보지 않은 영역에 대해 함부로 재단하기가 두려워진 게다.

그리고 우연히 기자 노릇으로 밥벌이를 하게 됐다. 대학에서 적을 뒀던 전공은 공학이지만, 기자로서의 전공은 교육과 인권이라고 생각했다. 그러다보니, 기업에 대해 진지하게 고민할 기회는 없었다. 옛 생각을 밀어낸 빈자리는 그저 백지로 남았다.

백지가 된 자리에 다시 기업에 대한 생각을 올려놓은 것은 그로부터 몇 년이 지난 뒤였다. 어느 순간, '회사원 노릇 도저히 못 해 먹겠다'는 이들이 주변에서 속출했다. 20대 시절의 생각대로 '착취' 당하고 있다고 생각하기 때문일까. 그런 면도 있겠지만, 다른 이유가 더 큰 것 같았다. '돈 문제'가 아니라는 게다. 월급은 적어도 좋으니, 조금이라도 보람 있는 일을 하고 싶다고들 했다.

김용철 변호사와 만나다

우리네 일터가 심각하게 병들었구나하는 생각을 한 것은 그때였다. 정부 기구, 학교 등을 뺀 대부분의 일터는 바로 기업이다. 왜 우리 기업은, 조직 구성원을 불행하게 만들까? 이런 궁금증을 품고 있을 때, 충격적인 사건이 일어났다. 2007년 10월, 김용철 변호사의 양심고백이 그것이다. 당시 서울 제기동 성당 사제관에서 그를 처음 만났다. 그리고 2010년 1월 『삼성을 생각한다』가 나올 때까지 참 자주 만났다. 그가 일하던 부천의 빵집에서 들은 이야기는 범위가 넓었다. 그는 오디오와 클래식 음악에 조예가 깊다. 그러나 결국 요점은 검찰과 삼성이었다. 그는 이 두 곳에서 보고 듣고 겪은 일들을 아주 시시콜콜한 것까지 이야기했다. 내용은 적나라했다. 이건희, 이학수 등 우리나라 최고 기업을 운영하는 이들이 어떤 생각을 갖고 있는지가 생생하게 드러났다. 이 가운데 대부분은 글로 기록돼 독자들에게 전달됐고, 아주 사적인 내용은 그냥 기억으로만 남았다.

김 변호사가 강조한 대목은 그들의 불법 행위, 그리고 특권 의식이었다. 언론의 관심사도 비슷했다. 경영권 불법 승계, 정·관·법조·언론계에 대한 불법 로비, 비자금 조성 및 탈세 등이 그것이다.

물론 모두 중요한 문제들이다. 그런데 이런 문제는 해결의 열쇠를 검찰과 법원이 갖고 있다. 예컨대 삼성 임직원 가운데 비자금의 실체와 규모에 대해 제대로 아는 사람이 몇 명이나 될까. 극소수에 불과할 게다. 이렇게 꽁꽁 숨겨둔 진실을 캐는 일은 공권력을 동원하지 않고서는 무리다. 정상적인 언론 취재 활동으로 가능한 일이 아니다.

이런 특징은 그대로 절망의 근거가 됐다. 검찰과 법원이 바로 서기 전에는, 진실과 정의의 승리는 기대할 수 없다는 뜻이기 때문이다. '유전무죄, 무전유죄'(有錢無罪, 無錢有罪)라는 말이 사라지려면, 얼마나 기다려야 할까.

김상봉 교수가 제안한 삼성불매운동은 이런 절망감에서 나왔다. 법과 제도를 통해 재벌 문제를 해결하는 게 불가능하다면, 시민이 직접 나설 수밖에 없다는 게 그의 생각이다.

일리 있는 생각이다. 나도 지지했다. 하지만, 어딘지 조금 허전했다. 김용철 변호사가 전한 이야기에서 특히 내 귀를 잡아 끈 대목이 그가 강조한 대목과 꼭 겹치는 것은 아니었기 때문이다. 능력이나 성과보다 충성심이 더 중요하게 받아들여지는 인사 시스템, 노동조합에 대한 극단적인 반감, 직원을 동반자가 아닌 소모품으로 여기는 경영진, 고생하는 사람과 혜택을 누리는 사람이 제각각인 구조……등. 나는 삼성에 관한 이야기 중에서 이런 대목에 더 관심이 갔다. 월급날 기다리는 재미로 피곤을 견디는, 보통 직장인이라면 다 마찬가지 아닐까.

요컨대 이들에게는 신문 지상을 메운 다양한 불법 의혹보다 불합리한 인사 시스템이 더 큰 분노를 낳는다. 거대한 범죄, 구조적 비리보다 눈앞의 억울함에만 관심을 두는 이런 태도가 꼭 옳은 것은 아니다. 그러나 당장 오늘 점심을 뭘 먹을지 고민하는 보통 직장인의 현실이 그렇다는 점을 부정할 필요도 없다.

그런데 다행스러운 것은, 이런 문제는 꼭 법원과 검찰만이 풀 수 있는 게 아니라는 점이다. 비자금 범죄 등과는 다른 특징이다. 직원을 잉크가 떨어지면 언제든 내다버리는 볼펜심쯤으로 여기는 경영진의 태도를 고치는 방법은 검찰 수사 말고도 많다. 그래서 이는 희망의 근거가 될 수 있다. 우리의 법과 제도가 '유전무죄, 무전유죄' 수준에 머물러도, 할 수 있는 일이 있다는 뜻이니까.

『삼성을 생각한다』가 나왔을 때, 삼성 직원들에게 이 책을 권했던 것도 이런 맥락이다. 비록 신문 지상을 메웠던 거대한 비리 의혹들은 대부분 면죄부를 받았지만, 직장인들이 몸으로 느끼는 불합리한 점들까지 면죄부를 받은 것은 아니다. 그들의 회사 생활을 불행하게 했던, 내 주위의 많은 '삼성맨'들이 "회사원 노릇 도저히 못 해 먹겠다"고 말하게끔 했던, 그런 문제가 생긴 이유를 알아내는 데 이 책이 좋은 힌트가 될 수 있다. 그들이 이야기하는 불합리한 제도 또는 문화에는 사실 합리적인 이유가 있다. 총수 일가의 이익과 취향이라는 기준으로 보면, 모든 게 합리적이다. 하지만 총수의 이익은 다수 직원, 또는 회사의 이익과 종종 배치된다. 『삼성을 생각한다』에는 이런 사례가 다양하게 소개되어 있다.

만일 삼성 직원들이, 또 비슷한 처지에 있는 다른 재벌 기업 직원들이 직장 생활 속에서 몸으로 겪는 불합리와 불의에 맞서기 시작한다면, 이는 새로운 역전극으로 이어질 수 있다. 이건희 회장과 구조본 인사들에 대한 면죄부 판결과 잇따른 사면 조치는 진실과 정의의 패배를 뜻하는 것이었지만, 앞으로 남은 역사에선 이게 뒤집힐 수 있다는 이야기다. 그리고 이런 역전극은 대단한 영웅의 몫이 아니다. 바로 옆자리 동료가 주인공이 될 수 있다. 나는 이 글에서 자신의 자리에서 불의에 맞서 싸운 평범한 '삼성맨'의 사례를 소개하려고 한다. 이런 사례를 보고 용기를 내는 이가 나온다면, 그래서 삼성을 포함한 우리네 일터가 조금이라도 더 지낼만한 곳이 된다면, 그게 바로 역전의 순간이다.

혁신이 시든 일터, 신명을 잃은 노동자

최인철 씨는 타고난 혁신가다. 늘 새로운 아이디어가 번뜩인다. 구체적인 성과도 있다. 그는 삼성전자 재직 시절, 삼성 휴대폰에 쓰이는 '천지인' 자판을 발명했다. 이런 발명으로 인해 삼성전자가 거둔 이익은 수조 원대로 추정된다. 그렇다면, 최 씨는 회사 안에서 보배나 다름없는 대접을 받았을 법하다. 그런데 그렇지 않았다. 회사는 발명에 대한 대가로 십만 원 조금 넘는 돈을 줬다. 그게 전부였다.

어떤 이들이 보기엔 황당할 게다. 그러나 또 다른 이들에겐 익숙한 풍경이다. 회사에 대한 기여와 보상이 일치하지 않는 것은 흔한 일이다. 직장인들의 불만 중에서도 가장 흔한 게 이런 경우다. 대부분 "세상이 원래 그렇다"라며 체념한다. 굳이 이유를 따지지 않는 게 보통이다. 하지만 이유가 없을 리 없다. 누군가 기여에 비해 적은 보상을 받았다면,

다른 누군가는 기여 이상의 보상을 받았다는 이야기가 된다. 『삼성을 생각한다』에는 구조본 임원들이 후자에 속한다고 돼 있다. 총수의 사적 이익을 위해 충성하는 이들에게 보상이 집중되는 구조라는 말이다. 총수가 법적, 제도적 근거 없이 전횡할 수 있는 구조에선 이게 당연한 일이다. 총수의 이익을 극대화하도록 구조가 만들어지면, 실제로 회사에 기여한 이들이 억울한 대접을 받는 것은 필연이다.

다시 최인철 씨 이야기로 돌아가자. 회사에서 몇 차례 부당한 대우를 받고 막다른 골목에 몰렸던 그는 회사를 상대로 소송을 벌이기에 이르렀다. 묵혀뒀던 권리를 주장하기로 한 것이다. 직무발명 보상에 대한 부당이득금 반환청구소송이다. 결과적으로 이 소송은 합의로 끝났다. 최 씨는 소송을 취하하는 대가로 회사로부터 발명에 대한 약간의 보상을 받았다. 직원이 직무를 통해 얻은 발명특허로 회사가 이익을 얻었을 경우, 이익 가운데 일정 비율은 직원에게 돌려줘야 한다는 법원 판례가 있었기에 가능한 일이었다. 하지만 후폭풍이 거셌다. 회사를 상대로 소송을 건 직원을 삼성은 가만두지 않았다. 승진 탈락은 물론이고 고과 점수는 늘 바닥이었다. 업무도 주어지지 않았고, 회사 안에서 따돌림을 당해야 했다. 이런 이유로 최 씨는 국가인권위원회를 찾기도 했다. 결국 최 씨는 회사를 떠나야 했다.

이 사건은 삼성 직원들에게, 또 다른 직장인들에게 시사하는 바가 크다. 최인철 씨는 발명가로서 정당한 권리를 요구했을 뿐이다. 그게 직무발명(직장 구성원이 담당 업무와 관련하여 수행한 발명)이건, 자유발명(직무와 관련 없이 개인적으로 수행한 발명)이건 최 씨는 회사로부터 대가를 받을 권리가 있다. 설령 직무발명이라고 해도, 최근 판례는 직원에게 일정한 보상을 하게 돼 있다. 자유발명이라면, 상식에 비춰서나 법에 비춰서나 상당한 보상을 하는 게 옳다.

또 위험에 대한 보상 차원에서도 발명에 대한 대가는 지급되는 게 옳다. 발명을 하기 위해 들이는 노력이 꼭 성공하는 것은 아니다. 휴대폰 영업을 하던 사람은 냉장고 영업도 할 수 있다. 반면, 휴대폰 개발을 하던 사람은 냉장고 개발에 적응하기 어렵다. 이처럼 발명, 개발 업무에는 위험이 따른다. 이런 위험을 감수하고 발명에 뛰어들게 하려면 적절한 보상체계가 만들어져야 한다. 그러나 최인철 씨처럼 자신이 몸담은 회사를 상대로 소송을 벌인 일은 한국 분위기에서 아직까지 낯선 것도 사실이다. 이런 낯섦을 어떻게 받아들여야 하는지, 직원의 발명에 대한 보상은 어떻게 해야 하는지는 기업 문제를 고민하는 이들에게 중요한 숙제가 될 게다.

어떤 이들에겐 이런 사례가 그저 남의 일로만 여겨질 수 있다. '발명'과 거리가 먼 대부분의 직장인이라면 그렇다. 하지만 최인철 씨가 국가인권위원회를 찾은 직후 인터뷰한 내용을 보면, 삼성의 문제점이 적나라하게 드러난다. 그리고 이는 발명과 무관한 일을 하는 이들과도 밀접한 관계가 있는 내용이다. 그는 "사회적 비용을 줄이는 게 진정한 혁신"이라는 말을 거듭했다. 그저 기발하기만 한 발명은 진정한 혁신과는 거리가 멀다는 말이다.

그리고 삼성의 경우, 외환위기를 거치며 이른바 '재무라인'이 득세하면서 혁신을 장려하는 기풍이 싹 사라졌다는 게 그의 경험이다. 눈앞의 숫자로만 모든 걸 재단하는 풍조가 만연하면서, 총수의 자산을 관리하는 기업 관료 집단의 위상은 높아졌지만, 사회적 비용은 오히려 늘었다는 설명이다. 혁신을 통해 낭비를 줄여서 이익을 내는 게 아니라, 협력업체를 쥐어짜거나 직원들에게 돌아갈 몫을 줄여서 이익을 냈기 때문이다. 이는 결국 한국 경제 전체를 병들게 한다. 혁신이 없는 일터에 몸담은 직원들이 신명을 느낄 리도 만무하다. 지나치게 보수적인 기업 문화의 한계다.

이런 문제점을 삼성 역시 모르지 않는다. 2010년 초, 삼성그룹 내부 언론인 〈미디어 삼성〉에는 '1등 기업의 함정'이라는 기사가 실렸다. 1등을 추격하는 과정에서 성공적이었던 전략이 1등이 된 뒤에는 더 이상 통하지 않는다는 내용이다. 이른바 '추격자 전략'이 가진 한계다.

이 기사에서 '추격자 전략'의 실패로 꼽힌 사례가 바로 스마트폰이다. 삼성은 윈도 모바일 기반 스마트폰 개발에 주력했었다. 그런데 미국의 구글이 안드로이드 운영체제(OS) 기반 스마트폰 개발을 제안했고, 삼성은 이를 거부했다. 결국, 구글은 대만 업체와 손잡고 첫 번째 안드로이드 스마트폰을 내놓았다. 삼성이 원래 만들고 있던 윈도 모바일 기반 스마트폰은 실패했다. 안드로이드 스마트폰이 시장에서 성공하는 것을 본 뒤에야 삼성은 안드로이드 스마트폰 개발에 착수했다. 이 기사에 등장한 삼성 직원은 "왜 우리는 꼭 성공모델이 있어야 도전하는 것인지, 과연 우리가 진정한 1등이라고 할 수 있을까"라고 말했다.

성공 모델이 없으면 도전하지 않는, 보수적 기업 문화가 삼성의 덫이라는 지적이다. 이런 문화가 뿌리내린 데는 이유가 있다. 『삼성을 생각한다』에 묘사된 삼성 계열사 경영진은 구조본(옛 비서실)의 지시에 따라 움직이는 꼭두각시에 불과했다.

'구조본' 이라는 괴물

이 책에 따르면, 삼성 계열사에는 모두 '관리담당' 이라 불리는 임원이 있다. 경영지원팀장 등 다양한 이름으로 불리지만, 하는 일은 같다. 구조본의 직접 지시를 받으면서 계열사 경영을 감시하는 것이다. 계열사에 있는 '관리담당' 과 짝을 이루는 게 구조본 재무팀에 있는 '운영담당' 이다. 관리담당과 운영담당은 서로 지시와 정보를 주고받으며 계열사를 통제한다. 그래서 계열사 사장이 아래 직급인 관리담당의 눈치를 보곤 했다.

삼성 사장들은 월드컵 경기가 열리는 날 직원들에게 오후 휴가를 주는 일조차 스스로 결정할 수 없었다. 아주 시시콜콜한 결정까지 구조본의 지시에 따라 이뤄졌다. 외국에서 성공한 사례를 찾아서 그대로 적용하는 경영 방식은 이런 상황과도 관계가 있다. 구조본이 모든 결정을 도맡는, 원격경영 구조에서는 권위 있는 매뉴얼을 구해서 계열사가 따르도록 하는 게 가장 편한 선택이라는 이야기다. 그리고 이런 방식이 부분적으로는 성공적이었던 것도 사실이다. 이지효 전(前) 베인앤컴퍼니 이사는 『한국경제, 기회는 어디에 있는가?』라는 책에서 "삼성전자 등 한국 기업들은 위험이 높은 초기 단계는 기술력을 갖춘 미국과 일본 기업들의 노력을 지켜보다가 시장이 본격적으로 성장해 가는 시점에서 기존 기업들의 허를 찌르는 대규모 투자를 통해 생산성을 극대화하고 시장을 장악해 버리는 전략을 기가 막힐 정도로 절묘하게 구사하고 있다"고 설명했다. '추격자 전략' 은 삼성을 비롯한 한국 재벌의 성공 방정식이었다. 그러나 문제는 그 다음이다.

1등이 된 삼성은 이제 더 이상 따라할 대상이 없다. 그럼 어떻게 해야 하나. 이제 새로운 제품과 서비스를 스스로 만드는 수밖에 없다. 그런데 문제가 있다. 새로운 길을 여는 일은 엄청난 모험이다. 따라서 과감한 결단력과 신중한 판단력, 그리고 기성의 틀을 깨는 참신한 발상이 필요하다. 조직을 이끄는 경영자에게 더욱 절실한, 이런 덕목은 하루아침에 생겨나지 않는다. 스스로 판단하고 결정하면서 숱한 시행착오를 거쳐야만 기를 수 있는 덕목이다. 그런데 모든 결정이 구조본에서 이뤄지고, 구조본은 오로지 총수의 눈치만을 살피는 삼성식 경영구조에서는 이게 불가능하다. 삼성그룹이 오랜 역사와 방대한 규모에도 불구하고, 스타급 전문경영인은 많이 배출하지 못한 것은 이 때문이다. 김 변호사의 이야기를 들으면, 이런 사정을 쉽게 이해할 수 있다.

구조본의 옛 이름은 회장 비서실이다. 비서실의 약자인 '실'이라는 표현은 삼성그룹 안에서 권력의 상징이었다. 김용철 변호사에 따르면, "여긴 실입니다"라는 한마디면, 계열사 사장이 긴장하는 게 확 느껴졌다고 한다. 비서실은 구조본, 전략기획실 등으로 이름이 바뀌었고, 특검 수사를 거친 뒤 공식적으로는 해체됐다. 그러나 삼성그룹에서 비서실 기능이 사라졌다고 보는 사람은 없다. 이런 기능 중에서 핵심은 자금 관리다.

김 변호사 재직 시절, 구조본 재무팀은 비자금 조성, 불법 로비 등 비리를 주도했을 뿐 아니라 삼성그룹 내 최고 실세 집단으로 군림했다. 이런 현상은 삼성 자동차 사업의 실패 이후 더욱 두드러졌다. 재무 관련 부서가 전권을 휘두르는 구조는 지금도 여전하다고 알려져 있다.

그런데 재무부서가 이토록 큰 힘을 휘두르는 구조가 정상일까? 부작용이 필연적이다. 이런 구조에선 당장의 수익성과 거리가 먼 지표를 개선하는 일에는 소홀해 지기 마련이다. 혁신을 주도하는 기술 리더십이 망가진다는 뜻이다.

실제로 2010년 초 영국 경제지 〈파이낸셜 타임스〉는 삼성전자를 가리켜 '세일즈 머신'이라는 표현을 썼다. 기존 기술을 활용해 수익을 극대화하는 능력은 뛰어나지만, 아이폰을 내놓은 애플처럼 산업의 틀을 근본적으로 바꾸는 혁신적인 제품을 생산할 능력은 없다는 평가다. 앞서 소개한 이지효 전 베인앤컴퍼니 이사의 지적과 비슷한 진단이다. 다만 결론은 조금 비관적이다.

이 신문은 "삼성이 최근 수년 간 거둔 성공은 기술 리더십(technology leadership)에 기반한 게 아니라 신속한 대응(speed and agility) 덕분이었다"며 그러나 결국에는 "진정한 혁신의 부족이 수익성을 해칠 것"이라고 전망했다.

이에 대해 삼성 측은 "통상 삼성전자의 연구개발비는 매출의 10퍼센트 수준이다. 이 정도면 결코 적은 게 아니다"라고 맞받아 쳤다. 그러나 이런 반박에서도 '혁신'을 '연구개발비 지출'이라는 재무 지표로만 이해하는 태도는 반복된다. 연구개발비를 많이 쓴 기업이 꼭 혁신에 성공하는 것은 아니다. 혁신을 위한 또 한 가지 조건을 빠뜨릴 수 없다. 바로 '문화'와 '제도'다.

이 점에 대해서는 삼성 내부 임직원들도 공감한다. 앞서 소개한 〈미디어 삼성〉에 실린 '1등 기업의 함정'이라는 기사에 소개된 한 개발자는 이렇게 말했다. "그동안 우리는 뭔가 창조적 제품을 만들 필요가 없었고, 만들어서도 안 됐다. 과거 다른 기업들의 성공 사례들을 쫓는 데 익숙하다보니 후발주자로서 위험을 무릅쓸 필요가 없었기 때문이다."

같은 기사에 소개된 다른 연구원은 "개발하다 보면 가끔 정말 획기적인 아이디어가 떠오른다. 하지만 이런 아이디어를 내면 '뜬구름 잡지 말고 다른 걸 생각해 봐! 바로 시장에 낼 수 있는 걸로……'라는 반응이 나온다"라고 말했다.

삼성전자 반도체 사업부 신규 사업 개발담당 전무 출신으로 『삼성과 인텔』이라는 책을 냈던 신용인 박사는 "윗사람 지시 없으면 머리 안 쓰는 문화"라는 말을 한 적이 있다. 지나치게 엄격한 관리와 통제 문화가 창의적인 혁신을 가로막는다는 지적이다. 아이폰이 국내에 출시된 이후, 삼성 경영진은 창의적 혁신의 중요성을 절감했다고 한다. 그렇다면, 삼성에서 혁신을 장려하는 기풍이 싹틀 수 있을까? 적어도 김용철 변호사의 이야기만 놓고 보면, 가능성이 낮다. 재무팀의 전횡, 지나치게 엄격한 통제 등이 괜히 생겨난 게 아니기 때문이다. 미미한 지분으로 전 계열사를 장악하는 불안정한 지배구조, 비자금 등 각종 비리, 무노조 경영을 고집하는 과정에서 생겨난 다양한 인권 유린 등이 그 배경이다. 이런 점을 감추려는 선택의 결과가 혁신을 죽이는 조직 문화다. 그리고 이런 문화는 결국 삼성 직원들에게도 독이 된다.

내면화된 공포, 악순환을 끊는 것은 개인의 실존적 결단

삼성전기 이은의 대리. 그녀를 만난 뒤, 내 오랜 편견 하나가 깨졌다. 그때까지 나는 시련이 사람을 성숙하게 한다는 말을 믿지 않았었다. 혹독한 시련을 겪은 뒤, 거칠고 무딘 사람이 되는 모습을 몇 번 봤기 때문이다. 시련을 이겨냈다는 자부심이 독선을 낳는 경우도 봤다. 그런데 이 대리는 달랐다. 긴 시련을 거치고 나서, 그녀는 "옛날보다 더 좋은 사람이 된 것 같아 즐겁다"고 말한다. "사람 때문에 상처받았지만, 그렇지 않았다면 못 만났을 좋은 사람들 때문에 이젠 괜찮다"고 말한다.

삼성전기에서 해외 영업 업무를 담당했던 2005년께, 이 대리는 부서장으로부터 지속적인 성희롱을 당했다. 처음에는 참으려 했다. 부서장은 성희롱만 빼면, 나쁘지 않은 사람이었다. 결혼도 하지 않은 여성이 성희롱 피해 사실을 공개했을 때, 쏟아질 왜곡된 시선도 두려웠다. 그러나 계속 참을 수는 없었다. 그래서 회사 인사팀에게 피해 사실을 알렸다. 하지만 그 결과는 회사 내 따돌림이었다. 부서장은 잘못을 인정하지 않았다. 회사도 한통속이었다. 간부 사원이 성희롱 가해자라는 사실을 인정하지 않았다.

긴 따돌림의 시간. 하루 종일 아무도 말을 걸지 않았다. 업무에 대해 그녀가 물어도, 다들 대답하지 않았다. 혼자 밥을 먹는 날이 많았다. 회식 자리에서도 마찬가지였다. 동료들은 이 씨를 빠뜨리고 술잔을 권하기 일쑤였다. 홀로 고립된 사무실을 빠져나와, 계단에서 우두커니 시간을 보내곤 했다. 그럴 때면, 건물 청소하는 아주머니가 다가와 말을 걸었다. 이 아주머니와 친해진 게 그나마 위안이었다.

그동안 그녀는 실어증과 우울증을 앓았다. 심한 스트레스로 화농성 여드름이 생겼다. 얼굴에 붕대를 감고 다녀야 했다. 몇 번이고, 자살을 생각했다. 결론부터 이야기하면, 이 길고 우울한 이야기는 '해피엔딩'으로 끝난다. 그녀는 회사를 상대로 소송을 제기했고, 법원은 그녀의 손을 들어줬다. 국가인권위원회 역시 성희롱 피해 사실을 인정하고, 삼성전기 측에 성희롱 예방교육 실시를 권고했다. 삼성전기는 인권위의 권고에 불복해서 행정소송을 냈지만, 결국 졌다. 이은의 씨가 이긴 것이다.

혹독한 따돌림을 당했으면서도 왜 사표를 쓰지 않았느냐는 질문에 이 씨는 "회사를 떠나지 않고 싸워서, 권리를 실현한 사례를 만들고 싶었다"고 했다. 가해자는 고개를 들고 웃으며 다니고, 피해자는 고개를 숙인 채 떠나는 게 현실이라는 걸 그녀도 안다. 그래서 사표를 쓸 수 없었다. 이런 현실은 바뀌어야 한다고 믿었기 때문이다.

이은의 씨는 승소 판결이 난 직후, 후배 사원에게서 이런 문자 메시지를 받았다. "대리님, 우리 차장님이 지난번 일로 자꾸 나한테 대리님이랑 엮이지 말래요." 회사는 여전히 그녀를 부담스러워 한다. 그리고 이런 사실을 다른 직원들도 알고 있기에, 그녀를 대하기 부담스러워 한다. 회사에 찍힐까 봐서 두려워하는 게다.

이런 공포는 삼성 직원들에게 깊이 내면화돼 있다. 노동조합, 이건희 회장의 비리처럼 삼성에서 '금칙어'로 통하는 문제에 대해서는 눈도 돌리면 안 된다는 두려움이다. 그리고 이런 두려움은 이은의 씨와 같은 피해자들을 더욱 힘들게 한다. 도움의 손길을 내미는 데 결정적인 걸림돌이 되는 게 이런 두려움이기 때문이다. 피해 당사자 역시 이런 두려움 때문에 피해 사실을 알리기가 어렵다. '회사에 찍히면 안 된다'는 두려움이 비이성적인 수준으로 크기 때문이다. 그러나 삼성이 전지전능한 신은 아니다. 힘이 막강한 것은 사실이지만, 너무 두려워할 필요는 없다. 이은의 씨 사례에서도 확인할 수 있는 사실이다. 긴 시련을 겪었지만 그녀는 결국 이겼고, 지금 환하게 웃고 있다.

하지만, 다들 삼성을 너무 두려워한다. 물론 이유가 있다. 『삼성을 생각한다』에는 임직원의 메일을 검열한 사례, 대화를 도청한 사례가 자세히 묘사돼 있다. 삼성 비리 관련 제보자를 만날 때면 공통적으로 듣는 이야기 역시 공포다. 언제든 도청당할 수 있다는 두려움, 어디서 누가 감시하고 있는지 알 수 없다는 불안감. 이런 감정은 상당수 임직원들을 위축시키는 결과를 낳는다. 삼성 특검 수사 당시, 삼성 계열사가 일제히 막대한 자료를 폐기했었다. 평범한 직원까지 이런 작업에 동참했다. 이 과정에서 심한 수치심을 느낀 직원들이 많았다고 한다. 그러나 이런 감정을 회사 바깥에서 공개한 직원은 찾기 힘들었다. 역시 '공포' 때문이다.

『삼성과 소니』의 저자인 고려대 경영학과 장세진 교수도 같은 지적을 했다. 이 책에서 그는 "비서실의 역할이 너무 커지면서 삼성 구성원들이 비서실에 의해 감시와 통제를 받고 있다고 생각한다"면서 "그로 인해 조직의 피로감이 높아지고 '공포 경영'(fear-based management)이라는 기업 문화까지 생기고 있다"고 적었다.

더 큰 문제는 이런 공포가 삼성 바깥에까지 번져 있다는 점이다. 『삼성을 생각한다』가 나왔을 때, 주요 일간지는 자발적으로 광고를 거절했다. 적어도 지금까지 알려진 바로는, 이 과정에서 삼성의 압력은 없었다. 그뿐인가. 삼성불매운동을 주장한 김상봉 교수의 글은, 그가 고정필진으로 참가하는 〈경향신문〉에 실리지 못했다. 글에 문제가 있었던 것은 아니다. 최대 광고주 삼성을 의식한 〈경향신문〉이 스스로 게재를 거부했다. 같은 일이 〈오마이뉴스〉에서도 반복됐다. 해당 언론사의 젊은 기자들이 들고 일어나는 등 북새통을 치른 뒤에야 사태가 진정됐다. 이런 사태의 일차적인 원인은 광고다. 한국 언론은 재정을 광고에 의존하는 비율이 외국에 비해 압도적으로 높다. 그래서 광고주의 눈치를 안 보기가 어렵다. 그러니 최대 광고주인 삼성에 대해서는 오죽하겠는가.

하지만 이런 사실은 삼성에 대한 두려움을 더욱 증폭시키는 요소가 된다. 법원이 삼성 비리 대부분에 면죄부 판결을 내리고, 일부 유죄가 인정된 부분에 대해서는 대통령이 사면해 줬는데, 언론조차 삼성을 제대로 비판할 수 없다. 그렇다면, 힘없는 보통 시민은 삼성이 두려워지는 게 당연하다. 어떤 시민이 삼성으로부터 불합리한 일을 겪었다고 하자. 그는 어디에 호소해야 한다는 말인가. 이런 공포는 법관과 언론인, 정치인들에게 다시 돌아온다. 그들 역시 그 자리를 떠나는 순간, 평범한 시민이 므로 삼성이 두려워지는 게다.

김 변호사의 양심고백이 있기 전부터 그랬다. 2006년 〈시사저널〉 발행인이 이학수 전 삼성 부회장 관련 기사를 임의로 삭제하면서 불거진 사태가 대표적이다. 당시 〈시사저널〉 기자들은 파업을 벌였고, 결국 퇴사해서 새로운 매체를 창간했다. 재벌이 언론에 미치는 힘을 적나라하게 보여준 사건이었지만, 주요 언론은 대부분 외면했다. 기사거리가 아니라고 본 걸까. 그렇지 않다.

당시 파업 관련 보도를 한 어느 언론인은 삼성 출입 기자들의 발언을 인용하는 게 너무 힘들었다고 말했다. 다들 실명 인터뷰를 꺼렸다는 게다. 음성 변조를 해서 보도하겠다고 제안했지만, 삼성은 누가 인터뷰 했는지 결국 알아낸다며 거절했다고 했다. 이쯤 되면, 언론인들 역시 삼성에 대한 공포가 내면화돼 있다고밖에 할 수 없다. 단지 광고를 염두에 둔 행태가 아니라는 것이다. 한마디로 공포의 악순환이다. 두려우니까 삼성을 비판하지 못하고, 그러니까 삼성은 더 힘이 세지고, 그래서 더 두려워지는 악순환. 이런 악순환을 끊는 것은, 결국 개인의 결단일 수밖에 없다. 앞서 이은의 대리가 끝내 퇴사하지 않고 싸워서 밝은 웃음을 쟁취한 것처럼 말이다.

2007년 가을, 서울 제기동 성당 사제관에서 김용철 변호사를 처음 인터뷰한 뒤부터 삼성 관련 기사를 쓸 일이 많았다. 굳이 의도한 건 아닌데, 대부분 비판적인 내용이다. 그래서 가끔 질문을 받는다. 내가 '삼성과 싸우는 기자'가 된 까닭이 뭐냐고 말이다. 하지만 나는 '삼성과 싸우는 기자'가 아니고, 그렇게 되고 싶었던 적도 없다.

나는 삼성은 27만 직원이 하루 중 가장 긴 시간을 보내는 일터라는 점에 주목했을 뿐이다. 그리고 이토록 많은 이들이 삶의 터전으로 삼고 있는 곳이 즐거운 활기가 아닌 두려움으로, 창의와 열정이 아닌 관료적 통제로만 움직인다는 점이 안타까웠을 따름이다. 한번 지나간 시간은 누구든 돌이킬 수 없고, 삶은 누구에게나 소중하다. 우리는 이토록 소중한 삶에서 가장 길고 활기찬 시기를 일터에서 보낸다. 그 일터가 부정과 비리로 얼룩져 있다면, 그래서 일터에선 도저히 보람을 찾을 수 없다면, 우리의 삶은 뭐가 되는 건가.

　　몇 년 전 어느 날, 어느 자리에 모인 이들이 한목소리로 '회사원 노릇 도저히 못 해 먹겠다'라고 말하던 장면을 잊을 수가 없다. 평생 학생으로 살 수 없다면, 언젠가는 결국 '회사원 노릇' 하며 살기 마련인데, 우리네 일터인 기업이, 그중 제일 좋다는 삼성이 이 모양이라면, 너무 슬픈 일 아닌가.

SAMSUNGCARD ✂

이득재

'블루오션' 위에서
좌초할 삼성

삼성이 가족주의 이데올로기를 동원하여 이건희 일가의 실체를
은폐하는 데에는 '또 하나의 가족' 따위의 광고만 동원하는 것이 아니다.
삼성은 노동 현장에서 가족주의를 탁월하게 구사한다. '사수'라는 것을 현장에
두고, 이 사수가 신입사원의 사수가 되게 함으로써 관계망을 구축한다.
다시 말해 노동자들의 관계를 사수 언니와 신입 동생의 가족 관계로
바꿔치기 함으로써 노동자들의 불만을 가족 간의 대화로 해소하고 불만이
공적으로 표출되지 못하도록 억압하는 것이다. 이러한 인적 관리는 삼성이 얼마나
치밀하게 가족주의를 이데올로기적으로 악용하는지 잘 보여주는 사례다.

이득재   "인지과학에 이런 이야기가 있다. 사람은 자기와 비슷하게 생긴 생명체의 죽음에는 슬픔을 느끼지만 그렇지 않은 생명체의 죽음에는 무감각하다고 한다. 삼성이 그렇다. 삼성의 눈에는 각종 암으로 죽어나가는 노동자들이, 울화통이 터져 자살한 어민이 인간으로 보이지 않는다. 왜냐하면 삼성은 인간들의 집단이 아니라 짐승들의 소굴이기 때문이다. 그런 짐승들에게 인간이 자기와 유사한 생명체로 보일 수는 없는 것이다." 『대한민국에 교육은 없다』, 『가족주의는 야만이다』라는 책의 저자이면서, 대구가톨릭대에서 러시아어(문학)를 가르치는 이득재 교수의 말이다. "삼성이 사라져야 우리가 산다"고 서슴없이 말하는 그의 독설은 거대자본만을 향하지 않는다. 국가라는 틀 안에서 움직이는 진보, 또 반자본을 이야기하지만 자본주의 체제를 어떻게 할 것인지에 대한 고민은 없는 진보에 대한 비판을 빠트리는 법이 없다. 집회가 있을 때마다 쫓아다니며 천막 치고 철야농성 하는 노동자들을 만나는 그는 2010년 5월 '보수의 아성' 대구에서 좌파를 기치로 내건 잡지 〈레프트 대구〉를 탄생시켰다. 앞서 언급한 책 외에도 『가부장제국 속의 여자들』, 『도스토예프스키 도시에 가다』 등을 펴냈다.

'블루오션' 위에서 좌초할 삼성

참주가 지배하는 나라

대한민국에는 세 나라가 있다. 전라국, 경상국, 서울·경기국 이야기가 아니다. 민주공화국으로서의 대한민국, 일본의 아베 정권마냥 토건국가에 올인하는 이명박 정권이 장악한 민간 독재로서의 대한민국, 그리고 삼성이라는 참주(僭主)가 지배하는 대한민국이 그 세 나라다. 그러나 더 정확하게 말하자면 유감스럽게도 뒤의 두 나라가 첫 번째 나라의 탄생과 발전을 억압하는 탓에 뒤의 두 나라만 존재하는 듯하다.

이 두 나라는 또 서로 얼마나 짬짜미를 잘하는가. 국가와 자본의 짬짜미야 이곳에서만 벌어지는 일이 아니지만, 이명박 정권의 국가와 이건희 회장의 삼성이 짬짜미하는 것은 유사한 범죄자들의 짬짜미라 그 궤를 조금 달리 한다. 삼성 사건에 헌재가 면죄부를 주자 기다렸다는 듯이 이명박 정권은 이건희 회장에게 평창 동계올림픽 유치위원장이라는 자리를 내줬다.

삼성의 총수이자 대한민국의 참주인 이건희 회장은 지난 2010년 3월 삼성반도체에 다니던 노동자 박지연 씨가 스물셋 꽃다운 나이에 백혈병으로 숨졌지만, 이에 아랑곳하지 않고 반도체 분야에 대해 5조5천억 원에 이르는 대대적인 투자를 하겠다고 선언했다. 백혈병 피해자 박지연 씨 가족들의 회유 증언이 나오자, 삼성 쪽에서는 "(4억 원은) 회사가 유족들의 아픔을 함께 하는 차원에서 위로금으로 보낸 돈"이며 "산재신청 포기 등을 종용한 적이 없다"라고 말했다. 흉물스럽기 그지없는 발언이다. 산재 신청은 의료적 공공성을 지키기 위한 기초일 뿐이지만, 삼성은 그 공공성을 가족주의 내지는 개인 문제로 치환한다.

삼성이 박지연 씨 가족들에게 말한 '위로금'이란 게 그렇다. '산재 신청금'이라는 단어를 '위로금'이라는 단어로 둔갑시키는 것이다. 이러한 말 바꾸기 전략은 앞으로 여러 예를 통해 보게 되겠지만, 그것은 삼성 로고에서도 잘 나타난다. 2005년부터 영국의 첼시 구단을 지원하며 스포츠 마케팅을 벌인 삼성은 최근에는 덴마크에서 '스쿨 올림픽'까지 벌여가며 문화적 글로벌화에 박차를 가하고 있다. 그러나 한편으론 그 뒤에서 삼성은 대한민국이라는 일국 내에서, 그리고 인도의 노디아 등 아시아에서 삼성을 위해 일하는 노동자를 무노조 저임금 노동으로 착취한다. 문화적 글로벌화가 해당 지역에서의 착취 행위를 은폐, 억압하는 것이다. 이에 비하면 최근 삼성이 '아이폰 쇼크' 이후 개발자들을 '묻지마' 식으로 스카웃해 간 것은 삼성이 추구하는 다른 무차별한 전략들에 비하면 조족지혈의 수준이다. 삼성은 문화적 글로벌화라는 판타지 분야에서 최고의 '소설'을 쓰는 집단이기 때문이다.

가족주의를 동원한 노동자 통제 전략

삼성생명은 '가족희망' 캠페인을 통해 '가족이 희망' 이라는 가족주의 이데올로기를 동원한다. 국가나 기업이 해야 할 몫을 가족에게 전가시키는 것이다. 국가가 희망이고 사회가 희망이어야 할 판에 가족이 희망이라는 캠페인을 벌이는 것은 바로 국가나 사회를 가족으로 치환시키면서 가족에게 모든 책임을 전가시키는 것에 다름 아니다. 따라서 삼성 반도체 공장에서 일하다 죽을병에 걸려도 산재신청이 안 되는 것은 삼성이 그 문제를 가족의 문제로 바라보기 때문이다. 필자는 『가족주의는 야만이다』(소나무, 2001)라는 책에서, 국가나 기업이 사회를 보호해야 할 자신의 책임을 방기하고 가족을 통해 사회를 지배하는 것을 일러 '가국(家國)체제' 라 이름 붙인 바 있다. 가족이 희망이라는 것은 실상은 기업이 자신의 사회적 책임을 은폐시키고자 하는 이데올로기이고, 또 그것만큼 효과적인 방안이 없다. 액수가 중요한 문제는 아니지만, 삼성의 사회적 공헌 액수가 이건희 회장 일가의 부패한 재산에 비하면 하찮은 수준이라는 것 또한 두말할 필요가 없다.

삼성은 1997년부터 '또 하나의 가족' 이라는 기업 광고 캠페인을 시작했다. 〈디지털 타임스〉는 2007년 9월 7일자 기사에서 삼성의 기업 광고 캠페인을 두고 다음과 같이 말한 적이 있다.

> 소비자 참여라는 '2.0시대 정신' 을 반영한 새 기업 광고 캠페인이 최근 '삼성공화국' 과 '2세 편법 상속' 논란 등으로 실추된 삼성전자의 이미지를 진정한 가족의 모습으로 승화시킬 수 있을지 주목된다.

우선 주지하는 대로, 삼성은 초법, 불법, 위법, 편법, 탈법 등 법을 거스르는 데 있어서 타의 추종을 불허하는 달인이지, '삼성공화국'이 아니다. 공화국이라는 말과 삼성의 이미지는 절대로 어울릴 수 없다. 공공의 이익을 추구하는 공화주의가 삼성 일가의 이익을 위해 삼성 전체와 대한민국 사회 전체를 동원하며 가족 이미지, 글로벌 판타지를 악용하는 삼성 '공화국'일 수는 없는 노릇이다. '삼성 공화국'이라는 말은 폐기되어야 마땅하다. 이 말 자체가 자꾸 삼성 판타지를 만들어내기 때문이다. 신문 기사는 진정한 가족으로의 승화를 주목하겠다고 하지만, 삼성이야말로 '또 하나의 가족'이라는 이미지를 내세워 삼성 가벌의 추악한 면모, 그 가벌의 진정한 실체를 은폐하는 데 탁월한 역량을 보이고 있다.

앞에서 언급한 삼성의 기업 광고 전략은 소비자를 가족으로 승격시켜 소비를 촉진시키고 자본의 이익을 극대화하려는 삼성의 전략 그 이상도 그 이하도 아니다. 진정한 '삼성가족'으로의 승화 운운하는 것은 삼성공화국이라는 말 만큼이나 불온하고 위험한 단어다. 삼성 이전에 대우 재벌은 〈대우가족〉이라는 신문을 만들었다. 김우중 회장은 대우의 노동자들을 가족구성원으로 대체 치환하고 노동자들을 가족처럼 '대우'한다고 하면서도, 정작엔 대우 계열사 공금 횡령으로 감옥에 갔다. 삼성전자의 기업 광고인 '삼성, 또 하나의 가족'은 대우의 신문을 광고로 바꾼 것뿐이다. 삼성이 2만여 명의 고객 투표를 거쳐 선정한 '훈이' 캐릭터는 훈이의 '훈남 이미지'를 동원해 추악한 삼성 가벌의 이미지를 훈훈한 가족의 이미지로 포장하는 것이었다.

　위의 오른쪽 그림에서 보듯이, 삼성에게 노동자는 '비(非)-가족'
이다. 삼성에게 노동자는 소비자처럼 자본의 이익을 위해 잠시 가족
안으로 포섭되는 존재가 아니라, 삼성 가벌을 위해 지속적으로 희생의
대상으로 전락하고 끝내는 '삼성가족'으로부터 퇴출되어야 하는 존재
다. 삼성은 자기 영토만이 아니라 대한민국 사회 전체도 집과 가족의
이미지로 포장한다. 삼성이 진출해 있는 베트남, 인도 등에서도 마찬
가지다. 삼성이라는 '또 하나의 가족' 이미지는 무노조 경영과 저임금
착취라는 삼성의 이미지를 억압하는 기능을 한다. 남북 전쟁 이후 미
국의 부와 권력을 싹쓸이한 떼강도 귀족(robber barons)마냥 삼성은 대
한민국 사회의 부와 권력을 싹쓸이한 그 힘으로 민주공화국의 헌법까
지 유린하는 초법적인 흉물스러운 이미지를 은폐하는 것이다.

　집 밖에서는 글로벌 경영을 하는지 몰라도, 집구석으로만 들어오
면 가족과 비-가족을 분리시키고, 비-가족을 솎아내면서 동시에 국민
국가로서의 대한민국을 가족으로 둔갑시켜 그 구성원들을 착취하는
것이 삼성의 본질이다. 그러면서도 피해자 가족 안으로 돈 몇 푼 들이
밀면서 가족 안에서 조용히 끝낼 일이지 왜 가족 '바깥으로' 문제를

나불대냐고 협박한다. 삼성SDS에서 노조를 만들려고 고군분투하는 최 모 차장은 이윤보다는 윤리를 강조하는 이건희 회장의 모습이 사실은 회사 돈을 비자금으로 횡령한 범죄자였다고 고백한 바 있다. 삼성은 재벌을 기업으로 치환하고, 가벌을 기업으로 포장한다. 황우석 박사만 바꿔치기의 달인이 아니다. 황우석은 삼성처럼 막대한 자본력이 없었기에 혼쭐이 났지만, 삼성은 대한민국 성장 기여도 1위라는 이유 하나만으로 혼쭐은커녕 평창 동계올림픽 위원장직 자리를 꿰차고 앉았다.

독자들에게는 미안한 말이지만, 조금 어려운 개념을 사용하면 삼성에게 있어서 노동자는 '비체'(abject)다. 비체란 말 그대로 비체(非體), 즉 몸이 아닌 것을 말한다. 이를테면 땀, 콧물처럼 몸 바깥으로 배출되는 것을 가리켜 비체라 한다. 영락물(零落物)이라고도 한다. 이 비체란 개념은 프랑스 여성주의 이론가인 줄리아 크리스테바가 만든 것으로서, 체제와 질서를 교란시키는 것이기에 밀려나고 분리되어야 할 것을 지칭한다. '삼성가족'에게 있어서 노동자는 비-가족이자 비체로서 가족 바깥으로 추방되어야 할 존재고, 소비자처럼 자본의 이익을 위해 잠시 가족으로 포섭되는 존재가 아니라 늘 패대기쳐야 할 이물질일 뿐이다. 삼성은 일찍이 몸의 원리를 파악하기라도 한 듯 마치 땀이나 오물처럼 노동자를 가족이라는 신체 밖으로 추방한다. 그러지 않고서야 백혈병 등 중병으로 삼성을 위해 반도체 공장에서 일하다가 수십 명이 목숨을 잃지는 않았을 것이다. 앞의 그림에서 보듯이 노동자는 '또 하나의 가족'이 아니라 '또 하나의 희생'이었을 뿐이고, 삼성이 말하는 '또 하나의 가족'이라는 이미지는 이것을 가리는 철저한 사기극의 연출 도구인 것이다.

삼성이 가족주의 이데올로기를 동원하여 이건희 회장 일가, 가벌과 자본의 본질을 은폐하는 데에는 삼성전자의 '또 하나의 가족'이라는 광고만 동원되는 것이 아니다. 삼성은 노동 현장에서도 가족주의를 탁월하게 구사한다. 이른바 '사수'라는 것을 현장에 두고, 이 사수가 신입사원의 사수가 되게 함으로써 노동자라는 신분과 노동자들의 관계를 가족 관계로 바꿔치기하는 데 능수능란하다. 다시 말해 노동자들 사이의 관계를 사수 언니와 신입 동생의 가족 관계로 바꿔치기 함으로써 노동자들의 불만을 가족 간의 대화로 해소하고 불만이 공적으로 표출되지 못하도록 억압하는 것이다. 삼성의 이러한 인적 관리는 광고를 통해 가족 이미지를 동원하는 방식에 이어 삼성이 얼마나 치밀하게 가족주의를 이데올로기적으로 악용하는지 잘 보여주는 사례다. 대한민국이라는 하나의 국민국가를 가족으로 둔갑시켜 노동자 착취를 가족이라는 판타지를 통해 소멸시키고, 더 나아가 베트남, 인도, 중국 등 아시아 전체에 삼성 가족의 이미지를 덮어 씌워 아시아 노동자의 저임금 착취 방식을 은폐하는 데 도가 튼 것이 삼성의 본질이다. 삼성의 글로벌 경영이나 스포츠, 문화예술을 통한 사회적 환원이라는 것은 삼성이 쓰는 판타지 소설의 '복선'일 뿐이다. 가족 중에서 비-가족을 솎아내고 가족과 비-가족을 동시에 통제, 착취하는 삼성의 본질은 삼성 로고에서도 계속 이어져 나타난다.

삼성 로고 이미지 분석 - 야누스의 얼굴

삼성은 공적인 것을 사적인 것으로 탈바꿈시키거나 가족적인 문제로 치환하는 데 탁월한 능력을 갖고 있다. 이것은 거꾸로 말하면 개인적이고 사적인 것, 그리고 가족적인 것이 공적이고 사회적인 것을 억압하는 것과 같다. 야누스의 얼굴이 이중적이라는 말은 그 이중성을 결국 단일한 것으로 환원한다는 것이지 두 개의 얼굴을 그대로 갖고 있다는 말이 아니다. 삼성은 가족과 사회를 동시에 고려하고 문화와 노동을 동시에 고려하는 것처럼 보이지만, 사실은 전자를 통해 후자를 억압하거나 배제시킨다. 사회적 공헌을 이야기하지만 그것은 가벌의 외설스러움을 가리는 방패막일 따름이고, 문화적 글로벌 경영 운운하지만 그것은 노동 탄압을 은폐하기 위함이다. 무릇 외설(obscenity)이란 무대에 나설 수 없는 것 아니던가. 알 만한 사람은 다 알고 있지만 100퍼센트 다 알려진 것이 아니기 때문에, 삼성은 내부의 어떤 일이 세상에 알려지고 드러나고 공개되는 것을 극도로 꺼려한다.

삼성의 이중성은 로고에서도 드러난다. 최근엔 '퍼플오션'(Purple

Ocean)이란 말도 나오고 있지만, 먼저 '레드오션'(Red Ocean)에 대해 말하자면 그것은 밑바닥 하향경쟁(race to the bottom)을 가리킨다. 이것은 국민국가 차원이나 글로벌한 차원에서 노동을 착취하지 않고서는 생겨나지 않는다. 삼성은 레드오션에서 다른 재벌들을 뺨친다. 하지만 '블루오션'(Blue Ocean)을 내세우는 것을 통해 레드오션을 억압한다. 블루오션이 마치 삼성의 모습인 것처럼 위장하는 것이다. 이 점을 좀 더 자세하게 살펴보자.

삼성 로고는 타원형이고 하얀 바탕에 파란 글씨가 쓰여 있거나, 파란 바탕에 하얀 글씨가 쓰여 있는 특징을 갖고 있는데, 파란색은 대단한 명시성을 갖고 있으며 진출, 팽창의 이미지를 갖고 있다. 그래서 왼쪽 그림에서 삼성이란 글자는 또렷하고 선명하게 부각된다. 그리고 오른쪽 그림에서 첼시 유니폼을 뒤덮고 있는 파란색은 블루오션을 상기시키는데, 이것은 우연하게도 최근에 주목받고 있는 '레드오션/블루오션' 경영 전략과도 통하는 것처럼 보인다. 아마도 이것은 삼성의 진취적이고 능동적이며 공격적인 경영 전략과 일맥상통하는 것이다. 다른 기업들보다 한발 앞서 스포츠 마케팅을 구사하거나, 이미 알려져 있는 현실적인 시장에서 피비린내 나는 무한경쟁을 벌이는 핏빛의 레드오션, 즉 시장 경쟁 전략보다 무한한 수익을 보증하는 잠재적 시장인 푸른빛의 블루오션, 즉 시장 창조 전략을 구사하는 것이 삼성이기 때문이다.

그러나 다른 한편에서 볼 때 삼성은 유일하게 무노조 경영을 함으로써 노조와 기업 간의 피비린내 나는 임금협상을 하지 않아도 되고, 돈으로 합법적인 반(反)삼성 파업을 무력화시킬 수도 있으며, 노조보다 발 빠르게 움직여 미리 집회 신고를 독점함으로써 시위를 차단하는 데 능수능란하다. 삼성의 이러한 야누스적인 이미지는 하얀색과 파란색에도 녹아

들어가 있다. 블루오션에서 지구화 바람을 타고 전 지구를 상대로 다국적기업을 만들며 벌이는 문화적 고질라(Godzilla)의 거동, 그리고 잠재성의 바다, 혹은 잠재적인 시장으로 남아 있는 하얀 색의 이미지를 블루칼라로 뒤덮어 버리는 문화와 미디어 제국의 꿈 뒤에는, 새로운 시장이 창조되고 개발될 때마다 부당노동행위, 언제라도 쉽게 움직일 수 있도록 서서 하는 스탠딩 회의, 들뢰즈가 말하듯이 인간 외적인 노동시간만이 아니라 인간의 내적인 정신, 정서, 감정까지 총동원되어 인생 전체가 생산수단으로 소진되는 하얀 공간, 언제든지 착취의 공간으로 변질될 수 있는 잠재성의 공간을 상징하는 하얀색의 공간이 깔려 있는 것이다.

하양	파랑
시장경쟁전략/출혈경쟁/레드오션	시장창조전략/블루오션
로컬	팽창, 진출, 글로벌
잠재성	현실성
국가 내 경영	다국적기업

슬라보예 지젝에 따르면 파란색은 "자폐증적 분리와 내향성, 즉 자아로의 물러남이 갖는 차가움을 대표"하는 특징을 갖는다. 언뜻 보기에 지젝이 표준적인 색채심리학에 따라 규정하는 파란색의 특징은 앞에서 말한 진출, 진취성과 대립되어 있는 것처럼 보인다. 그러나 지젝은 이어서 이렇게 말한다. "물러남은 우리를 현실로부터 고립시키는 것이 아니라 오히려 우리를 현실에, 현실의 충격들에 노출시킨다." 그러나 정작 중요한 문제는 빨간색은 의욕을, 파란색은 고립 혹은 진출을 상징한다는 식의 색채심리학에 따른 정의나 이것에 대한 정신분석적인 해석이 아니

다. 지젝은 여기서 키예르슬로프스키의 〈색〉 3부작인 〈블루〉, 〈화이트〉, 〈레드〉를 염두에 두고 있거니와, 〈색〉 3부작이 각각 프랑스혁명의 세 정신 즉 자유, 평등, 박애 그리고 신약성서의 세 가지 덕목인 믿음, 소망, 사랑을 나타낸다고 하는 것도 별반 중요한 것으로 보이지는 않는다. 오히려 지젝의 〈색〉 3부작에 대한 통찰은 다음과 같은 지적에서 드러난다.

> 〈색〉 3부작은 그러므로 헤겔이 말하는 가족, 시민사회, 그리고 국가라는 삼위체에 대한 언급으로도 읽을 수 있다. 〈블루〉는 친밀한 가족 수준에서의 화해를 사랑의 직접성이라는 모습으로 성취한다. 〈화이트〉는 시민사회에서 발생할 수 있는 유일한 화해를 제시하는데 그것은 바로 형식상의 평등, 즉 되갚음이다. 우리가 최고의 화해에 도달하는 것은 〈레드〉에서인데 그것이 바로 공동체 자체의 우애이다.

키예르슬로프스키의 〈색〉 3부작에 나타나는 블루, 화이트, 레드를 삼성 로고에 적용시키는 것은 언뜻 보면 무리해 보인다. 그러나 로고에 나타난 색의 이미지를 좀 더 살펴보면 그렇지 않다는 것을 알 수 있다. 가령 삼성의 조직 문화를 살펴 볼 때 그룹 임원들과의 모임에서 선호하는 부부동반 형식은 친밀한 가족 수준에서의 화해를 상징하는 것으로 비쳐지지만, 시민사회 안에서 삼성의 이미지를 보면 부정적이고, 공동체 자체의 우애를 나타내는 최고의 화해는 꿈도 꾸지 않고 있다. 하청기업이 납품 단가를 인하할 수 있는 여력이 더 이상 불가능한데도, 자기들의 이익만을 위해 중소기업이야 죽든 말든 납품 단가 인하를 강요하는 것이 실제 삼성의 모습이다. 대우그룹이 '근로자도 가족'이라는 이데올로기를 통해 패망의 길을 걸었는데, 어떤 의미에서든 삼성에게 있어서 지금 가족 수준의 화해 이미지는 아주 강력하게 구사되고 있는 것으로 보인다.

그러나 분명한 것은 다만 가족 안으로 편입되었을 때에만 그렇다는 것이다. 이것을 두고 사람들은 삼성에 온정주의 문화가 많다고 말하는 것이다. 삼성이 소위 스카이(SKY)대학 출신에 대한 프리미엄을 주지 않고 고향, 출신학교 등 연고를 묻지 않는다고 하지만, 연고주의보다 더 지독한 것은 가족주의 이데올로기이다. 그렇지 않다면 삼성 계열사 간 부당거래를 통해 삼성 후계자에게 엄청난 특혜를 주는 것을 무엇으로 설명할 수 있는가? 따라서 삼성의 블루칼라에는 앞 그림의 오른쪽 첼시 유니폼처럼 블루칼라가 화이트칼라를 뒤덮고 있듯이 뭔가가 숨겨져 있다. 다시 말해 키예르슬로프스키의 〈색〉 3부작처럼 블루에서 화이트로, 그리고 레드로 화해의 강도가 올라가는 것이 아니라, 블루-화이트(/레드)의 이분법을 통해 시민사회와 국가공동체에서 할 역할을 가족 이미지로 치환시킴으로써 삼성이 국민경제 안에서 보여주는 각종 부조리한 행태들을 유연하게 숨기는 것이 파란색, 블루오션의 이미지라는 말이다.

그러나 이것보다 더 중요한 사실은, 키예르슬로프스키의 〈색〉 3부작과 견주어 볼 때 삼성 로고에 나타난 이미지에는 유독 레드칼라만 배제되어 있고 비가시화되어 있다는 점이다. 삼성경제연구소는 이미 2002년 8월 보고서에서 대형화된 문화전문기업의 필요성을 밝히고 문화 CEO의 양성, 방송과 통신의 융합에 따른 방송 산업의 고도화, CT/IT기술을 통한 문화 산업의 발전 등을 주장하고, 정부에 대해서는 1990년대 후반 미국의 영상물 생산이 해외로 이탈한 현상(Runaway Film Production)을 지적하면서 문화 클러스터 조성을 주문한 바 있다. 그리고 데이비드 모슈

라의 『패자의 미래』(1997)를 재구성하여 하드웨어적인 1970~80년대로 부터 감성·문화가 중요해진 21세기로 기술과 중심 가치가 이동해 왔음을 지적하고 있다. 삼성은 제조업 분야만이 아니라 문화 분야에서도 고질라로 변신했다. 밑바닥 출혈 경쟁이 벌어지는 레드오션만이 아니라, 아이폰 등 기술과 연결된 문화상품을 출시하는 블루오션, 블루오션에 바탕을 둔 퍼플오션 등 새로운 자본축적을 위한 시장 확대에 여념이 없다. 따라서 삼성이 문화 콘텐츠의 마케팅 활동을 벌이고 문화예술을 통한 기업 경영을 시도하며, 상품을 팔던 단계에서 감성적인 소비자의 코드를 읽고 컬덕트(Culduct; Culture+Product)를 파는 단계로 이행하는 데 있어서 레드오션의 레드칼라는 금기색으로 읽힐 수 있다. 그러나 삼성 로고에 레드칼라가 보이지 않는 이유는 무엇보다도 노조에 대한 삼성의 집요한 거부감에서 비롯하는 것이다. 노조원들이 반삼성 집회를 하며 머리에 두르고 있는 붉은 띠를 상상해 보면 푸른색과 하얀색으로만 이루어진 삼성 로고가 노조의 빨간색과 극명하게 대립하는 것을 알 수 있다. 노조로 대변되는 레드칼라는 삼성에 범접할 수도 없고 블루오션 위에서 좌초되어야만 할 금기색인 것이다.

삼성은 '나눔경영'이라는 기치 하에 지뢰제거 후원 활동을 하고, '한·중 우의림(友誼林)' 조성 사업에 참여한 데 이어 최근에도 지역 공부방 아이들을 대상으로 '산타-데이'를 벌이는가 하면, 수원시 상수도 환경 캠페인 등 사회공헌 활동을 하고 있다. 그러나 국민국가의 틀 안에서 삼성은 노조와는 '나눔경영'을 절대 실천하지 않는다. 노동자는 비-가족이기 때문이다. '환경 보존을 위한 희망 나누기' 사업에 참여하고 지뢰제거 후원 활동을 벌이며 '인류의 평화를 위해 달리'는 삼성은 그러한 보편성이라는 이름으로 노동자 개개인의 권리와 복지는 억압하고 있는 것이다. 파란색과 하얀색, 혹은 파란색과 빨간색의 대립을 통해 후자를 제거하고 비가시적 영역으로 밀어내듯이, 보편성이라는 이름으로 개별성을 억압하며 글로벌한 평화를 위한다는 명목으로 로컬한 영역에서 무노조 경영으로 인해 생기는 많은 폐단들을 은폐시키는 것이다.

삼성이 자랑하는 무노조 경영의 신화는 보편성과 인류의 이름을 동원하여 되려 노사갈등을 원천봉쇄하는, 말 그대로의 신화에 불과하다. 〈한겨레〉 논설위원을 지낸 손석춘은 이것을 두고 노조 금지가 불법적인 것인데도 무노조 '경영'으로 미화시킨다고 비판한 바 있다. 노조 파괴 의도를 노골적으로 드러내는 이명박 정권의 최근의 타임오프제(유급 노조활동시간 제한제) 훨씬 이전부터 삼성은 노조를 아예 불법화한 것이다. 노조가 없으니까 사업이 더 잘된다는 것은 무노조 경영의 '신화'가 아니라 무노조 방침의 관철을 통해 노동자를 마음 놓고 착취할 수 있는 구조를 갖추었다는 사실을 나타낼 뿐이다. 이 상태에서 삼성 가벌은 자신들만의 행복을 추구하고 사유재산을 불법으로 소유할 수 있는 권리를 획득하게 된다. 그러나 슬라보예 지젝이, 행복을 추구하고 사유재산을 소유할 수 있는 권리란 '훔칠 수 있는'(다른 사람을 착취할 수 있는) 권리라고 말했듯이, 삼성 재벌의 '사유'(private)재산은 노동자들의 권리를 박탈 (privatization)한 데에서 나온 것이라고 말할 수 있다.

이러한 노동자들의 박탈감을 한편에 두고서 삼성이 '아름다운 세상을 위한 희망 나누기'라는 구호를 외친다면 역설도 그러한 역설이 있을 수 없을 것이다. 이러한 의미에서 삼성은 희망 나누기, 나눔경영을 운운하기 전에 한나 아렌트의 다음과 같은 지적을 귀에 담아야 하지 않을까 한다. 한나 아렌트는 "소유라는 것은 도둑질한 것이다"라는 프루동의 격언이 근대 자본주의의 기원을 담고 있다고 말하면서 근대 사회에서 부의 축적이 농민들의 소유권 박탈로 시작되었다고 말하고 있다. 그렇다면 삼성은 노동자들의 소유권을 박탈하면서 막대한 부를 축적했다고 말할 수밖에 없다.

문화적 지구화 대 사이비 민족주의

야누스의 얼굴을 가진 삼성, 한편으로는 '나눔경영'을 외치지만 노동자들하고는 절대 나눔의 경영을 실천하지 않는 삼성, 블루오션의 잠재적 시장 가능성에 누구보다 일찍 눈 떠 레드오션과 레드칼라를 제껴버릴 줄 아는 삼성은 블루오션에 문화적 고질라를 띄우고 문화적 지구화의 항해를 떠난다. 국민국가의 틀 안에서는 무노조 경영, 대가성 정치자금 제공, 편법적인 증여 등으로 막대한 이익을 챙기면서도 국민국가의 틀만 벗어나면 평화와 아름다운 세상을 외치는 것이다.

삼성의 이러한 이중적인 얼굴은 사이비 민족주의를 전파하는 데에서도 잘 드러난다. 참여연대 경제개혁센터 김상조 소장은 〈잘못된 삼성 관련 보도, 어떻게 경제 의제를 왜곡하나〉 토론회에서 삼성이 외국 자본의 삼성전자에 대한 적대적 인수 합병 같은 터무니없는 주장을 통해 사이비 민족주의를 퍼뜨리고 있다고 비판한 적이 있다. 그러나 비록 인수하는 데에는 실패했지만, IMF 시절 기아를 부도로 몰고 간 것이 바로 삼성 아니었던가. 1997년 삼성이 기아자동차 인수를 둘러싸고 그해 5월 '자동차산업 구조조정 보고서'를 통해 기아차를 성장의 한계에 직면한 기업으로 지목함으로써 기아를 파산으로 몰고 간 음모, 금융계열사를 통해 빌려줬던 5,000억 원대의 자금을 거둬들이고 제2금융권을 통해 기아의 자금 경색을 유도한 뒤 정부를 압박해 기아 경영진을 퇴진시킨 다음 기아차를 인수한다는 시나리오를 보면 외국 자본의 삼성전자 적대적 인수 합병 운운하는 것을 액면 그대로 믿을 수 없다. 일류 기업도 모자라 초일류 기업을 자랑하는 삼성이 외국 자본에 적대적으로 인수 합병된다니 믿을 수 없는 것이다. 삼성은 틈만 나면 삼성이 망하면 나라가 망한다느니 하면서 국가를 위협한다. 삼성이 망하면 나라가 망하므로 삼성이 외국 자본에 인수 합병된다면 바로 나라가 망한다는 것이다. 따라서 국민기업인 삼성을 살려야 나라를 살릴 수 있다는 것이다. 국민국가 틀 안에서는 기아를 부도로 몰고 갔으면서도 외국 자본에 의한 삼성전자 적대적 인수 합병을 운운하는 모순은 삼성의 야누스적인 얼굴의 진면목을 바로 보여주는 것이다.

아르준 아파두라이는 대개의 사회에서 민족과 국가는 각기 서로의 기획 대상이 되어 왔다고 말한 차테르지의 말을 발전시켜 『고삐 풀린 현대성』(현실문화연구, 2004)에서 다음과 같이 말하고 있다.

전 지구적 문화정치학의 중요한 새 특징은 국가(state)와 민족(nation)이 서로의 숨통을 조르는 상황 속에 존재한다는 사실이다. 그들을 묶어주는 하이픈은 이제 거의 절합의 상징이라기보다는 탈구의 지표가 되고 있다. 국가와 민족의 이런 탈구적 관계에는 두 개의 차원이 있다. 하나는 현존하고 있는 국민-국가의 차원으로, 양자는 서로를 잡아먹으려 하면서 상상력의 전쟁을 수행하고 있다. (중략) 국가와 민족을 잇는 하이픈의 성격을 전복시켜 온 문화정치학을 논할 때 특별히 중요한 사항은, 이제 그런 식의 정치학이 조직화되지 않는 자본의 한 특징인 불규칙성에 비끄러매여 있다는 사실을 잊지 않는 일이다.

삼성이 망하면 나라가 망한다고 하면서 삼성은 끊임없이 사이비 민족주의를 동원한다. 이것은 바로 차테르지나 아파두라이가 말하는 대로, 민족과 국가가 각기 서로를 기획 대상으로 삼고 있다는 사실의 반증인 셈이다. 다시 말해 국민-국가가 아니라 국민(민족)/국가인 상황에서, 다시 말해 국민 혹은 민족이 국가와 탈구된 상황에서 삼성이 국민기업 운운한다는 것은 이치에 맞지 않을뿐더러 삼성이 동원하는 '민족', '국민'이라는 것이 국가와 상상력의 전쟁을 수행하기 위한 수사에 불과하다는 것이다. 더 나아가 삼성은 국민-국가를, 국가권력에 대한 도전이나 상상력의 전쟁 수준을 넘어 삼성 안의 식민화된 제3세계 영토쯤으로 생각하는 경향이 있다.

몇 년 전 안기부 X파일로 드러난 삼성의 언론 및 정치와의 추악한 커넥션을 보면 권력의 고위층에 대한 전방위에 걸친 로비를 통해 그동안 국가 및 국민을 비끄러매고 있었음을 알 수 있다. 김용철 변호사의 책도 삼성의 외설스러운 커넥션을 파헤친 역작이었다. 그러나 식민화된 국민이나 국가는 삼성을 거꾸로 욕망하고 있었고, '삼성이 망하면 나라가 망한다'는 가증스러운 사이비 민족주의 수사학에 짓눌려 자신들의 식민성조차 깨닫지 못하고 있었다. 흔히 동경의 대상처럼 말해지는 '삼성맨'이란 바로 이처럼 자신의 식민성을 전혀 인지하지 못하는 존재를 지칭한다. 노동을 하다가 죽을병에 걸려도 그것을 산재라고 생각하지 못하고, 몇 년이 넘도록 일을 하면서도 자신이 몸담은 기업의 실체에 대해 한 번도 의심해보지 못하는 사람이 소위 말하는 삼성맨이다. 고위층들은 삼성경제연구소를 들락날락거리면서 정책 조언을 구하고, 일반 국민들은 러시아나 영국 등지에 깔린 삼성의 깃발을 보면서 삼성을 국민-국가와 동일시하고 자부심을 느끼고 있다. 따라서 삼성 구조본-〈중앙일보〉-검찰-청와대라는 권력 커넥션만이 문제가 아니라, 정작엔 '삼성=국민' 혹은 '삼성=국가=애국심'이라는, 삼성이 만들어낸 '동일성의 커넥션'이 너 추악한 것인지도 모른다.

삼성은 첼시 구단과 광고 계약을 맺고 스포츠를 통해 블루오션 전략을 구사하는가 하더니, CJ엔터테인먼트를 통해 국내 영화산업을 거의 평정하고, 이제는 미디어 재벌마저 꿈꾸고 있다. 앞서 잠깐 언급했듯이 삼성은 이미 삼성경제연구소의 2002년 8월 보고서를 통해 '미디어=(공공)기관'에서 '미디어=산업'이라는 인식의 전환을 요청하고, 국가적 차원의 큰 청사진과 지원을 요청한 적이 있다. 그리고 같은 보고서에서 글로벌 미디어 복합 그룹의 한국 시장 진출에 대해 국내업체들의 대응 미비를 비판하면서도 다른 쪽에서는 국내 방송사와 통신사의 매출액을 비교하고 미국의 FCC, 영국의 OFCOM 등을 예로 들면서 방송과 통신의 융합과정에서 막대한 이득을 얻기 위한 시나리오를 실행시키기 위해 DMB 폰, 방송통신 융합형 MP3 등을 개발해 보급하고 있다. 이 과정에서 삼성은 기존 삼성의 기업 문화를 탈피하고 '문화기업'을 지향하면서 문화 마케팅을 국내적·국제적으로 실천하고 있다. 삼성은 IBM이 문화마케팅의 일환인 문화 지원 전략으로 2002년 '가장 윤리적인 기업'이라는 평판을 얻었듯이, 첼시 구단의 후원자로 나서면서 일종의 스포츠 문화 지원 전략을 글로벌하게 실천하고 있는 것이다. 삼성의 에버랜드도 2001년 관람객 1억 명을 넘기면서 세계 6대 테마파크의 반열에 올라섰다. 1946년에 창업한 소니가 하이테크·하이터치의 독창적인 스타일을 연출하여 일류 기업으로 올라섰듯이, 용인자연농원으로 시작한 에버랜드를 새롭고 독특한 기업으로 위치 지우는 데 성공한 것이다.

그러나 과거 안기부 X파일로 만천하에 공개되었듯이 삼성은 윤리적인 글로벌 기업이 아니라 '가장 치졸하고 추악한' 국내 재벌로 낙인찍힌 바 있다. 하지만 '재벌 프렌들리' 이명박 정권의 도움으로 다시 불사조처럼 살아나 일선에 복귀했다. 노무현 대통령 자살이라는 정치적 비극과 대비되는 이건희 회장의 부활이라는 이 역설적인 상황에서 우리는 어쩔 수 없이 대한민국의 부와 권력을 싹쓸이한 떼강도 귀족들의 힘을 목격한다. 삼성이 겉으로는 글로벌 스탠더드를 언급하지만 정작 그것을 적용시키려고 할 경우 거부한다는 것은 잘 알려진 사실이다. 첼시 구단과의 광고 계약을 통해 겉으로는 문화적 지구화를 꿈꾸는지 모르겠지만, 삼성이 추구하는 세계 초일류 기업이나 글로벌 컬쳐 뒤에는 홍석현 사주와 이건희 회장의 처남·매부지간이라는 가벌 관계를 바탕으로 숱한 로비를 통해 정계, 학계, 경제계, 언론계 인사들을 붙여놓은 '끈끈이주걱'이 숨어 있었던 것이다. 가족의 울타리 안에 들어오는 자와 안 들어오는 자, 즉 가족과 비-가족, 나와 적을 확실히 구별해 처리하는 배타적인 가벌 관계에 바탕을 둔 재벌의 모습은 조폭영화를 상기시키기에 충분하다. 따라서 이건희 회장을 '초부'(超父, Super Father)로 모시는 가벌구조를 이용하여 삼성과 〈중앙일보〉는 출판, 스포츠, 레코드, TV, 스포츠 신문, 방송위성, 통신위성, 라디오 등을 문어발처럼 거느리고 있는 일본의 요미우리 그룹 같은 기업구조를 구상하고 있는지도 모를 일이다.

지난해 7월 미디어법이 국회에서 많은 논란을 낳는 가운데 통과되면서 삼성의 방송 진출 욕망이 실현될 지경에 이르렀다. 그러나 첼시 구단을 통해 전 세계 미디어에 노출되는 삼성의 글로벌한 이미지 뒤에, 그리고 주미 대사로 있었던 홍석현 〈중앙일보〉 사주의 이미지 뒤에는, 국민 혹은 민족 운운하면서 국민을 우롱하고, 국가의 명예 운운하면서 국가를 쥐락펴락하며, 진리의 전당인 대학을 농락하고, 헌법소원을 통해 법을 짓뭉개는 야누스의 얼굴이 숨겨져 있었던 것이다. 삼성의 이러한 야누스적인 행태, 즉 글로벌 컬처에서는 문화적이고 평화적인 이미지를 과시하지만 로컬한 컬처에서는 배타적인 가족주의, 정·관계와의 야합, 뇌물수수, 로비, 친인척 네크워크 등의 천민적인 이미지를 노출시키는 행태가, 그동안 심증은 있었지만 물증이 없어 검찰에 압력을 가할 수 없었지만 이제라도 그 물증을 확보하게 되어 천만다행이라 하지 않을 수 없다. 이명박 정권이 삼성 자본의 손을 들어 주어 모든 것이 물거품이 되고 말았지만, 인간의 목숨을 갖고 흥정을 벌이는 삼성의 추악한 행태는 최근 삼성반도체 공장 백혈병 환자들의 실태를 고발한 〈반올림〉을 통해 세상에 알려지고 있다. 가족주의로 사회적인 것을 억압하고 은폐하듯이 로컬한 영역에서 유감없이 발휘하는 야만성을 은폐하는 것이 삼성의 문화적인 글로벌화다.

블루오션의 정점에서 시작되는 위기

삼성 '공화국' 은 없다. 무노조 경영의 '신화' 도 없다. 삼성 '총수' 는 명확하게 말하면 삼성 '참주' 일 뿐이다. 대한민국은 소수가 지배하는 사회라는 점에서 과두제이기도 하지만, 헌법이 무시되고 특정한 개인이나 집단의 자의에 따라 사회적 권력이 행사된다는 점에서 '참주정 사회' 이기도 하다. 참주정의 참(僣)자가 범하고 거스른다는 뜻 아닌가. 삼성 재벌을 움직이는 것은 삼성 가벌이다. 그 한 가족이 공정거래법이고 헌법이고 간에 무엇이든 범하면서 국가마저 거스르고 있다. 대통령이 죽어도 총수는 살아남는 역설이 통하는 나라가 이 나라 아닌가. 한국 사회는 국가 권력을 강탈한 신군부의 군사적 참주정 사회로부터 재벌이 국가와 헌법 위에 군림하는 경제적 참주정 사회로 이행했고, 삼성이 그 참주 역할을 하고 있다. 군사정권 시절에는 국가에 기생하고, IMF 시절이나 평상시에는 노동자를 착취하면서 축적한 자본의 힘으로 한 국민국가를 농단하는 위치에 선 것이다. 삼성은 한국판 자본주의 하에서 거대한 사익을 챙겨 온 재벌이지 정상기업이 아니다. 한국의 국민 총생산 중에서 수출이 차지하는 비율이 76퍼센트이기 때문에 삼성 재벌 해체는 불가능하다는 것은 허구다. 현재 세계 자본주의는 불황의 늪으로 빠지고 있다. 그러나 삼성전자는 2010년 2분기 영업이익이 5조142억 원으로 사상 최대의 실적을 기록했다. 나노 기술의 발전과 더불어 향후 일정 기간 삼성은 반도체 산업에서 우위를 점할 수 있겠지만, 아이폰 쇼크에서 보듯이 삼성이 블루오션에서 승승장구하리라는 보장은 없다. 중국의 경제 성장률이 둔화되고 미국은 일본처럼 디플레이션에 빠질 수 있으며, 세계 최하의 출산율, 비정규직이라는 말조차 무색하게 저임금 노동시장으로 몰리는 노동자들, 미래를 보장받을 수 없는 젊은이들, 초고령화 사회 등 삼성이 블루오션에서 좌초할 수밖에 없는 배경은 도처에 깔려 있다.

대기업 노동자가 8퍼센트에 불과한 주식회사 대한민국에서 이명박 정권은 국가고용전략회의를 통해 노동시간의 유연화 전략을 시행하고 있다. 말이 노동시간의 유연화이지 말하자면 시급 노동자들의 노동시장

규모를 키우자는 것이다. 인류학자 클리포드 기어츠가 말한 퇴축(退縮)현상처럼 모든 사람들이 아무리 작은 틈새라도 모종의 틈새를 비집고 들어가려고 하면서 밑바닥 경쟁이 치열해 지게 되면 레드오션에 거대한 홍수가 들어 블루오션에 해일이 밀려들 수 있다. 노동자-민중들의 분노가 밑바닥에서부터 자본을 뒤흔들 수도 있기 때문이다.

SAMSUNGCARD

하승우

정신 차려, 삼성!

이런 노력들이 성공하면 '삼성 FreeZone'을 선언할 수도 있다.
상상해 보자. 우리 마을에서는 삼성생명이나 삼성화재 보험사들이 명함을
내밀지 못하고 삼성카드를 쓰는 사람이 없다. 홈플러스나 홈플러스
익스프레스도 문을 닫는다. 그러면 즐겁지 않을까? 이런 다양한 노력들이
모여서 6개월 정도 자금줄을 죄면 삼성그룹이나 이건희 일가도 태도를
좀 바꾸지 않을까? 국민들에게 '정신 차려라'라고 말하지 않고 자기네들부터
정신을 차리지 않을까? 이렇게 삼성에 집중하면 다른 재벌들도 같이 몸을
사릴 수밖에 없다. 더 이상 돈으로만 세상을 주무를 수 없다는 점을
그들에게 알려주자. 냉소하지 말자. 지금은 분노해야 할 때다.

하승우　대학 졸업과 동시에 딱 3년이라며 시작한 인권운동이 어느새 10년을
넘었다고 한다. 풀뿌리자치연구소 이음, 한양대 제3섹터연구소에서 일하다 2007년
뜻을 같이 하는 사람들과 '지행네트워크'라는 공간을 마련했다. 행동하는 지식인을
지향한다는 의미에서 '지행'(知行)이라 이름을 붙이고 다양한 사람들과 우정을 나누
고 있다. 사회의 모순과 잘못을 지적하기 위해서는 날카로워야 하지만 삶의 방향은
사랑과 우정을 향해야 한다는 생각이다. 관심사는 풀뿌리 민주주의와 아나키즘, 자
치와 공생의 삶이다. 민주주의는 스스로 구성하고 함께 나누는 삶 속에서만 가능하
다고 믿는다. 울타리로 경계를 나누지 않으면 사람들이 공공의 이익을 이기적으로
악용할 것이라는 '공유지의 비극'(tragedy of the commons) 이론 같은 것이 갈수록
국가와 자본의 칭송을 받으며 대중 속으로 확산되고 있지만 그는 대중에 대한 신뢰
를 포기하지 않는다. 그는 '직접 맞서기'라는 마법의 주문을 외며 대중과 함께 하는
몸짓 속에서 변화의 가능성을 찾으려 한다. "우리는 먼저 인간이어야 하고, 그 다음
에 국민이어야 한다"라는 헨리 데이비드 소로우의 말을 좋아한다. 『참여를 넘어서
는 직접행동』, 『풀뿌리는 느리게 질주한다』 등의 책을 펴냈는데, 아내와 함께 쓴
『도시생활자의 정치백서』라는 책은 평범한 시민들이 부당한 공권력에 맞서기 위한
정치 실전매뉴얼을 담고 있다.

정신 차려, 삼성!

족벌들의 나라

우리는 재벌들을 빼고서 지난 반세기 동안의 한국 경제를 설명할 수 없다. 영국의 옥스퍼드 영어사전에 한국의 독특한 기업 지배구조를 뜻하는 말로 실릴 만큼 재벌(Chaebol)은 한국을 대표하는 기업 형태이다. 한국을 대표하는 특징이니 좋은 것처럼 받아들일지 모르지만, 실제로는 소수의 가족인 족벌(族閥)이 기업이 쌓는 부와 의사 결정 과정을 독점하는 나쁜 기업구조이다. 재벌 기업에서는 경영과 소유가 분리되지 않을 뿐 아니라 마치 군대처럼 상명하달식으로 기업이 운영된다.

더구나 이런 족벌들은 서로 끈끈하게 뒤엉켜 있다. 예를 들어 삼성그룹의 가계도를 살펴보면, CJ그룹, 새한그룹, 한솔그룹, 신세계그룹이 한 가족이고, 사돈까지 따지면 대상그룹, LG그룹, 〈중앙일보〉, 〈동아일보〉가 한가족이거나 가족이었다. 이처럼 한국에서 이름만 대면 알만한 대기업들이 한가족이다. 사랑을 말릴 수는 없겠지만, 자기들끼리 법정에서 재산을 놓고 싸움을 벌이는 걸 보면 사랑만이 결혼의 이유는 아닌

듯하다.

영화나 드라마에 가끔 나오듯 재벌들은 자기들끼리 결혼으로 연줄을 다지고 정치권에는 비자금으로 줄을 댄다. 외국에서도 대기업과 정치권이 은밀히 거래하곤 하지만, 한국의 재벌들처럼 돈다발을 담는 상자로 사과박스를 재활용하는지는 모르겠다. 이런 거래가 허다하다 보니 이제는 '성경유착'이라는 말이 놀라움보다 식상함을 줄 정도이다. 재벌들에게는 정치권과의 끈끈한 관계가 비상시에 공적자금(실제로는 국민세금!)이나 특혜를 제공받고 비리의 폭로나 법적인 처벌을 막아주는 든든한 보호막(바로 법정이!)이다. 그러니 틈틈이 비자금을 몰래 모아두는 게 재벌들의 탁월한 경영기법이다.

이런 부도덕한 재벌들이 경제계와 정치계를 넘나들며(때로는 직접 선거에 출마하기도 한다!) 우리 사회의 중요한 자원을 독점하고 다른 사람들의 삶에 나쁜 영향을 미치고 있다. 몇몇 가족들이 수십만 노동자의 생계를 결정하고 그 가족들의 삶까지 쥐락펴락한다. 재벌들은 중소기업들이 오랜 노력 끝에 개발한 기술을 가로채기도 하고, 동네 슈퍼마켓까지 위협하며 문어발식으로 사업을 확장해 왔다. 오죽했으면 재벌가 CEO 출신인 이명박 대통령이 나서서 대기업들의 불공정 거래를 비판하고 사회적 책임을 요구할까?

그런데 오랫동안 지배해 왔기 때문에 그들의 힘은 매우 강하다. 돈도 없고 빽도 없는 우리가 어찌 할 수 없을 만큼 그들은 매우 강하다. 계란으로 바위치기이니 그냥 참고 살아야 할까? 하지만 평범한 사람들을 위해 인류 역사가 남겨 놓은 최후의 무기가 있으니 그것이 바로 민주주의와 불매운동이다. 나 혼자의 힘은 약하지만 우리들이 뭉치면 그 힘은 강해진다. 한국에서는 지금껏 이 무기를 제대로 사용하지 못했기 때문에 한없이 약해 보이지만 실제로는 강력한 무기이기에 한국의 정치인들은 민주주의를 싫어하고 재벌들은 불매운동을 어떻게든 막으려 든다.

그렇다면 한국 최대의 재벌이라 불리는 삼성에게도 이 최후의 무기가 통할까? 한국을 대표하는 기업인데 괜히 트집을 잡는 건 아닐까? 괜히 건드렸다가 나만 피해를 보는 건 아닐까? 이런 고민을 같이 풀어보자.

왜 삼성일까?

죄를 지은 재벌가의 최고 경영자들은 제법 많다. 현대자동차의 정몽구 회장은 배임과 횡령 혐의로, SK그룹의 최태원 회장은 분식회계와 부당내부거래 혐의로, 두산그룹의 박용성 회장은 분식회계와 횡령 혐의로, 성원그룹의 전윤수 대표이사는 분식회계와 사기대출 혐의로, 한화그룹의 김승연 회장은 보복폭행 혐의로 유죄판결을 받았다. 그리고 삼성그룹의 이건희 회장은 조세포탈과 경영권 불법승계 혐의로 유죄판결을 받았다.

그런데 이들 대부분은 형을 받자마자 특별사면으로 풀려나고 얼마 지나지 않아 '자기 회사'로 복귀했다. 그러다 보니 이들은 자신들의 잘못을 거의 뉘우치지 않는다. 범죄 사실이 드러나고 여론이 들끓으면 반성하는 듯 고개를 숙이고 선심을 쓰듯 재산을 사회에 환원하겠다고 설레발을 친다. 그러다가 여론이 좀 잠잠해 지면 언제 그랬냐는 듯이 고개를 뻣뻣이 세우고 복귀를 준비한다. 심지어 이건희 회장은 "각 분야가 정신을 좀 차려야 한다"는 따끔한 충고(?)까지 서슴지 않았다.

이런 재벌 회장님들의 복귀는 '유전무죄, 무전유죄'라는 우리 사회의 오래되고 서글픈 코미디를 재현한다. 이건희의 경우, 말도 안 되는 재판으로 떼어낼 수 있는 죄를 다 떼어내고도 '징역 3년형'을 받은 범죄자가 아무런 사회적 논의나 합의 없이 사면되고 경영 일선으로 복귀했다. 그나마 다른 범죄라면 또 모르겠다. 경영 과정에서 회사에 막대한 손해를 입히고 세금을 몰래 빼돌린 사람이 경제 위기와 경영 리더십을 핑계삼아 복귀하는 게 상식적으로 이해될 수 있는 일일까? 평범한 사람들에게는 가족의 생계가 걸린 심각한 경제 위기가 그들에게는 언론의 스포트라이트를 받으며 멋있게 복귀할 기회가 되기도 한다. 반성 없는 용서와 거짓된 약속이 반복되고 있다.

이런 자들이 탁월한 경영인을 자처하고 이들과 결탁한 부패한 권력이 뒤를 봐주는 사회에서 시민들은 그동안 무엇을 하고 있었을까? 삼성그룹의 비리를 폭로한 김용철 변호사가 쓴 『삼성을 생각한다』가 15만 부넘게 팔렸다고 하는데, 그 책을 읽은 독자들은 무엇을 하고 있을까? 안타깝게도 책만 많이 팔렸을 뿐 이건희의 복귀를 가로막을 힘은 만들어지지 못했다. 범죄자들이 기업들을 운영하고 국가는 이를 사면하고 시민들은 이를 묵인하는 사회, 이것이 우리 사회의 부끄러운 자화상이다.

솔직히 좀 많이 부끄러운 일이다. 2010년 2월 국제올림픽위원회(IOC)는 이건희가 범죄를 저질러 올림픽 정신을 훼손했다며 공개 문책하고 5년 동안 분과위원회에 참여할 권리를 정지시켰다. 나라 밖에서는 그범죄를 비판하며 징계하는데, 나라 안에서는 그동안 나라 경제에 이바지한 공을 인정해 죄를 사면하고 경제와 나라를 살리는 중책을 맡겨야한다고 아우성이다. 세금을 빼돌리고 부당거래를 한 사람이 국가 경제에 이바지했다니 이 무슨 헛소리일까? 재벌의 말뜻처럼 그들은 자기 배를 불리려고 하는데, 순진한 시민들은 그들이 나라와 국민을 위해 일한다고 착각하고 있다.

이런 전국적인 사기극에 온 시민이 말려들어 허우적대고 있는 동안 그 사기극의 결말은 고스란히 시민들의 몫이다. 캐나다의 언론인 나오미 클라인은 『쇼크 독트린』이란 책에서 IMF 당시 한국 정부가 벌인 금 모으기 운동을 '저질 게임쇼'라고 지적했다. 1997년 한국 정부는 경제 정책을 바꿔 다국적기업들이 한국 경제를 마음껏 유린하도록 허용했다는 것이다. 그 결과 실업률은 2년 동안 3배나 늘었고 많은 산업 시설과 노동력, 자원이 외국 회사로 넘어갔으며 자살률도 2배나 증가했다. 뼈 빠지게 일해 세금을 내고 어렵게 장만한 금붙이까지 바친 사람들은 회사에서 쫓겨났고, 그들의 세금과 피땀으로 만든 공적 자금은 재벌들의 배를 불렸다. 그러니 그것을 저질 사기극이라 부르지 않으면 다른 무엇을 그렇게 부를 수 있을까?

이런 사기극의 꼭지점에 바로 삼성이 있다. 물론 삼성만 나쁜 것이 아니라 다른 재벌들도 비슷한 방식으로 운영되고 부패의 사슬에 엮여 있다. 다만 삼성은 그 중에서 가장 덩치가 크고(2009년 한 해 그룹 매출이 220조로 2위인 현대자동차보다 약 2.3배나 많다), 가장 비합리적인 기업 지배구조를 가지고 있으며, 우리 사회의 중요한 가치들을 파괴해 왔다. 『삼성을 생각한다』를 보면, 삼성그룹을 실제로 움직인다는 구조본이 저질러온 많은 부정과 비리들이 빼곡히 적혀 있다. 놀랍게도 회사의 비리가 드러난 뒤에도 삼성화재가 비자금을 조성하기 위해 부당하게 빼돌렸던 보험금은 고객에게 돌아가지 않았고, 범죄를 저지른 사람들은 스톡옵션으로 막대한 이익까지 얻었다고 한다. 2009년 1월 삼성 사장단 인사안에서 비리와 관련된 사람들이 모두 자리를 지키거나 승진했다고 한다.

그리고 삼성그룹은 아직도 노동조합조차 인정하지 않으며 황제경영을 일삼고 있고, 이건희 일가에 반기를 드는 사람들을 뒤쫓고 있다. 또한 태안반도에 엄청난 양의 기름을 유출하는 사고를 저지르고도 모르쇠로 일관했으며, 용산 참사와 같은 부도덕한 부동산 투기에도 관련되어 있다. 지금도 삼성반도체에서는 젊은 노동자들이 백혈병으로 쓰러지고 있는데 회사는 나 몰라라 하고 있다. 그러니 우리 사회에서 삼성을 빼놓고 무슨 개혁과 변화를 얘기할 수 있겠는가? 이렇게 나쁜 삼성 모델이 한국 경제, 전 세계 경제로 확산되는 것을 막기 위해서 우리는 지금 당장 대안을 찾아야 한다.

이 모든 사실을 인정해도 여전히 삼성에 대한 미련을 떨치지 못하는 사람들은 "털어서 먼지 안 나오는 사람이 어디 있냐", "글로벌 경쟁 시대에 우리도 대표선수가 있어야 하는 게 아니냐", "삼성이 다른 나라로 옮겨가면 어떡하나"라고 걱정한다. 삼성과 한국 경제를 같이 보는 사람들을 위해 김용철 변호사가 반대 의견을 짧게 잘 정리했다. "현재의 재벌은 중소기업의 희생을 바탕으로 성장했다. 재벌이 시장 지배력을 남용해 중소기업에·부담을 떠넘기는 구조였다는 뜻이다. 대기업은 중소기업이 독자적인 기술을 개발할 여력이 생기지 않는 선에서 납품 단가를 정해 왔다. 중소기업을 값싼 노동력을 제공하는 곳 정도로만 활용하는 셈이다. 이런 현실이 바뀌지 않는 한, 재벌의 성장이 곧 국민 경제의 성장이라는 주장은 허구다."

또 다른 이는 이렇게 말할 수 있다. "삼성만 아니면 다 괜찮단 말이냐, 모두 똑같은 재벌인데." 영화 〈주유소 습격사건〉의 주인공들 중 한 명인 무대포(유오성 役)는 싸움을 할 때 한 놈만 팬다. 그는 여러 명이 함께 덤벼도 한 놈을 찍어서 열심히 싸우다 보면 다른 놈들도 겁이 나서 도망친다고 말한다. 이와 비슷한 정신이 우리의 싸움에도 필요하다. 서로 끈끈하게 결탁해 있는 부패한 세력들을 한꺼번에 갈아치우는 건 불가능하다. 그러니 가장 힘이 세고 문제를 많이 일으킨 놈부터 시작해서 차근차근 문제를 바로잡아야 한다. 그리고 그들은 가족으로 연결되어 있으니 한 놈을 제대로 다스리면 다른 놈들도 자연스레 긴장할 수밖에 없다.

그러니 왜 하필 삼성인가라고 묻지 말고 삼성부터 시작하자고 말해야 옳다. 개인적인 감정이 아니라 공적인 분노가 삼성을 가리키고 있고, 삼성을 빼고 다른 재벌들부터 먼저 바로잡자는 건 상식적이지 않은 비겁한 얘기이다.

국가가 삼성을 통제할 수 있을까

그렇다면 누가 삼성을 통제할 수 있을까? 정부가 선뜻 그런 역할을 맡아 줄까? 지금까지의 상황을 보면 국가의 적극적인 역할을 기대하기는 어렵다. 왜냐하면 삼성그룹의 입김이 입법부, 사법부, 행정부 모두에 영향을 미치고 있기 때문이다. 삼성SDI의 노동자 위치추적 사건, 삼성반도체의 백혈병 발병, 에버랜드 전환사채 헐값 발행 사건, 태안반도 기름유출 사건, 삼성 특검, 삼성 X파일, 대선자금 수사 등 삼성과 관련된 대부분의 사건들이 흐지부지 처리되었다. 『삼성을 생각한다』를 읽어보면 정부가 삼성을 통제하길 기대하는 건 헛된 꿈이다.

설령 그런 통제가 가능하다 하더라도 어떤 이는 정부가 기업을 통제하는 걸 시장에 대한 지나친 간섭이라며 우려할 수 있다. 하지만 한국의 재벌 중에서 정부의 후원을 등에 업지 않고 성장한 기업은 없다. 사실상 한국 경제는 국가가 시장을 관리하는 '관치경제'라고 말해도 지나치지 않다. 다만 그 관치의 목표와 과정이 지금 우리가 바라는 것과 달랐을 뿐이다. 이것은 우리가 거쳐 온 현대사 탓이 크다. 일제 식민지시기를 거치면서 국가와 대자본의 결탁관계, 재벌 중심의 수출주도형 경제구조, 수도권으로 초집중화된 국토의 불균등 발전과 독점구조가 체계적으로 자리를 잡았기 때문이다.

일제 식민지 시대부터 관치경제가 자리를 잡으며 공동체의 구성원들끼리 서로 돕고 보살피는 자급경제와 살림의 경제를 폭력적으로 파괴해 왔다. 1910~1918년의 토지조사사업과 1920년대의 산미증식계획, 1930년대의 농촌진흥운동 등은 한국의 농촌공동체를 거의 붕괴시켰다. 일제는 농촌의 도덕경제(moral economy)를 해체시키고 소농이나 소작인들을 농업노동자, 도시의 빈민으로 만들었다. 국가가 대자본을 위해 노동자에게 저임금을 강요하고 이를 위해 저곡가 정책을 농민에게 강요하며 시장에 개입했다. 이런 국가의 적극적인 개입이 없었다면 지금의 재벌도 존재하기 어렵다.

따라서 이런 상황에서는 국가의 적극적인 역할을 믿기 어렵다. 외국의 경우를 따져 봐도 자본주의 속에서 공정하게 시장경제를 운용할 수 있는 국가를 찾는 건 어려운 과제이다. 유럽의 사회민주주의 국가들이 그런 역할을 해온 것 같지만 그것은 치열한 계급 갈등이 만든 일시적인 균형이고 지금은 유럽 국가들도 수동적으로 변하고 있다. 그리고 노동조합 조직률이 매우 낮고 진보정당도 활성화되지 않은 한국에서 국가의 적극적인 역할을 기대하기는 더더욱 어렵다.

오히려 한국 정부는 명백한 부정을 저질러도 저들의 편에 서곤 한다. 심지어 정부는 재벌의 횡포에 맞서려는 시민들의 저항을 억누르기도 한다. 예를 들어, 인터넷 논객 미네르바의 구속은 정부나 재벌 외엔 그 누구도 경제에 관해 얘기하지 말라는 시민에 대한 경고이다. 그리고 용산 참사는 정부나 기업이 이윤을 위해서라면 얼마든지 시민을 철거민으로, 도시게릴라로 내몰아 그 삶을 송두리째 뽑을 수 있음을 증명했다. 그러니 헛된 기대는 버리자.

그렇다면 삼성그룹 내부의 변화를 기대해야 할까? 그것도 어려운 듯하다. 삼성그룹을 이건희 일가나 그들의 가신 그룹과 구분할 수 있을까? 이건희 일가와 가신 그룹이 각종 탈법과 불법을 일삼을 때, "국가의 지원과 국민들의 성원, 소속 임직원들의 노력"을 통해 만들어진 삼성이 그런 길을 걸을 때, 삼성그룹에서 일하는 수많은 노동자들은 도대체 무엇을 하고 있었을까?

그런 점에서 아주 사악한 소수의 사람들과 그들에 의해 지배당하는 착한 다수의 사람들이라는 생각이 삼성에 적용되기는 어렵다. 그 피라미드의 가장 위에는 이건희 일가가 있겠지만 그 중간에는 무수한 사람들이 '그 일가를 위해' 일을 하고 있고 자발적으로 그런 질서를 받아들이고 있다. 만일 그런 질서를 받아들이는 사람들이 없었다면 왜 이건희가 삼성을 비운 23개월 동안 삼성그룹 내에서 어떤 변화도 일어나지 않았을까? 그리고 정상적이라면 삼성전자의 노동자들이 부패한 경영자의 복귀를 반대해야 옳은데, 그런 일은 일어나지 않았다.

따라서 다른 방법이 없다. 이제 시민들이 직접 나서야 한다.

불매운동, 경제의 역사를 다시 쓴다

불매운동은 이런 새 역사를 쓰는 첫걸음이 될 수 있다. 공개적으로 특정 상품을 사지 않겠다고 선언하거나 그 상품을 사지 말자는 운동을 벌이는 불매운동은 '합법적인 방법'으로 재벌들을 압박하는 효과적인 수단이다. 예를 들어, 몇 년 전부터 미국에서는 세계 최대의 유통업체라 불리는 월마트에 대한 불매운동이 한창이다. 삼성처럼 무노조 원칙을 고집하는 월마트에게 부당노동행위 금지와 임금 인상, 불공정 무역행위 금지를 요구하며 전미교육협회, 미국교사연맹, 식품상업연합노조, 국제사무직노조연맹(UNI) 등의 단체들이 '정신 차려, 월마트(Wake-up Wal-Mart)'라는 불매운동을 벌이고 있다. 지금도 월마트를 감시하는 인터넷 홈페이지(http://walmartwatch.com/)가 활성화되어 있다. 월마트만이 아니다. 영국에서는 이유식을 비롯한 8,500가지 제품을 판매하는 네슬레가 불매운동의 단골 주제이다. 노동조합을 탄압하고 아동 노동을 착취하며 환경을 파괴하고 유전자를 조작하는 네슬레는 불매운동으로 많은 압박을 받고 있다.

그동안 한국에서도 다양한 불매운동이 벌어졌다. 두산, LG, 롯데, 현대 등 여러 재벌들을 대상으로 다양한 불매운동이 벌어졌다. 노동자들을 부당하게 대우하거나 환경을 파괴하거나 공공성을 파괴한 기업들을 대상으로 불매운동이 벌어졌고, 홈에버 노동자들의 파업 때는 울산여성회가 나서서 홈에버 불매운동을 펼치기도 했다.

이런 불매운동이 실제로 성공을 거두기도 했다. 벨기에 브뤼셀의 학생들은 아디다스나 나이키 같은 스포츠용품 회사들이 열악한 노동조건과 낮은 임금으로 제3세계의 노동자들을 착취하고 있다는 사실을 깨닫고 '깨끗한 옷 입기 운동(Clean Clothes Campaign)'을 벌였다.(http://www.cleanclothes.org/) 이들은 6천 켤레의 신발을 모아 회사에 반납했고, 이 소식을 들은 교회와 시민단체, 심지어 정당들까지 운동에 동참했다. 결

국 이 회사들은 더 나은 노동조건을 보장하겠다고 약속했다. 한국에서
도 1986년 왜곡보도를 일삼는 한국방송공사(KBS)에 대한 시청료거부운
동이 벌어져 한국방송공사법을 개정하는 성과를 거두기도 했다.

그동안 경제활동의 주체는 노동자와 자본가라고 알려져 왔지만 생
산된 물건을 구매하는 소비자도 중요한 주체이다. 하나하나 떨어진 소
비자는 힘이 없지만 소비자들이 뭉쳐서 한 목소리를 내면 그것은 경제를
바꾸는 거대한 물줄기를 형성한다.

에이프릴 카터는 『직접행동: 21세기 민주주의, 거인과 싸우다』라는
책에서 불매운동이 국가의 틀을 뛰어넘어 제1세계의 소비자와 제3세계
의 노동자를 연결하는 끈이 될 수도 있다고 주장한다. 상품이 어떻게 만
들어지고 있는지를 알게 된 소비자들의 불매운동은 현지 노동자들의 운
동을 지원하고 노동자들이 스스로 행동할 수 있는 기반을 마련한다. 카
터는 이런 불매운동이 활성화되면 시민들이 경제영역을 벗어나 정치영
역의 변화를 추구할 수밖에 없다고 얘기한다. 그러니 불매운동은 민주
주의와 맞닿아 있고 그 힘은 결코 약하지 않다.

더구나 불매운동은 국가나 재벌의 통제를 받기 어렵다. 가라타니 고
진은 『트랜스크리틱』이란 책에서 불매운동이 자본과 국가의 통제를 벗
어난 강력한 운동이라고 지적한다. 그의 말을 빌리면 "자본이나 국가는
노동자의 총파업이나 무장봉기를 억제할 수 있지만, 불매운동을 억제할
수는 결코 없다. 그것이 바로 '비폭력' 대항이다." 그러니 불매운동의 힘
을 과소평가하지 말자.

물론 한국의 비정상적인 상황은 이런 불매운동마저도 어렵게 만든
다. 2009년 1월 20일 검찰은 조선·중앙·동아에 광고를 싣지 말자는 운
동을 이끈 혐의로 기소된 누리꾼 16명에게 업무방해 혐의로 징역 1년6

개월에서 3년형을 구형했다. 시민이나 소비자로서 자기 의견을 드러내고 운동을 펼친 것이 처벌의 대상이라니, '소비자운동이 민주주의의 핵심'이라고 외친 랄프 네이더는 미국에 태어난 것을 다행스럽게 생각할 일이다. 그리고 언론사들도 재벌들과 한통속이라 이런 불매운동을 적극적으로 알리지 않기 때문에 여론이 잘 만들어지지 않는다.

하지만 이런 식의 억지가 계속 받아들여지기는 어렵다. 소비자들이 자율적으로 자신의 선택권을 행사하는 불매운동은 자본주의 하에서 강력한 힘을 만들 수 있다. 부도덕한 기업의 활동을 문제 삼으며 올바른 노동조건과 생산 환경, 기업의 사회적 책임을 요구하는 불매운동은 재벌을 바꿀 수 있다. 아무리 억압적인 권력도 물건을 강제로 사게 만들 수는 없다. 사실 필요하지 않은 것만큼 심각한 위협은 없다. 재벌들이 엄청난 돈을 들여 광고와 홍보에 열을 올리는 것도 바로 그 때문이다.(그 비용은 생산원가로 계산되어 고스란히 소비자에게 떠넘겨진다)

삼성 FreeZone은 가능하다!

불매운동은 다른 사회운동처럼 운동의 목표를 분명하게 잡아야 성공할 수 있다. 불매운동으로 재벌 자체를 해체시키겠다는 목표는 신기루처럼 잘 잡히지 않는 목표이다. 그런 점에서 삼성에 대한 불매운동은 그룹의 해체보다 삼성그룹의 지배구조를 바로잡는 것을 목표로 삼아야 한다. 이건희 회장과 그의 가신들이 경영에서 손을 떼고 삼성에서 일하는 노동자들이 노동조합을 만들고 제 목소리를 낼 수 있을 때까지 삼성 제품에 대한 불매운동을 벌여야 한다.

물론 불매운동만으로 자본주의를 넘어서는 대안의 경제를 만들지는 못한다. 삼성에 대한 불매가 그와 비슷한 처지인 다른 재벌가의 상품을 구매하는 것으로 이어진다면 운동이 거둔 성과는 제한되기 때문이다. 그동안 재벌가들이 저질러온 범죄들을 보면 하나같이 경영자가 해서는 안 되는 범죄들이기 때문에 삼성만 해체한다고 한국 경제가 바뀌지는 않을 것이다.

그런 점에서 한국 경제를 바꾸는 것은 진정한 상상력을, 기존의 좌와 우라는 잣대를 넘어선 상상력을 요구한다. 인간이나 생명을 도구가 아니라 목적으로 간주하는 경제는 지금과 같은 정치·경제 구조로 실현될 수 없다. 요즘 많이 얘기되는 사회적 경제나 '기본소득'들을 우리 사회와 접목할 수 있는 구체적인 방법들을 찾을 때에만 대안적인 경제의 가능성이 보일 것이다.

그런데 이것은 많은 논의를 필요로 하는 부분이기에 길게 보며 함께 논의하고 결정할 과제이다. 지금 당장 할 수 있는 행동은 삼성 제품을 사지 않고 주변 사람들에게도 삼성 제품을 사지 말아야 할 이유를 얘기하고 나누는 것이다. 그런 논의가 우리 사회에 널리 퍼져서 여론을 만들어 삼성이 견제를 받고 다른 재벌들도 덩달아 눈치를 보게 만들어야 한다. 자신들의 실패를 소비자에게 고스란히 떠넘기고 단합하고 독점하며 소비자를 착취하는 재벌들을 우리 손으로 통제해야 한다.

그리고 재벌들에 대한 불매운동은 그들의 약점을 건드려야 한다. 김용철 변호사에 따르면, 삼성그룹은 삼성생명, 삼성화재, 삼성카드 등의 제2금융권에서 비자금을 축적하고 전횡을 일삼아 왔다. 이런 자금줄을 틀어막아야 삼성의 태도가 바뀔 수 있다. 더구나 국내 투자자만이 아니라 외국인 투자자도 관심을 가지고 있다고 하니 삼성생명과 삼성그룹의 실체를 알리며 압박을 가해야 한다. 삼성생명을 중심에 놓고 삼성이 운영하는 보험, 카드 등의 시장 점유율을 떨어뜨리고 앞으로도 그 점유율이 계속 떨어질 것이라는 점을 강하게 예고해야 한다.

그리고 삼성은 '에버랜드→삼성생명→삼성전자→삼성카드→에버랜드'로 이어지는 순환 출자 구조를 가지고 있다. 따라서 에버랜드의 위치를 흔드는 것도 필요하다. 삼성 에버랜드의 작년 영업 실적을 보면 레저 부문이 약화되고 급식 및 식자재를 취급하는 외식사업부의 실적이 10.9퍼센트나 늘어났다고 한다. 그러니 에버랜드 이용 안 하기도 중요하지만 에버랜드 외식사업부나 그와 관련된 '웰스토리'라는 브랜드를 실패하게 만드는 것도 이건희 일가를 압박하는 좋은 방법이다. 에버랜드의 사업에 관심을 두고 불매운동을 꾸준히 벌이자.

이렇게 삼성 일가의 자금줄을 죈다면 삼성불매운동은 성공할 수 있다. 그리고 이 운동의 성공을 위해서는 언소주(언론소비자주권 국민캠페인)나 진알시(진실을 알리는 시민)같은 단체만이 아니라 여러 시민·사회단체들의 공동 노력이 필요하다. 소액주주운동에 노하우를 가지고 있는 참여연대나 좋은기업지배구조연구소 등은 주주총회장에서 이건희 일가의 막무가내 행동을 막으면 좋겠다. 그리고 노동단체나 시민단체도 회사의 급식 회사를 확인하고 조합원이나 회원들에게 불매운동을 알리는 메일과 편지를 보내서 동참을 유도하면 좋겠다.

또 30만 명이 넘는 조합원을 가진 소비자생활협동조합들도 불매운동에 적극적으로 동참하면 좋겠다. 소비자 생협의 매장에서 삼성카드를 취급하지 않고 조합원에게도 삼성카드나 삼성보험을 해지하고 삼성생명이나 삼성화재 등을 이용하지 말자고 권유하면 좋겠다.(삼성카드는 가맹점 수수료율이 높기로 유명하니 이번 기회에 그런 불공정함도 바로잡자.) 또한 삼성불매운동에 찬성하는 단체들이 단체 홈페이지와 블로그에 "삼성불매운동에 동참합니다"라는 배너를 달고 동참 단체들이 등록하는 홈페이지를 만들면 그 힘을 증명할 수 있다.

이런 노력들이 성공하면 '삼성 FreeZone'을 선언할 수도 있다. 상상해 보자. 우리 마을에서는 삼성생명이나 삼성화재 보험사들이 명함을 내밀지 못하고 삼성카드 가맹점이나 삼성카드를 쓰는 사람이 없다. 그리고 홈플러스나 홈플러스 익스프레스도 자리를 잡지 못하고 문을 닫는다. 그러면 즐겁지 않을까? 이런 다양한 노력들이 모여서 6개월 정도 자금줄을 죄면 삼성그룹이나 이건희 일가도 태도를 좀 바꾸지 않을까? 국민들에게 '정신 차려라'라고 말하지 않고 자기네들부터 정신을 차리지 않을까?

이렇게 삼성에 집중하면 다른 재벌들도 같이 몸을 사릴 수밖에 없다. 더 이상 돈으로만 세상을 주무를 수 없다는 점을 그들에게 알려주자. 냉소하지 말자. 지금은 분노해야 할 때다.

삶이 바뀌어야 세상도 변한다

이렇게 얘기하면 딴지를 거는 사람들이 꼭 있다. 삼성은 그 사람을 눈곱만큼도 생각하지 않는데, 자기 일처럼 나서서 삼성을 생각하고 챙기는 이상한 오지랖들(알바인지 모르지만)이 제법 많다. 삼성에게 10원짜리 한 장 받아본 적 없을 것 같고 앞으로도 받을 일이 없는 사람들이 마치 삼성맨처럼 얘기하며 삼성을 옹호한다.

그만큼 우리 삶이 불안하고 위태롭다는 이야기이다. 불안하고 위태로우니 무작정 강자가 잘 되어서 떡고물이라도 떨어지길 기대하지만 인류 역사를 돌이켜보면 그런 일은 아주 드물다. 오히려 지금 있는 곳에서 내쫓기지나 않으면 다행이다. 더 이상 저질 사기극에 휘말리지 말자.

2010년 고려대 경영학과에 다니던 김예슬 씨가 자퇴를 선언했다. 김예슬 씨는 "나는 대학과 기업과 국가, 그리고 대학에서 답을 찾으라는 그들의 큰 탓을 묻는다. 깊은 분노로. 그러나 동시에 그들의 유지자가 되었던 내 작은 탓을 묻는다. 깊은 슬픔으로. '공부만 잘하면' 모든 것을 용서받고 경쟁에서 이기는 능력만을 키우며 나를 값비싼 상품으로 가공해온 내가, 이 체제를 떠받치고 있었음을 고백할 수밖에 없다"고 얘기했다. 이 얼마나 솔직하고 당당한 고백인가.

당당하게 살려면 우리도 이런 고백을 해야 한다. 우리가 바로 삼성 공화국을, 재벌공화국을 떠받쳐 왔음을 고백하고 그들 없이 생활할 수 있는 방법을 찾아야 한다. 삼성 래미안이나 삼성 에어컨, 삼성 노트북, 삼성 카드, 삼성 보험을 동경하지 말고, 재벌들의 상품과 서비스를 이용하지 말고 그것 없이 생활하는 법을 익혀야 한다.

결국 문제는 우리가 먹고 입고 살고 이용하는 대부분의 상품과 서비스들이 재벌들의 것이라는 점이다. 따라서 독점자본이나 초국적 자본의 손에서 벗어날 수 있는 자급, 자치의 구조를 갖춰야 대안의 경제가 완성될 수 있고 그전까지 우리의 삶은 불완전하고 불안할 수밖에 없다. 이 사실을 오래 전에 깨달은 인도의 사상가 간디는 영국 상품을 사지 않을 뿐 아니라 인도인들 각자가 스스로 옷을 짓고 먹거리를 장만하자고 외치며 스와라지(Swaraji) 운동을 벌였다. 각 마을 하나하나가 자치와 자급의 구조를 갖춘다면 그 어떤 외부의 힘도 인도를 좌지우지하지 못할 것이라 그는 장담했다.

간디의 사상은 그의 죽음과 더불어 묻혔지만 최근에는 그런 생각이 부활하고 있다. 최근 사회적 경제에 대한 관심이 높아지면서 이탈리아 볼로냐 시(市)에 대한 관심도 덩달아 높아지고 있다. 대기업 없이도 유럽에서 가장 잘 사는 도시라 불리는 볼로냐 시에는 이탈리아에서 가장 많은 수의 협동조합들이 도시의 살림살이를 뒷받침하고 있다. 무슨 수단을 써서라도 많은 돈을 모아야 한다는 강박관념에서 벗어나 경제를 '사람의 살림살이'로 생각하면 지금껏 보지 못했던 여러 가지 길이 보인다. 그 새로운 길에서는 경쟁이 아니라 협동과 상호부조야말로 경제활동의 주된 원리이다.

그리고 이런 노력들이 모이면 전 세계적으로도 새로운 경제를 만들 수 있다. 단지 불매만 하는 게 아니라 공정한 노동조건에서 공정한 가격으로 생산되는 상품을 적극적으로 구매하자는 '공정무역'(fair trade)이 '자유무역'(free trade)을 대체할 대안으로 떠오르고 있는 것도 바로 그 때문이다. 꿈을 꾸며 걷다보면 새로운 세상과 만날 수 있다.

한 가지만 명심하자, 세상은 한방에 바뀌지 않는다.

김상봉

제왕적 경영에서 시민 경영으로: 삼성불매운동의 철학적 기초

혁명을 꿈꾸었던 많은 사람들이 세상을 바꾸려 했다. 그 점에서도
그들은 과학자들이었고 구조주의자들이었다. 물론 세상을 바꾸어야 한다.
하지만 나를 바꾸지 않고, 우리의 내면을 쇄신하지 않고 세상이
바뀌겠는가? 세상을 바꾸려는 자 반드시 자기를 같이 바꾸지 않으면 안 된다.
그리고 가장 큰 일을 하려는 자 가장 작은 일에서 시작하지 않으면 안 된다.
이런 의미에서 삼성불매운동이란 세상을 바꾸는 동시에 나를 바꾸는 운동이다.
참된 혁명의 불꽃은 고립된 나의 내면세계도 아니고 나 밖의 대상 세계도 아니라,
그렇게 나와 세상이 만나는 접점에서 번개처럼 촉발되는 것이다.

제왕적 경영에서 시민 경영으로: 삼성불매운동의 철학적 기초

　　김용철 변호사의 책 『삼성을 생각한다』가 출간된 뒤 일어난 온갖 비상식적인 소란 끝에 우리가 다시 한 번 삼성불매운동을 말하기 시작했을 때, 이에 대해 다양한 반응이 있었다. 더러는 공감을 표하는 목소리도 있었고 또 더러는 비판적인 질문의 목소리도 있었는데, 그 가운데 몇 가지는 우리가 반드시 대답해야 할 물음이었다. 그것을 내 식으로 정리하자면 다음과 같다. 1. 왜 삼성이 문제인가? 2. 삼성불매운동의 목적이 무엇인가? 또는 같은 말이지만, 삼성을 해체하자는 것이 무엇을 뜻하는가? 3. 왜 하필 불매운동인가? 삼성의 해체든 불매이든, 이것이 지속적인 운동이 되기 위해서는 우리가 적어도 이 세 가지 물음에 대해서는 명확한 대답을 할 수 있어야 할 것이다.

삼성과 '사회과학자의 시선'

　　생각하면 하나같이 대답하기 어려운 물음에 대해 대답을 이끌어 낼 실마리로서 한 총명한 젊은이의 비판을 경청하는 데서 우리의 이야기를 시작해도 나쁘지 않을 것이다. 한윤형은 『작가세계』 여름호에 기고한 「이건희는 생각하지 마」라는 글에서 내가 〈프레시안〉에 기고했던 「지금 당장 삼성불매운동을 제안합니다」라는 글에 대해 이렇게 말했다.

> 김상봉의 글에서 '이건희' = '박정희(혹은 전두환)'이며 '삼성' = '하나회'이고 나머지 재벌 기업은 군부다. 그러므로 권력으로부터의 해방을 위해 권력의 머리를 타격하는 것은 무엇보다 중요한 일이다. 그의 도식에서 '신자유주의'는 곧 '기업독재'이며 한국 사회에서 그것은 '삼성독재'에 다름 아니다. 이런 비유에는 장점도 있겠지만 큰 틀에서 볼 때는 절대악을 상정하는 '반독재 투쟁' 담론에 익숙해진 시민들을 위해 새로운 '절대악 퇴치운동'의 서사를 공급해 주는 것이라 볼 수 있다. 가령 민주화 이전에 독재자를 겨냥하는 '반군부독재' 투쟁이 있었듯 김대중 노무현의 시대엔 '밤의 대통령'인 〈조선일보〉 사주를 겨냥하는 '반수구언론' 투쟁이 있었고 이제 이명박 시대엔 이건희 회장을 겨냥하는 '반기업독재' 투쟁이 필요하다는 식이다. 이를테면 알맹이는 그대로 둔 채 포장지만 반독재 투쟁에서 안티조선운동으로, 다시 삼성불매운동으로 바꾸면 된다는 식이다. 여기에선 독재 권력 붕괴 이후 훨씬 더 복잡해진 사회 갈등의 양상을 조망해야 하는 사회과학자의 시선이 사라진다.[1]

다소 길게 한윤형의 글을 인용한 까닭은 이런 비판이 단순히 삼성 불매에 대한 찬반을 떠나 한국 사회와 삼성 문제에 대한 인식론적 곤경을 우리에게 일깨워 주기 때문이다. 한윤형은 나의 삼성 비판에 사회과학적 시선이 결여되어 있음을 지적한다. 실은 굳이 이렇게 활자화되지 않았을 뿐, 삼성 불매를 말하는 것이 학문적인 바탕을 결여하고 있다는 지적을 한 사람은 한윤형만이 아니었다. 그리고 한편으로 그런 비판을 나 역시 수긍하고 이해한다. 하지만 그 이유는 다르다. 한윤형은 앞서 인용한 글에서 삼성불매운동의 비과학성을 비판할 뿐 자신이 말하는 '사회과학자의 시선'을 몸소 보여 주지는 않았다. 그러므로 나는 그에게서 사회과학자의 시선을 배우고 싶어도 배울 수 없었다. 어쩌면 그에게 그것을 보여 달라고 말하는 것은 과도한 요구일 수도 있다. 하지만 누구라도 좋으니, 누가 삼성과 이건희에 대해 사회과학적 시선으로 무엇이 왜 문제인지 설명해 줄 수는 없는가?

한국 사회에서 삼성과 이건희가 현실적인 문제로 등장한 것은 2000년대 이후이다. 상식적으로 생각하면 1999년 삼성자동차의 파산으로 해체되었어야 할 삼성과, 김우중처럼 감옥에 갔어야 할 이건희는 불가사의하게도 도리어 그 이후 더욱 승승장구하여 이제는 한국 사회의 지배적인 권력으로 군림하게 되었다. 이런 이상한 현상을 어떻게 '과학적으로' 이해해야 하겠는가? 사회과학은 이런 경우에 어떤 쓸모가 있는가? 아니면 이런 식의 물음은 사회과학적으로 탐구하기엔 너무나 하찮은 것인가? 아니 그런 것을 따지기 전에 한국의 사회과학자들은 이 문제에 관해 과학적으로 설명하려는 시도를 하기는 했던가?

내가 아는 한 삼성과 이건희에 대해 비록 과학적이라 할 수는 없다 하더라도 처음으로 체계적인 서술을 시도했던 학자는 강준만 교수이다. 그는 2005년 『이건희 시대』라는 책을 출판했는데, 이 책의 마지막 문장은 이렇게 끝난다. "이건희학과 삼성학은 곧 한국학이다."[2] 여기서 강준만은 이건희와 삼성이라는 한국적 현상을 사회과학적으로 탐구할 것을 요구하고 있다. 이런 요청이 예사롭지 않은 까닭은 한국의 고유한 현실에 관한 한 사회과학이 과학적 인식을 보여준 적이 별로 없기 때문이다. 예를 들면 학벌 문제가 그런 경우인데, 내가 『학벌사회 – 사회적 주체성에 대한 철학적 탐구』라는 책을 쓴 이후에도 이 문제에 대한 본격적인 사회과학적 탐구는 여전히 너무 부족하다. 불평등의 문제는 사회학 및 사회과학 일반에서 가장 중요한 탐구 주제에 속한다. 그런데 한국 사회에서 불평등과 사회적 차별의 가장 결정적인 재생산 장치라고 할 수 있는 학벌체제에 대해 한국의 사회과학자들은 언필칭 사회과학적 시선을 갖다 댄 적이 거의 없다. 그들은 학벌에 대한 탐구나 서울대에 대한 비판이 그다지 학문적이지 않다는 비판을 하긴 하지만, 정작 그들 자신이 학벌 문제를 사회과학적으로 분석할 줄은 모른다.

삼성과 이건희 그리고 재벌 문제에 대해서도 사실은 마찬가지이다. 강준만 교수가 삼성 및 이건희에 대한 한국학을 요청했으나, 과연 그 이후 한국의 재벌체제 일반에 대해서나 삼성과 이건희에 대해 엄밀한 의미에서 사회과학적 분석과 해명이 있었던가? 우리가 이렇게 정면으로 묻는다면 조금이라도 생각할 줄 아는 사람이라면 사회현상을 과학적으로 탐구하고 인식한다는 것이 무엇을 뜻하는지 그것 자체가 대답되어야 할 난문이라는 것을 깨닫게 될 것이다. 따지고 보면 강준만 교수가 삼성과 이건희에 대한 제대로 된 학문적 탐구를 요청하기 전에도 이와 관련된 연구 자료와 읽을거리들은 차고 넘치도록 많았다. 그럼에도 불구하고 강준만 교수가 삼성과 이건희에 대한 한국학을 요구했던 것은 그 모든 것들이 아직 학문적인 차원의 해명이 아니었기 때문이다. 이런 사정은 지금도 마찬가지이다. 강준만 교수의 문제 제기 이후 『한국 사회, 삼성을 묻는다』를 비롯하여 삼성과 이건희에 대한 다양한 사회과학적 분석이 있었으나 그런 성과를 온전한 의미에서 과학적이라 말할 수 있는지는 의문이다. 왜냐하면 삼성의 행태에 대한 현상적 서술과 내적 분석이 그리고 비판이 곧 사회과학적 인식은 아니기 때문이다. 한윤형의 표현을 빌려 말하자면 그 모든 것이 "독재 권력 붕괴 이후 훨씬 더 복잡해진 사회 갈등의 양상을 조망"하는 데는 아무 쓸모가 없는 것이기 때문이다. 이런 조망은 오직 삼성과 이건희를 한국 사회 및 자본주의적 사회 질서의 근본적 형성 원리로부터 바라볼 수 있을 때 가능하다. 하지만 과연 어떤 사회과학 이론이 그런 조망을 우리에게 주는가? 그리하여 한국 사회 또는 더 나아가 현대 사회 전체의 지평에서 삼성과 이건희가 도대체 무엇인지는 아직 알 수 없는 어둠 속에 있다. 그렇다면 무엇이 문제인가? 한국의 재벌과 삼성 그리고 이건희가 엄연히 존재하는 현실임에도 불구하고 사회과학이라는 것이 현상적 분석과 기술밖에 주지 못한다면, 어쩌면 한윤형이 말한 사회과학적 시선이란 허구적인 관념물에 불과한 것은 아닐까? 아니면 도대체 사회과학적 시선이란 무엇인가? 그리고 사회 현상을 사회과학적으로 해명한다는 것은 무엇을 의미하는가?

앞서 말했듯이 이런 물음에 대한 대답을 한윤형의 글에서 찾을 수는 없다. 하지만 그의 글에서 우리는 부정적인 실마리를 찾을 수는 있다. 다시 말해 우리가 삼성과 이건희를 비판하는 것이 어떤 의미에서 과학적이 아닌지를 짐작할 수는 있는 것이다. 우리가 삼성을 비판하는 것은 그것이 단순히 기업이 아니라 권력이기 때문이다. 하지만 교과서적인 의미의 사회과학적 관점에서 보자면, 그렇게 "권력으로부터의 해방을 위해 권력의 머리를 타격하는 것"은 권력구조에 대한 과학적 인식과는 거리가 멀다. 이를테면 박정희나 하나회 그리고 〈조선일보〉를 비판하는 것이 한국의 권력구조를 과학적으로 인식하는 것도 아니고 한국 사회의 모순을 근본에서 타파하는 것도 아니었던 것처럼, 삼성이나 이건희라는 권력의 머리를 타격하는 것 역시 마찬가지라는 것이다.

만약 독일의 사회과학자들에게 독일 사회의 지배적 권력이 무엇이냐고 묻는다면 적어도 주식회사 메르세데스 벤츠라고 말하지는 않을 것이다. 그 대신 그들은 아마 십중팔구 자본이나 부르주아 계급이 독일 사회를 지배한다고 대답할 것이다. 자본이나 부르주아는 비인격적인 개념이거나 익명적 개념이라는 점에서 삼성이나 이건희와는 다르다. 생각하면 서양의 철학자나 사회과학자들이 주체나 공동체의 개념이 아니라 비인격적인 구조나 법칙을 통해 사회의 권력관계를 분석하려 한 것은 까닭 없는 일이 아니었다. 이를테면 태양계의 중심이 태양이요, 행성들이 태양의 중심을 공전한다 해서 만약 누군가가 태양이 다른 모든 행성들의 지배자라고 말한다면 이는 무지의 소치에 지나지 않을 것이다. 태양이든 지구든 아니면 달이든 모두 중력의 법칙 아래 있으므로, 진정한 지배자는 법칙이지 태양도 지구도 아니기 때문이다. 사회도 마찬가지이다. 헤로도토스는 그리스의 지배체제를 설명하기 위해 그리스인들은 사람을 왕으로 섬기는 것이 아니라 법을 왕으로 섬긴다고 말했다.[3] 이처럼 법이 지배하는 사회에서 지배체제를 해체하기 위해서는 지배하는 사람이 아니라 법을 바꾸어야 한다. 여기서 헤로도토스가 말하는 법은 법률이다. 하지만 아담 스미스 이후 근대 사회과학이 사회를 지배하는 법을 탐구하기 시작했을 때 그것은 단순히 정치적으로 정립된 법이 아니었다. 도리어 사회과학자들은 명시적으로 제시된 법조문의 근저에 사회를 지배하는 보다 근본적인 법칙이 있다고 생각했다. 아담 스미스는 그것을 '보이지 않는 손'이라고 비유적으로 말했으나 마르크스는 그 보이지 않는 지배적 근거를 보다 정밀하게 자본의 운동법칙으로 서술하였다.

그에 따르면 자본의 운동법칙이야말로 사회를 근본에서 움직이는 하부구조이며 국가의 법이란 도리어 그 하부구조의 반영인 상부구조에 지나지 않는다. 하물며 그런 법칙의 지배를 받는 인간에 대해서야 더 말해 무엇 하겠는가? 태양이 지구나 달에 비해 아무리 큰 별이고, 지구나 달이 태양의 중력에 아무리 강력하게 매여 있다 하더라도, 태양 역시 중력의 지배 아래 있는 하나의 별에 지나지 않듯이 특정한 자본가가 아무리 엄청난 재산을 소유하고 있다 하더라도 그의 자본과 권력이란 사회를 근본에서 지배하고 있는 하부구조 및 자본의 운동법칙에 비하면 한갓 꼭두각시에 지나지 않는 것이다. 그러므로 자본주의 사회에서 지배·피지배 관계를 철폐하기 위해서는 특정한 자본가나 기업이 아니라 자본의 운동원리 그 자체를 해체하지 않으면 안 된다는 것이 우리가 알고 있는 사회과학의 기본 인식이다.

이런 '과학적' 인식에 비추어 보면 한국 사회의 지배구조를 타파하기 위해 삼성을 해체해야 한다는 우리의 주장은 너무도 피상적이고 비과학적이다. 한국 사회의 지배구조를 해명하고 극복하기 위해서는 삼성 및 이건희 일가나 재벌 기업이 아니라 자본주의 일반이나 오늘날의 신자유주의의 구조를 분석하고 비판하는 것이 훨씬 더 과학적인 태도일 것이다. 하지만 이런 사정을 잘 알고 있음에도 불구하고 우리는 다시 한 번 한국 사회의 권력구조를 '사회과학적으로' 인식하기 위해서는 신자유주의나 자본주의가 아니라 삼성을 정면으로 문제 삼아야 한다고 말하지 않을 수 없다.

근거와 법칙

아리스토텔레스가 말했듯이 오직 근거를 앎으로써 우리는 무엇인가를 온전히 인식한다. 하지만 무엇인가를 근거에서 생각한다는 것은 무엇을 뜻하는가? 아리스토텔레스에 따르면 근거란 그것으로부터 어떤 것이 바로 그 어떤 것이 되고 생겨나며 또 인식되는 것을 의미한다.[4] 다시 말해 어떤 것을 없지 않고 있게 해 주며, 다른 것이 아니라 바로 그것이 되도록 만들어 주고, 또 인식하게 만들어 주는 원리가 근거인 것이다. 그러므로 우리가 사물의 형성 원리나 유기체의 생성 원리를 인식할 때 근거를 안다고 말할 수 있다. 원칙적으로 말하자면 예나 지금이나 근거를 인식하는 것이 학문적 인식 또는 이론적 인식의 요체이다. 하지만 근거의 개념은 근대 이후 물리학에 의해 기초가 놓인 과학적 인식 방식을 통해 심대한 변화를 겪었다.

아리스토텔레스가 말했던 근거에 해당하는 그리스어 낱말 아르케(arche)는 원래 두 가지 뜻을 지니고 있었는데, 그 하나는 '처음'이요 다른 하나는 '권력'이다. 근거 지어지는 사물에 앞서면서 그것을 지배하는 것이 근거인 것이다. 그런데 이 아르케라는 말이 로마인들에게 전해졌을 때 그들은 이 낱말을 프린키피움(principium)으로 번역했는데, 나중에 이 낱말이 현대 서양 언어들에서 원리를 뜻하는 'principle'이나 'Prinzip' 등의 뿌리가 되었다. 근대 과학의 영역에서 이 말의 의미를 확립한 사람은 아마도 뉴턴일 것이다. 뉴턴이 고전물리학의 기초를 놓은 책의 이름이 잘 알려진 대로 『자연철학의 수학적 원리』였는데, 이와 함께 원리라는 말도 자연과학에서 일반적으로 통용되는 학술어가 되었다. 하지만 뉴턴은 이 책 어디에서도 원리라는 말을 정의하지는 않았다. 다만 그는 마치 자명하고 당연하다는 듯이 이 낱말을 추상적이고 일반적인 법칙의 뜻으로 사용했다. 그에게 중요한 것은 원리 일반을 설명하거나 정의하는 것이 아니라 자기가 말하는 원리가 철학적 원리가 아니라 수학적 원리라는 점을 분명히 하는 일이었다.

아리스토텔레스의 근거가 뉴턴의 원리가 된 것은 우리가 학문적으로 설명하고 인식하려는 현상의 근거가 실체도 아니고 주체도 아니며, 오로지 추상적이고 비인격적인 법칙이 되었다는 것을 의미한다. 아리스토텔레스가 근거를 말했을 때 그것은 사실 신이었다. 아리스토텔레스에게서 신은 스스로 존재하는 자라는 점에서 실체요, 생각하는 자라는 점에서 주체이다. 하지만 실체의 개념도 주체의 개념도 아리스토텔레스에게서는 아직 충분한 성숙의 단계에까지 이르지는 못했다. 근대 철학은 이 두 개념을 궁극에까지 추궁하여 "실체는 본질적으로 주체"라는[5] 헤겔의 정식화에 이르게 된다. 그러나 근대 철학이 실체와 주체의 개념에 몰입한 것과 달리 뉴턴 이후 근대 과학자들은 실체의 개념도 주체의 개념도 필요로 하지 않았다. 생각하면 근대 과학이 철학으로부터 자립성을 획득한 것을 이처럼 극명하게 드러내 주는 것도 없을 것이다. 철학자들이 실체나 주체의 이념을 통해 세계를 총체성 속에서 해명하려 애쓰고 있을 때, 과학자들은 다만 추상적 법칙 속에서 자연의 근거를 발견하려 했던 것이다.

철학과 과학의 경쟁에서 승패는 누가 보아도 분명한 것이었다. 자연철학이 철학으로부터 독립해 자연과학이 되었듯이 글래스고우 대학의 도덕철학 교수였던 아담 스미스는 도덕철학을 철학으로부터 독립시켜 사회과학으로 나아가는 길을 열었다. 그 이후 마르크스를 거쳐 오늘날에 이르기까지 사회과학자들 역시 원칙적으로 주체나 실체의 개념이 아니라 비인격적인 근거를 통해 사회를 과학적으로 인식하려 했다. 하지만 사회과학자들이 아무리 사회를 과학적으로 인식하기 위해 노력해도 자연과학이 자연을 법칙화하듯 사회를 합법칙적으로 설명할 수는 없었다. 그 까닭은 사회가 사람들로 이루어진 공동체인 한에서, 사회의 형성 원리가 비인격적인 법칙으로 모두 환원될 수는 없기 때문이다. 사회는 법칙에 따라 움직이지 않는다. 사회과학들 가운데 경제학이 가장 과학적이라는 것은 일반적으로 인정되는 속설이다. 경제학자들은 자신의 논문을 종종 일반인이 알아볼 수 없는 수식으로 도배함으로써 과학성을 과시하려 하지만 부질없는 일이다. 물리학은 단 3개의 법칙으로 자연현상의 99퍼센트를 설명하지만 경제학은 99개의 법칙을 동원해서도 전체 경제현상의 단 3퍼센트도 제대로 설명하지 못한다.[6] 그 까닭은 칸트가 말했듯이, 자연은 법칙에 따라 움직이지만 인간은 법칙의 표상에 따라 움직이기[7] 때문이다. 그러므로 인간의 행위가 모여 일어나는 사회현상이란 어떤 경우에도 즉자적 법칙의 지배 아래 있을 수 없다. 설령 사회에 어느 정도 일반화된 법칙이 있다 하더라도 사람들은 그 법칙에 의해 일방적으로 지배받는 것이 아니라 그 법칙을 자기에게 유리한 방향으로 활용한다. 사실 자연법칙에 대해서조차 인간은 법칙의 일방적 지배 아래 있는 노예가 아니다. 도리어 데카르트가 일찍이 기대했듯이 인간은 자연법칙을 인식함으로써 법칙의 주체가 되고 자연의 지배자가 된다.[8] 하물며 사회의 법칙이야 더 말해 무엇하겠는가?

사회구조

이처럼 법칙을 통해서가 아니라면, 사회를 과학적으로 인식한다는 것이 무엇을 의미하는가? 또는 같은 말이지만, 사회를 근거로부터 인식한다는 것은 무슨 의미인가? 이 문제와 관련해 사회과학자들은 구조의 개념을 통해 사회과학이 처한 인식론적 곤경에서 벗어나려 했다. 다른 무엇보다 마르크스의 하부구조 및 상부구조의 개념을 통해 우리에게 친숙해진 구조의 개념은 원래 사회과학과 아무런 상관도 없는 개념으로서 건축에서 건물의 골격을 뜻하는 말이었다. 그러던 것이 17세기부터 식물의 분류학에서 분류의 기준이 되는 유기체의 골격이나 형태를 뜻하는 말로 쓰이기 시작하면서, (예를 들어 스펜서처럼) 사회를 유기체로 파악하려 했던 사회학자들에 의해 사회과학에 도입되었다. 그 후 사회과학에서 구조란 말은 "개인들이 상호작용하고 공존할 수 있도록 해 주는 제도들의 독특한 배열을 가리키는"[9] 학술 용어로 자리를 잡았다. 사회학자 기든스(A. Giddens)는 구조란 "사회체계의 재생산에 순환적으로 얽혀 있는 규칙과 자원으로 이해될 수 있다"고[10] 말하는데, 우리는 여기서 재생산이라는 말을 유기체의 재생산의 은유라고 보아도 좋을 것이다. 그러니까 구조란 단순히 공간적인 의미에서 사회의 골격을 뜻하는 말일 뿐만 아니라 한 사회체계가 유지되고 지속될 수 있도록 하는 조건이기도 하다고 생각할 수 있다. 하지만 구조는 사회체계의 지속과 재생산뿐만 아니라 변동의 조건이 되기도 한다. 이를테면 마르크스의 경우 사회의 하부구조를 이루는 생산력과 생산관계의 내적 모순은 사회 변동의 가장 결정적인 근거이다.[11]

하지만 마르크스가 아무리 구조를 통해 변동까지를 설명한다 하더라도 구조의 개념이 본질적으로 건축술적 개념이라는 사실이 변하는 것은 아니다. 마르크스에게서 하부구조를 뜻하는 낱말 'Basis'는 원래 건축에서 대지를 뜻하는 말이며, 상부구조를 뜻하는 낱말 'Überbau'는 그 대지 위에 지어진 건물을 뜻하는 말이다. 이 둘이 합쳐져 이른바 경제적 사회구성체(Gesellschaftsformation)가 이루어진다. 그러니까 사회구성체란 하부구조라는 대지 위에 세워진 건물과도 같다. 마르크스는 구조를 단지 유기체적 통일성의 관점에서가 아니라 내적 분열과 모순의 관점에서 보았다는 점에서 여느 사회과학자들과 다른 입장을 취했으나, 근본에서 건축술적인 관점을 포기한 것은 아니었던 것이다. 이처럼 사회를 하나의 구성체로 본다는 것은 한마디로 말하자면 그것을 철저히 비인격적인 구조물로 고찰한다는 것을 의미한다. 이런 의미에서 사회구성체에 대한 탐구는 유물론적이다. 이진경은 『사회구성체론과 사회과학 방법론』에서 유물론적 관점에서 본 사회과학의 대상을 가리켜 "어떠한 주관적 의도나 의지로부터 독립적인 객관적 실재로서, 필연적이고 물질적인 사회적 제 관계 특히 사회적 생산관계"라고 못 박고 있다.[12] 생각하면 마르크스가 한편에서는 건축술적인 은유를 그대로 사용하면서 사회의 혁명적 변동을 그와 결합시킨 것은 천재적인 발상이기는 하지만 동시에 그만큼 당혹스런 발상이기도 했다. 왜냐하면 아무튼 대지나 건물이 서로 다투어 붕괴되는 것도 이해하기 어려운 일이지만 폐허로부터 새로운 건물이 스스로 생겨난다는 것은 더욱 상상할 수 없는 일이기 때문이다. 사회구성체의 근본적 변화를 불러오는 첫째가는 근거인 생산력의 발전은 인간의 활동이 없다면 일어나지 않을 것이다. 이런 의미에서 아무리 건축술적인 사회과학이라도 인간의 주체적 활동을 고려하지 않을 수 없지만, 마르크스를 비롯해 많은 사회과학자들에게는 생산력의 근저에 있는 주체가 익명적 주체라는 사실이 인격적 주체성을 사회구성체의 지속과 변동을 설명하는 요소로부터 배제할 수 있는 편리한 이유가 된다.

사회에 대한 이런 비인격적 설명방식이 정반대의 사고방식에 의해 지속적으로 도전을 받아온 것은 조금도 이상한 일이 아니다. 포퍼(K. R. Popper)는 "모든 사회현상과, 특히 모든 사회제도의 기능 작용은 항상 개개인의 결단, 행위, 태도 등등으로부터 초래된 것으로 이해되어야 한다"고[13] 주장한다. 이런 주장을 가리켜 우리는 '방법론적 개인주의'라 부르는데, 이런 입장은 객관적 구조를 신봉하는 사회과학자에게는 대단히 비과학적으로 들리겠지만 의외로 많은 사람들에게 받아들여지고 있다. 이런 사고방식은 학문적인 차원에서는 자유주의나 개인주의의 이론적 토대로 기능하지만, 그보다는 보통 사람들의 일상적 세계관에서 더욱 두드러지게 나타난다. 멀리 갈 것도 없이 사람들이 박정희 시대 또는 이건희 시대라고 말할 때, 그들은 한 시대가 한 개인의 인격과 주체적 활동을 통해 형성되었다고 믿는다. 이런 종류의 영웅주의야말로 개인주의의 가장 극단적인 형태인 바, 이런 관점이 아무리 극단적이고 터무니없어 보이더라도 결코 까닭 없이 생겨난 것은 아니다. 왜냐하면 사회는 아무튼 사람의 모임이므로, 사람의 행위를 통해 이해되어야 한다는 점에서 개인주의는 구조주의에게는 없는 설득력을 지니고 있기 때문이다. 만약 사회가 건물과 같은 합성물이었더라면 사회의 형성 원리는 비인격적인 구조라고 말해야 했을 것이다. 하지만 사회는 건물이 아니다. 건물은 사물들이 외적인 힘에 의해 합성되어 생겨나는 것이지만 사회는 사람들의 활동에 의해 형성되고 유지되며 또 변화하는 것이다. 이런 점을 고려하면 박정희나 이건희가 한 시대 우리 사회를 통째로 형성했다는 믿음도 터무니없다고만 할 수도 없을 것이다.

하지만 아무리 그렇더라도 우리가 방법론적 개인주의나 그 극단적 형태인 영웅주의를 옹호할 수 없다는 것은 분명하다. 우리의 논의가 추상적 공리공담에 흐르지 않도록 하기 위해 다시 삼성과 이건희라는 사회 현상으로 돌아가 생각하자면, 삼성이든 이건희든 한국 사회에서만 있을 수 있는 사회 현상이라는 것은 분명하기 때문이다. 그러므로 우리는 다시 개인이 아니라 사회로 돌아와서 특정한 사회 현상의 근거를 묻지 않으면 안 된다. 하지만 그 근거가 사회의 사물적 구조가 아니라면 과연 무엇일 수 있겠는가? 앞에서 우리는 사회과학 역시 사회를 근거에서 인식할 때 비로소 그것을 과학적으로 인식한다고 할 수 있다고 말했다. 그렇다면 사회를 근거에서 인식한다는 것은 무엇을 뜻하는 말이겠는가?

공동체와 만남의 길

이제 이 물음에 우리 스스로 대답한다면, 그것은 한마디로 말해 공동체의 형성 원리를 인식하는 것을 의미한다. 왜냐하면 사회는 물체도 아니고 유기체도 아니며 오로지 공동체이기 때문이다. 사회는 사회들의 총체이다. 우리가 한국 사회라고 이름 붙이는 사회 내에도 수많은 사회들이 있다. 그런데 모든 크고 작은 사회는 공동체이다. 공동체야말로 사회적 존재(social entity)인 것이다. 그러므로 한국 사회의 근거를 인식한다는 것은 한국 사회를 이루고 있는 수많은 공동체들의 생성 및 운동 원리를 아는 것은 물론이거니와 그 모든 공동체들이 모여서 이루는 전체 공동체로서 한국 사회의 구성 및 운동 원리를 아는 것을 의미한다.

공동체는 합성된 물체도 아니지만 유기체도 아니다. 그러므로 구조도 기능도 공동체의 형성 원리는 아니다. 우리는 구조나 기능의 개념으로는 사회의 근거를 온전히 해명할 수 없다. 공동체는 구조나 기능이 아니라 만남의 현실태이다. 만남이라는 활동이 굳어지면, 공동체가 된다. 맺어지기도 하고 흩어지기도 하는 활동이 만남이지만, 그런 만남의 활동이 정해진 형식과 테두리를 가지고 지속하기 시작하면, 그런 만남은 공동체가 되는 것이다. 그런즉 모든 공동체의 형성 원리는 만남이다. 하지만 만남의 성격은 천차만별이다. 그러므로 어떤 사회를 온전히 인식하기 위해서는 그 사회를 형성하는 만남의 성격을 명확하게 규정해야 한다. 한국 사회를 그 고유성 속에서 인식하려 할 경우에도 마찬가지이다. 이를 위해서는 한국 사회 속의 크고 작은 공동체를 형성하는 원리인 만남의 성격을 분명히 해야 하는 것이다. 물론 이 만남이 아무렇게나 일어나는 것은 아니다. 거기에도 나름의 형식과 조건이 있다. 한 사회를 그 고유성 속에서 과학적으로 인식하는 것은 그 만남의 형식과 조건을 인식하는 것을 뜻한다. 그렇다면 우리가 말하려는 만남의 형식과 조건이 사회과학자들이 말해온 구조가 아니라면 무엇인가? 그것은 '길'이다. 죽은 건물은 구조와 골격을 통해 형성되지만 사람과 사람의 만남은 구조가 아니라 길을 통해 일어난다. 그러므로 길이 만남의 형식이며, 공동체의 형성 원리이다.

길은 너와 나의 만남을 가능하게 하지만 또한 제한하기도 한다. 땅 위에는 걸을 수 있는 곳도 있지만 걸을 수 없는 곳도 있으니, 대개 사람들은 길이 아닌 곳은 걷지 않는다. 그러므로 우리는 정해진 만남의 길을 보면 한 사회에서 사람들의 사회적 삶과 행위가 왜 그렇게 전개되는지 설명할 수도 있고 경우에 따라서는 예측할 수도 있을 것이다. 이런 점에서 길은 구조와 크게 다르지 않은 것처럼 보인다. 구조 역시 사람들 사이의 상호작용의 규칙이라고 이해되기 때문이다. 하지만 길과 구조는 다르다. 우리의 삶은 미리 주어진 만남의 길 위에서 펼쳐지지만, 길을 만드는 자는 엄연히 우리들 자신이기 때문이다. 구조가 인간의 사회적 삶을 일방적으로 규정하는 근거라고 여겨지는 데 반해, 길은 주체의 인격적 활동과 서로 제약하고 근거 짓는 관계에 있다. 사람이 길의 지배를 받듯이 길도 사람의 지배를 받는 것이다. 그러므로 한국인들의 사회적 만남의 형식을 박정희가 근본에서 규정했다고 말하거나 이건희가 규정하고 있다고 말한다고 하더라도 이것이 전혀 비과학적인 관점이라고 말할 수는 없다. 만남은 반드시 길을 통해 일어나지만, 길은 만남의 행위가 없는 곳에서는 결코 생겨나지 않는다. 만나는 행위의 주체는 사람이다. 그리하여 만남 속에서 길을 만드는 자도 사람인 것이다. 이 과정에서 어떤 특정한 사람(또는 사람들)이 모두가 걷는 길을 만드는 데 지대한 역할을 수행하는 것은 얼마든지 있을 수 있는 일이다. 이를테면 한 국가의 법률을 기초하는 입법자는 자신의 입법 행위를 통해 그 국가의 모든 구성원들이 따라야 할 사회적 만남의 길을 닦는 일을 하는 것이다.

여기서 우리가 길과 구조의 차이를 강조하는 까닭은 사회현상의 근거를 구조가 아니라 길로 이해할 때만 한 사회를 근본에서 변화시킬 수 있는 가능성을 인식할 수 있기 때문이다. 구조는 사물의 골격이다. 사물의 골격이나 짜임새는 한 번 고정되면 변할 수 없다. 구조가 변한다는 것은 한 사물이 더 이상 그것이 아니라는 것, 아니 해체된다는 것을 의미한다. 그런 의미에서 사물은 구조에 저항할 수 없다. 그런데도 우리가 이런 사물적 구조의 개념으로 사람의 일과 사회현상을 인식하려 한다면, 우리는 고작해야 인간과 사회의 사물적 차원만을 해명할 수 있을 뿐이다. 건물이 골격으로부터 해방될 수 없듯이 인간에게도 결코 벗어날 수 없이 고정된 사물적 존재의 차원을 닮은 요소들이 있을 수 있다. 그런 사물적 요소에 주목하는 철학자들은 이성의 선험적 구조를 말할 것이고, 언어학자들은 언어의 구조를 말할 것이며, 심리학자들은 무의식의 구조를 말할 것이고, 경제학자들은 경제구조를 말할 것이다. 하지만 이렇게 인간의 사회적 삶을 지배하는 불변적 구조에만 몰입할 때 인간의 자유로운 삶의 생동성은 학문적 시야에서 사라지며, 주체적 변화의 가능성에 대한 전망도 닫히고 만다. 오직 우리가 사회를 구조가 아니라 길을 통해 인식할 때, 우리는 우리 스스로 사회를 변화시킬 수 있는 가능성을 학문적으로 근거 지을 수 있을 것이다.

사회적 존재의 유비와 전형적 공동체

이런 의미에서 한국인이 걷는 만남의 길을 이해할 때 우리는 한국 사회를 근거로부터 이해할 수 있다. 그리고 이를 통해 우리는 한국 사회를 이론적으로 인식하는 동시에 실천적으로 변화시킬 수 있다. 하지만 한국 사회를 형성하는 만남의 길을 우리는 어디서 어떻게 인식할 수 있는가? 만남을 통해 공동체가 형성되는 한에서, 만남의 길은 공동체의 존재근거 (ratio essendi)이며 공동체는 만남의 길의 인식근거(ratio cognoscendi)이다. 우리는 오직 어떤 특정한 공동체 속에서 한국 사회를 지배하는 만남의 길을 인식할 수 있다. 하지만 수많은 공동체들 가운데 어떤 공동체가 그런 공동체인가?

이 문제에 관해 우리는 스콜라 철학자들이 말했던 존재의 유비 (analogia entis)를 공동체들 사이에도 적용할 수 있을 것이다. 무수히 많은 공동체들이 한 사회 속에 있지만 그 공동체들 사이에는 존재의 위계가 있다. 이를테면 우리 앞에 다양한 종류의 금붙이들이 있다면, 우리는 순금에서부터 금을 섞은 금속을 지나 금이 하나도 섞여 있지 않은 진흙이나 모래까지 금의 위계를 상정할 수 있을 것이다. 이 경우 순금은 다른 모든 금붙이들을 다른 종류의 사물들과 구별하여 금붙이가 되게 만들어 주는 근거요 원형이다. 마찬가지로 한국 사회 속에 존재하는 공동체들에 대해서도 우리는 그 모든 공동체를 하나로 묶어 한국적으로 만들어 주는 지배적인 공동체를 상정하고 그로부터 다른 공동체들의 형성 원리를 탐구할 수 있을 것이다. 공동체들 사이의 이런 위계를 우리는 사회적 존재 유비(analogia entis socialis)라고 부를 수 있을 것이다. 이를테면 우리가 한국 사회를 학벌사회라고 부를 때,[14] 그것은 한국 사회 전체 및 그 내부의 공동체들이 정도의 차이는 있지만 모두 학벌 공동체의 형성 원리에 따라 형성된다는 것을 의미한다. 학벌 관계가 사회적 결속의 주요 원리가 되는 것이다. 그런데 학벌사회의 만남의 길을 분석하기 위해 우리는 다른 무엇보다 서울대 학벌을 분석해야 할 것이다. 왜냐하면 서울대 학벌이야말로 한국 사회의 전형적이고도 지배적인 학벌 공동체이기 때문이다. 그리고 한국의 학벌체제를 변화시키기 위해서도 우리는 마찬가지로 서울대 학벌을 가장 먼저 타파하지 않으면 안 될 것이다. 이런 의미에서 학벌이 문제라면 이론적인 의미에서나 실천적인 의미에서 최고 학벌이라 할 수 있는 서울대 학벌을 논의의 중심에 놓아야 한다. 이런 의미에서 한윤형이 비판했던 "권력의 머리를 타격하는 것"은 이론적으로나 실천적으로 그렇게 비과학적인 일은 아니다.

물론 한국 사회를 학벌사회로 규정하는 것은 한국 사회를 아직 이른바 충분한 근거(ratio sufficiens)로부터 인식하는 것은 아니다. 학벌 공동체는 한국 사회의 특수성을 이루는 근본적 요소로서 한국 사회의 차별의 재생산 장치이기는 하지만, 그것만으로 우리가 한국 사회의 운동 원리를 다 이해할 수는 없기 때문이다. 그 이유는 다른 무엇보다 학벌이 기생(寄生)권력이기 때문이다. 학벌은 그 자체로서는 아무런 고유한 성격도 특별한 이념도 없는 일종의 사회적 신분일 뿐이다. 이런 의미에서 보자면 학벌에는 자아가 없다. 그런 까닭에 학벌은 자기의 권력의 내용을 스스로 정립하지 못하고 어떤 권력이 들어서든 그 권력에 기생함으로써만 자기를 유지할 수 있다. 일본 제국주의자들이 이 나라를 지배할 때는 일본 제국주의자들에게, 군부 독재자가 지배할 때는 군부 독재 권력에 그리고 오늘날처럼 자본이 지배하는 사회에서는 자본에 기생하면서 자기를 이어가는 것이 학벌 권력이다. 이처럼 시대를 뛰어 넘어 동일한 형식으로 지속한다는 점에서는 학벌은 한국 사회에서 삼성보다 더 오래고 근본적인 권력의 형식이라고 말할 수 있다. 우리가 굳이 삼성불매운동을 벌이지 않더라도 삼성은 망할 수도 있겠지만, 경성제대-서울대 학벌은 삼성보다 더 오래되었고 삼성보다 더 오래 갈 것이다. 하지만 학벌의 이 무시간성 또는 불변성은 그것의 유서 깊은 근원성을 말하는 동시에 고정성을 뜻하는 것이기도 하다. 학벌은 운동하지 않는다. 그것은 고정된 차별의 원리일 뿐 운동의 원리가 아니다. 이를테면 서울대 학벌은 한국 사회의 최고 권력집단이지만 한국 사회를 진정한 의미에서 움직이는 운동 원리는 아니다. 왜냐하면 학벌에는 자아가 없기 때문이다. 그것은 생명 없는 기생권력이다. 그러므로 학벌은 본질적으로는 스스로 운동하지 않고 다만 살아 움직이는 권력에 기생하여 그 권력을 향유할 뿐이다. 물론 입시경쟁 또는 학벌경쟁도 일종의 운동이다. 그러나 그 운동은 마치 다람쥐 쳇바퀴 돌리듯, 아무 것도 변화시키지 못하는 영원한 반복운동에 지나지 않는다. 그런 까닭에 일제시대에서부터 군부독재시대를 거쳐 오늘날에 이르도록 학벌은 근본에서 늘 동일한 방식으로 재생산되는 것이다. 하지만 한 사회를 근거로부터 인식하기 위해서는 고정된 차별의 원리뿐만 아니라 사회의 운동 원리를 인식하지 않으면 안 된다. 그리고 운동 원리는 그것이 운동의 시원이라는 바로 그 이유 때문에 스스로 변화속에 있는 것이기도 하다. 그러므로 사회의 운동 원리는 시대에 따라 다른 얼굴을 하고 나타나는 것이다. 이런 의미에서 우리는 지금 우리 시대에 한국 사회의 역동적 운동을 이끄는 지배적이고 전형적인 공동체가 무엇인지를 물어야 한다.

그렇다면 그런 공동체가 과연 무엇이겠는가? 그것이 삼성이다. 그러므로 우리는 다른 어떤 공동체들보다 삼성이라는 공동체를 탐구함으로써 한국 사회의 형성 원리를 온전히 그 역동성 속에서 인식할 수 있다. 이런 의미에서 삼성을 생각한다는 것, 또는 이건희를 생각한다는 것은 한국 사회를 운동의 근거에서 사유한다는 것을 뜻한다. 그리고 이 점에서 삼성을 비판하는 것을 〈조선일보〉를 비판하는 것과 같은 차원에 놓아서는 안 된다. 〈조선일보〉가 한국 사회의 여론을 지배하는 것이 아무리 심각한 사회 문제라 하더라도 〈조선일보〉를 비판하는 것이 한국 사회의 모순을 근본에서 치유하고 극복하는 것이 될 수는 없다. 왜냐하면 〈조선일보〉가 한국 사회를 움직이는 지배적 공동체라고 말할 수는 없기 때문이다. 하지만 삼성은 다르다. 그것은 오늘날 한국 사회를 움직이는 최고의 지배 권력이다. 이 점에서 삼성 및 이건희를 생각하는 것은 한국 사회를 근거에서 사유하는 것을 뜻한다.

이건희와 제왕적 경영

운동 역시 만남의 일이다. 삼성을 생각하는 것은 한국 사회를 형성하고 움직이는 만남의 길을 근거에서 탐구하는 것을 뜻한다. 하지만 여기서 삼성이라는 재벌 기업 집단을 형성하는 만남의 길을 사실적 측면에서 남김없이 기술하는 것은 철학이 할 수 있는 일이 아니다. 우리가 할 수 있는 일은 삼성이라는 공동체로부터 한국 사회의 전형적 형성 원리를 이끌어 내고 그것을 만남의 진리에 입각해 비판하고 더 나아가 참된 만남의 길을 새로운 공동체의 구성 원리로서 제시하는 일이다. 만약 만남이라는 관점이 아닌 다른 관점에서 삼성을 고찰한다면, 삼성은 나무랄 데가 없는 기업 집단이라 볼 수도 있다. 이를테면 삼성의 기술 수준이나 매출 규모나 수익률 같은 것을 두고 말한다면 누구도 삼성을 특별히 나쁜 기업이라고 비판할 수 없을 것이다. 도리어 삼성이 거둔 경제적 성공이 한국 사회의 자랑이라고 칭찬할 수도 있을 것이다. 하지만 공동체 구성 원리로서 만남의 길이 문제라면 이야기가 달라진다. 복잡하게 말할 것 없이, 노동조합을 절대로 용납하지 않는다는 점 하나만으로도 삼성은 가장 전근대적인 공동체이다. 그런 삼성이 기업국가로 변모한 한국 사회의 지배적 공동체로 군림함으로써 이제 삼성의 왜곡된 기업 지배구조는 한국 사회 전반의 공동체 구성 원리를 치명적으로 위협할 지경에까지 이르렀다.

자본주의의 발달사에서 주식회사는 비교적 최근에 출현한 기업 형태이다.[15] 그것은 자본주의적 공장 생산이 점점 더 대규모화되어, 더 이상 한두 가문이 기업을 창업하고 운영할 자금을 모두 떠맡고 책임지는 것이 불가능해지면서 생겨난 기업 형태이다. 초기 자본주의 발달 과정에서는 기업을 창업하고 경영하며 지배했던 주체는 가족이었다. 하지만 자본주의 경제가 발전하면서 거대해진 기업의 투자 규모는 특정 개인이나 가족이 기업을 배타적으로 소유하는 것을 점점 더 어렵게 만들었다. 그리하여 가족을 대신하여 금융기관이 기업을 지배하는 시대가 도래하였으나, 개별 은행이나 금융기관 역시 거대 기업의 경영을 온전히 책임지는 주체가 되기는 어려웠다. 자칫 기업이 도산이라도 하게 되면 은행까지 파산할 수 있기 때문이다. 주식회사는 이런 어려움을 피하면서 대규모 자금을 마련하기 위해 등장한 기업 형태이다.[16] 즉 불특정 다수의 대중에게 주식을 판매하여 대규모로 자금을 마련하면서도 특정 개인이나 은행이 기업의 흥망에 대해 무한책임을 져야 하는 위험을 회피할 수 있게 된 것이다. 이런 의미에서 기업 발전 과정에서 보자면 자본주의는 가족 자본주의에서 금융 자본주의를 거쳐 경영자 자본주의로 진화해 왔다고 말하기도 한다.[17]

여기서 사람들이 주식회사 방식의 기업 경영을 가리켜 주주 자본주의 대신 경영자 자본주의라고 말하기도 하는 까닭은 주식회사가 등장하면서 동시에 확립된 원칙이 소유와 경영의 분리였기 때문이다. 수많은 주주들이 주식을 분산적으로 소유하는 것이 일상화되면서 특정 개인이나 가족이 회사를 배타적으로 소유하고 경영하는 것이 어려운 일이 된 데다가 기업 경영의 효율성을 위해서도 전문 경영인에게 기업 경영을 맡기는 것이 보다 합리적이라 생각되었기 때문이다. 기업은 독립된 법인이며 법적인 권리와 책임을 지니는 주체로서 전문 경영인을 중심으로 경영의 자율성을 유지한다. 경영진은 법인의 이사회가 선임하지만 이사회를 구성하는 최종적인 권리는 주주총회에 줌으로써 경영진은 최종적으로 주주들에게 책임을 지는 현대적 주식회사 모델이 정립된다. 교과서적인 경제학 이론에 따르면 이사회의 구성을 노동자나 채권자나 계약자가 아니라 주주들에게 맡긴 것은 주주들이 회사를 사적으로 소유한다는 의미라기보다는 주주들이 회사에 관계된 모든 주체들 가운데서 회사의 운명을 가장 마지막까지 함께하는 가장 중요한 이해당사자이기 때문이다. 배가 난파하면 배에서 가장 마지막으로 탈출하는 선장이 배의 안전 운항을 가장 염려하듯이 주주 역시 기업의 경영을 최종적으로 책임지기에 합당한 가장 중요한 이해당사자라는 것이다.[18]

이런 의미에서 기업의 경영자가 주주들에게 최종적으로 책임을 지는 것이 교과서적인 주식회사의 지배구조이기는 하지만, 이런 주주 자본주의조차 무조건적인 타당성을 갖는 것은 아니다. 왜냐하면 기업에 관여하는 이해당사자가 반드시 주주만은 아니기 때문이다. 그러므로 법인으로서 법적인 자율성을 보장받고 있는 기업이 과연 누구에게 책임을 져야 하는가 하는 문제는 상황에 따라 얼마든지 대답이 달라질 수 있는 물음이다. 예를 들어 주주가 아니라 노동자가 가장 중요한 이해당사자라고 보지 못할 까닭이 없으며, 삼성생명 같은 보험회사의 경우에는 계약자의 보험금으로 성장했으니 계약자들이 가장 중요한 이해당사자라고 말할 수도 있다. 그러므로 독일의 대기업에서 종종 노동자 대표가 주식회사의 이사회에 참여하여 경영에 관여할 수도 있고, 정반대로 연기금 등의 기관투자가들이 최대 주주이지만 경영에는 전혀 관여하지 않는 경우도 있다. 오늘날 많은 나라에서 대기업의 최대 주주는 연기금 기관투자자들이다. 그런데 피터 드러커가 말했듯이 "연기금의 자본은 이월된 임금이다."[19] 그러므로 다양한 연기금이 주식회사의 최대 주주가 되는 경우에는 연기금이 기업 경영에 참여하지 않더라도 실질적으로 연기금의 주체인 노동자 및 국민이 그 기업의 소유권을 가진다고 볼 수도 있다. 하지만 그렇다고 해서 연기금이 기업의 경영에 적극적으로 개입할 수 있는 것도 아니다. 연기금이 아무리 많은 주식을 소유하고 있더라도 그것은 투자 수익을 위해서일 뿐 기업을 소유하거나 경영하기 위해서가 아니기 때문이다. 하지만 만약 우리가 주주 자본주의의 원칙을 고수한다면 기업의 소유권은 연기금에 귀속된다고 말할 수밖에 없다. 그런데 연기금은 노동자의 임금이니 결국 이 경우 기업의 경영권은 노동자에 의해 위임된 것이라고 말할 수밖에 없지 않겠는가? 드러커는 "이미 현실이 된" 이런 미묘한 상황에 대해 우리가 "적합한 사회적·정치적 혹은 경제적 이론을 갖고 있지 않다"는[20] 것을 정직하게 인정했다. 하지만 이런 복잡한 상황 변화에도 불구하고 원칙적으로 기업의 경영은 전문 경영인에 의해 자율적으로 이루어지고 이사회 및 주주총회에 그 경영 성과에 대한 책임을 지는 것이 오늘날 표준적인 주식회사 지배구조라고 할 수 있다. 간단히 말해 전문 경영인은 자율성을 지니는 대신 자신의 경영에 대해 책임을 지는 구조인 것이다.

이런 표준적인 주식회사 지배구조에 비추어 보면 한국의 재벌 기업 특히 삼성은 정말로 특이한 사례가 아닐 수 없다. 첫째로 그것은 생산 내용에서는 첨단의 기술 산업이면서도 지배구조에서는 현대적 주식회사와 전혀 어울리지 않는 가족 지배 아래 있다. 둘째로 그 총수인 이건희는 오직 권리만을 가질 뿐 기업 경영에 대해 어떤 법적 책임도 지지 않는다. 그는 법적으로 책임을 져야만 할 어떤 직위에 있었던 적도 없고 지금도 그런 직위에 있지 않으며, 삼성의 어떤 계열사의 의사결정에도 서명을 한 적이 없다. 그는 마치 유령인간처럼 언제나 비공식적으로 삼성을 지배하며 어떤 실패에 대해서도 책임지지 않는다. 법적으로 처벌받아야 할 일이 발생할 때, 책임을 지는 사람은 실질적인 결정을 내린 이건희가 아니라 언제나 아무런 실권도 없는 삼성 임직원들이다. 이런 제도적 무책임성은 박정희나 전두환조차 누리지 못했던 특권이다. 주식회사는 원칙적으로 주주들이 기업의 흥망에 무한책임을 지지 않고 유한책임만 지는 대신 기업 경영권을 포기하고 전문 경영인에게 양도하는 것을 그 가장 중요한 특징으로 한다. 그런데 삼성의 이건희는 삼성의 기업 경영에 대해 아예 아무런 책임도 지지 않으면서도 전체 계열사에 대한 무한한 지배권을 행사한다. 그렇다고 해서 그가 삼성의 계열사들에 대해 최대 주주이기 때문에 지배권을 행사하는 것도 아니다. 공정거래위원회 발표에 따르면 2009년 10월 현재 그가 삼성 계열사에 대해 지닌 주식 지분은 1.07퍼센트에 지나지 않는다. 최대 주주도 전문 경영인도 아니면서 한국 최대의 기업 집단을 지배할 수 있는 이런 권리는 도대체 어디서 온 것인가? 서양의 어떤 자본주의 경제학 이론도 이런 지배구조를 설명하고 정당화하는 이론을 제시한 적이 없다. 하지만 아무리 기이한 일이라도 이름이 없겠는가? 이건희의 이런 기이한 지배 권력을 가리켜 이제 사람들은 노골적으로 "제왕적 경영"이라[21] 부른다. 아첨을 위해서든 비난을 위해서든 이는 이건희의 삼성 지배에 썩 어울리는 이름이다. 왜냐하면 제왕이란 책임지지 않는 권력의 주체이기 때문이다.

자기가 속한 공동체의 모든 구성원에게 일방적으로 지배 권력을 행사하면서 그 누구에게도 책임지지 않는 주체야말로 홀로주체이다. 민주주의가 상식이 된 것처럼 보이는 시대에 이런 시대착오적인 공동체 구성이 어떻게 가능한지 생각할수록 불가사의한 일이지만, 어쩌다가 자본주의가 한국에 들어와 이토록 봉건주의로 퇴행했는지에 대해서는 아직 아무런 이론적 설명도 없다. 하지만 분명한 것은 급기야 제왕적 경영 운운할 지경에까지 이른 이런 퇴행이 단순히 한국의 기업문화에만 국한된 사태가 아니라 밖으로는 신자유주의의 범람 그리고 안으로는 1997년 외환위기 발생 이후 한국 사회가 전반적으로 '기업에 의한, 기업을 위한, 기업의 국가'로 줄달음치면서 어디서나 볼 수 있는 공동체 구성 원리가 되었다는 사실 그 자체이다. 다시 말해 한국 사회에서 어디서나 이건희처럼 한 사람이 공동체의 제왕이 되고 나머지 모든 구성원들은 아무리 지위가 높아도 그의 면전에서는 화장실조차 갈 수 없는[22] 이런 극단적인 노예 상태에 있는 것이 이제 삼성만의 일이 아니라 점점 더 보편적이고 일상적인 일이 되어가고 있는 것이다. 그리하여 이건희처럼 선출되지 않은 권력자가 아니라 이명박 같은 선출된 공직자나 유인촌처럼 임명된 공직자까지도 일단 권력을 행사할 수 있는 자리에 서면 그 권력이 위임받은 권력이라는 사실을 잊어버리고 제왕적 권력을 행사하려는 경향을 보이는 것이 이즈음 우리가 똑똑히 보고 있는 퇴행현상이다.

그런데 이건희는 그 엄청난 재벌 기업 집단을 자기 선친으로부터 물려받았으니 그렇다 치더라도 보통의 공동체에서 동일한 일이 일어나는 것을 어떻게 '사회과학적으로' 설명할 수 있겠는가? 먼저 재벌의 제왕적 지배 및 경영이 단순히 재벌 경영체제에서 그치지 않고 사회 공동체의 보편적 구성 원리가 되었다는 사실을 확인하기 위해 한국의 사회 공동체들이 재벌 기업 공동체와 같은 방식으로 구성되는 것을 보다 일반적이고 보편적인 방식으로 규정할 필요가 있다. 그렇다면 재벌 기업에서나 전혀 다른 종류의 공동체에서나 우리가 동일하게 발견할 수 있는 공동체 구성의 원리는 무엇인가? 긴 물음에 대해 간단히 대답하자면, 그것이 이른바 오너(owner) 지배의 원리이다. 사회 공동체가 어떤 종류이든 너와 나의 평등한 만남에 기초하여 우리 모두가 그 공동체의 주인 또는 주체가 되는 서로주체성의 현실태가 아니라 모든 사회 공동체가 반드시 주인을 가져야 하며, 사적으로 소유되고 지배되어야 하며 결과적으로 오너의 사적 이익에 봉사해야 한다는 이데올로기야말로 오늘날 한국 사회의 크고 작은 공동체들을 안으로부터 부패시키는 가장 치명적인 독소이다. 이 주인 이데올로기가 가장 강력하게 관철되는 곳은 물론 기업을 비롯한 모든 종류의 영리업체들이다. 돈은 사적으로 소유되는 것이니, 돈을 버는 것이 목적인 공동체는 사적으로 소유되는 것이 당연하다는 생각이 그 근저에 놓여 있다 하겠다. 그런데 한국 사회가 전반적으로 기업 공동체에 동화되면서 비단 돈을 버는 것이 목적인 영리업체나 기업뿐만 아니라 모든 종류의 사회 공동체들이 주인을 가져야 한다는 논리가 암암리에 보편화되었다.

이런 사정을 가장 잘 보여주는 사회 공동체가 교회이다. 오늘날 한국의 교회에서 목사의 권력이 얼마나 제왕적인지는 이즈음 대형 교회에서 교회의 목사 직위를 자식에게 세습하는 것이 일종의 유행이 되었다는 사실만 보아도 알 수 있다. 목사직을 아들에게 물려주는 것이 가능한 교회는 더 이상 신자들의 공동체가 아니라 사적으로 소유된 사물에 지나지 않는다. 이런 사정은 사립학교의 경우에도 마찬가지여서 다른 무엇보다 노무현 정부 중반기에 결국 실패로 끝난 사립학교법 개정 소동을 보면 한국에서 다양한 사회 공동체들이 공공적으로 운영되는 것이 얼마나 어려운 일인가를 잘 알 수 있다.

어떤 사회 공동체가 지갑 속의 화폐처럼 정말로 개인의 소유물이라 할 수 있다면 공동체에 대한 제왕적 지배도 눈감아줄 수 있을 것이다. 내가 나의 장난감을 어떻게 가지고 놀든 남이 간섭할 까닭은 없기 때문이다. 하지만 사립학교의 재단 이사장이든, 교회의 목사든 아니면 재벌 기업의 총수든 참된 의미에서 그 공동체들을 소유할 권리를 가진다고는 도저히 말할 수 없다. 대다수 사립학교는 국가의 지원 없이는 유지될 수 없으며, 교회는 엄연히 신자들의 헌금으로 유지되고, 재벌 기업 역시 총수의 지분을 시시콜콜하게 따지지 않더라도 모든 이해당사자들의 참여에 의해서만 유지될 수 있는 공동체이다. 이런 사정을 생각하면 우리는 사물이 아니라 사람들의 모임인 공동체를 사적으로 소유한다는 발상 자체가 불가능한 일이라는 것을 알 수 있다. 그럼에도 불구하고 그런 발상이 민주화 이후에 도리어 더 강화되고 있다는 것에 한국 사회의 당면한 위기가 있다. 그리고 그렇게 사유화된 공동체들의 전형은 기업이니, 오늘날 모든 공동체는 기업화되지 않으면 안 된다는 이데올로기가 한국 사회를 지배한다. 삼성은 이런 한국 사회의 크고 작은 공동체들의 존재 유비 속에서 정점에 있는 공동체이며, 이건희는 그런 삼성의 지배자이다.

제왕적 경영에서 시민적 경영으로

이런 상황에서 우리가 해야 할 일은 국가권력의 민주화에서 한 걸음 더 나아가 우리 사회의 공동체 구성 원리를 민주화하는 것이다. 그것은 공동체 구성의 원리를 홀로주체성에서 서로주체성으로 바꾸는 것을 의미한다. 한 공동체 내에서 한 사람만이 주체이고 다른 모두가 객체인 공동체를 공동체 구성원들 모두가 그 공동체의 서로주체가 되는 그런 공동체로 만드는 것이야말로 지금 우리에게 가장 절박한 과제인 것이다. 우리가 말해 왔던 삼성의 해체도 이런 의미에서 이해되어야 한다. 홀로주체성의 원리에 의해 구성되는 기업에서 모든 종업원은 시민이 아니라 백성일 뿐이다. 하지만 노동자가 기업의 노예도 아니고 백성도 아니며, 기업의 모든 권력이 그들로부터 나오는 최종적 주권자인 시민이 되면 안 될 까닭이 무엇인가? 삼성을 생각한다는 것은 근본에서 보자면 바로 이런 물음을 묻기 시작한다는 것을 의미한다.

우리는 대한민국의 헌법 제1조에 씌어 있는 "대한민국은 민주공화국이다. 대한민국의 모든 권력은 국민으로부터 나온다"는 조문을 자명하고 당연한 것이라고 생각하지만 사실 저 한 마디는 인류의 역사에서 얼마나 오랜 투쟁의 산물인가? 수천 년 전 국가권력이 유일한 권력이었던 시대에 아테네 시민들은 수백 년에 걸친 노력과 투쟁 끝에 모든 시민이 국가권력에 참여할 수 있는 권리를 얻어냈다. 그것은 인류의 역사에서 하나의 새로운 시작이었으나, 국가권력에 참여할 수 있는 권리가 인민의 보편적인 권리로 인정받는 데 다시 수천 년이 걸렸다. 근대에 들어와서도 서양에서는 왕권신수설에 입각해 '짐이 곧 국가'라는 말을 서슴없이 하던 시대가 있었다. 하지만 오늘날 우리는 그 말이 얼마나 허황된 말인지 잘 알고 있다. 모든 권력은 위임받은 권력이라는 것은 이제 삼척동자도 인정하는 우리 시대의 교양이 된 것이다.

하지만 이 원칙이 왜 기업에는 적용될 수 없는가? 왜 우리는 기업의 경영권은 사적으로 소유되고 양도되어도 좋다고 생각하는가? 사실 자본주의 경제학 교과서에 따르면 오늘날 거대 주식회사의 경영권은 결코 사적으로 소유될 수도 없고 양도될 수도 없다. 그 까닭은 그것이 한 사람이 소유하기엔 너무도 거대하기 때문이다. 어느 누구도 그런 주식회사가 제 집이나 제 차와 같은 의미에서 자기 것이라고 참칭할 수는 없다. 그래도 군이 소유주를 명기해야 한다면 창업자도 총수도 아니고 주주들이 주식회사의 소유주라는 것이 자본주의 경제학의 정설이었다. 우리는 이런 의미에서 기업의 경영권이 자본에 귀속한다고 말할 수 있을 것이다. 하지만 앞서 말했듯이 오늘날 거대 주식회사의 최대 주주는 대부분 연기금 기관투자자들이다. 그 연기금이 익명의 노동자들, 아니 더 나아가 익명의 시민들의 유예된 임금이요 예금이라면 주주 자본주의의 원리에 비추어 생각하더라도 주식회사의 최종적 소유권은 익명의 노동자와 시민들이라 해야 할 것이다. 아니면 다소 추상적으로 들리겠지만, 기업의 주인은 사회라고 말해도 좋을 것이다. 하지만 이 말은 주식회사에 주인이 없다는 말과 같다. 그렇다면 누구도 주식회사를 돌보는 사람이 없어질 것이니, 경영자에 의한 독재로 흐르거나 아니면 기업이 주인 없이 표류하지 않겠는가? 이런 사태를 비연에 방지하기 위해서는 가장 긴밀한 이해 당사자가 기업 경영에 대해 주도적인 권리를 행사하고 최종적인 책임도 져야 할 것이다. 그렇다면 그것이 누구인가?

이 물음에 대해 정해진 답은 없다. 지금으로서는 경제학이 우리에게 알려주는 것은 다만 무엇이 틀린 답인가 하는 것뿐이다. 이를테면 이른바 총수나 창업자가 기업의 주인이라거나 자동적으로 경영권을 갖는 것은 어떤 근거로도 정당화될 수 없다. 그들의 지분은 너무도 미미하기 때문이다. 그렇다고 해서 국가가 기업의 소유권자라고 말하는 것도 틀렸기는 마찬가지이다. 아무리 연기금을 국가가 관리한다 하더라도 국가는 연기금의 관리자일 뿐 소유자는 아니기 때문이다. 더 나아가 그런 국가가 기업의 경영권을 지배할 때 발생하는 관료주의적 비효율을 생각하면 국가에게 기업 경영의 백지수표를 줄 수는 없다. 그럼에도 누군가는 기업을 경영해야 하고 그 경영자는 누군가에게 실질적인 책임을 져야만 한다. 다르게 말해 누군가는 경영자를 선임하고 해임할 권리를 가져야만 한다. 그렇다면 누가 그런 의미에서 기업의 실질적 경영권자가 되어야 하겠는가?

이 물음에 대해 경제학은 적극적인 답을 주지는 않는다. 어쩌면 그 것은 더 이상 과학으로서의 경제학이 대답할 수 없는 물음일 것이다. 왜 냐하면 이 문제는 우리들 자신의 주체적인 선택의 과제이기 때문이다. 요컨대 어떤 경우에도 과학이 우리에게 제공하는 사실에 대한 인식이 특 정한 선택을 강제하지는 못한다. 술과 담배가 나쁘다는 사실을 의사가 아무리 과학적으로 증명해 준다 하더라도 술을 마시느냐 마느냐 담배를 피우느냐 끊느냐 하는 선택은 그런 사실 판단과 다른 차원의 문제이다. 이런 사정은 기업의 경영권에 대해서도 마찬가지이다. 이 문제에 대해 경제학이 과학으로서 우리에게 제시하는 사실 판단은 언제나 최종적 선 택을 위한 참고일 뿐이다.

경제학이 대답해 주지 않는 그 물음에 대한 우리의 답은 이것이다. 도덕적인 정당성의 관점에서 보든 경제적 효율성의 관점에서 보든 각 기 업의 노동자들이야말로 해당 기업 경영권의 최종적 담지자가 되기에 가 장 적합한 주체이다. 국가권력이 국민에게서 나오는 것이 당연하고 자 명한 일이듯이 기업의 경영권이 노동자에게서 나온다는 것 역시 이상할 것이 전혀 없는 것이다. 기업의 경영자를 노동자들이 선임하고 그 대신 경영자가 주주가 아니라 노동자에게 책임을 지는 체제가 불가능하다는 경제학 이론은 어디에도 없다. 보다 쉽게 말해 대통령을 국민이 선출하 듯이 기업의 전문 경영인을 노동자들이 (자기들 사이에서든 밖에서 초빙하 든) 선출하고 필요에 따라 재신임하는 것은 얼마든지 가능한 일이다. 이 런 의미에서 그것은 자본주의 시장 경제의 기본 질서를 훼손하지 않으면 서도 얼마든지 선택 가능한 기업 지배구조들 가운데 하나이다. 주주들 은 전과 마찬가지로 주식을 사고팔며, 배당금을 받을 것이다. 그들이 포 기해야 하는 것은 오직 기업에 대한 소유권 또는 지배권이다. 그렇지만 이것은 아무런 객관적 근거도 없이 기업을 지배하고 있는 이른바 총수나 창업주 한 사람을 제외하면 절대 다수의 주주들에게 아무런 손해도 아니다. 어차피 지금도 그들은 주식 투자자일 뿐 실질적으로는 기업의 소유로부터 완전히 배제되어 있기는 마찬가지이기 때문이다. 그렇더라도 경영 성과가 좋은 기업의 주가는 올라가고 나쁜 기업의 주가는 내려갈 것이다. 마찬가지로 기업 내부에서도 노동자가 기업과 맺은 계약에 따라 기업에 대해 노동자로서의 의무를 다하고 동시에 권리를 주장할 것이다. 기업들은 흥하기도 하고 망하기도 할 것이므로 서로 경쟁할 것이며, 전과 마찬가지로 설비 투자나 연구 개발에 대한 투자를 해야 할 것이다. 간단히 말해 적어도 자본주의 시장 경제 체제가 지니고 있는 효율성이라는 장점을 치명적으로 훼손하지 않으면서도 우리는 기업의 소유권을 주주들로부터 사회로 이전할 수 있으며, 경영권을 제왕적 총수로부터 노동자들로 이전할 수 있다.

　이처럼 현재의 자본주의적 시장 경제 질서를 붕괴시킬 필요가 없다는 점에서 우리의 제안은 지금 우리가 걷고 있는 길에서 단절 없이 이어갈 수 있는 새로운 시장 경제의 길을 열어준다. 하지만 우리 앞에 새로이 펼쳐질 길은 또한 얼마나 새로운 길인가? 왜냐하면 그 길에서 모든 노동자들은 기업의 노예가 아니라 주체요 주인이며, 기업은 그런 주체들이 모여 이룬 서로주체성의 현실태로서 폴리스(polis)요 공화국이기 때문이다. 하지만 이 공화국은 현존하는 국민국가보다 더 미래적인 공동체로서 서로주체성의 현실태에 보다 가까운 공동체이다.[23] 왜냐하면 폴리스로서의 기업은 소유의 권리를 자기 밖에 두고 있다는 점에서 타자를 향해 열려 있는 공동체이기 때문이다. 앞서 말했듯이 오늘날 대규모 주식회사는 엄밀하게 말해 누구의 소유도 아니라는 점에서 모두의 소유물이다. 이런 점에서 기업의 소유권은 사회에 있다. 그러므로 기업의 소유가 문제라면 이제 우리는 적어도 모든 주식회사 법인기업의 소유권은 국가나 지방자치단체가 위임받아 행사하는 것이 옳다고 말해야 한다. 하지만 주식회사 운영에서 소유와 경영의 분리 원칙은 이 경우에도 적용되어야 한다. 이런 의미에서 기업 경영에 관해서는 국가나 지방자치단체가 아니라 기업 내부의 노동자들이 최종적 권한을 지니게 된다. 하지만 노동자들이 비록 내부에서 최종적인 의사결정의 주체라 할지라도 기업은 그 소유의 측면에서 보자면 전체 사회에 귀속한다. 이는 내가 나의 주인이요 주체라 할지라도 내가 나의 소유주라고 말할 수는 없는 것과 마찬가지이다. 존재하는 모든 것에게 있음 그 자체는 은혜이다. 나의 있음은 언제나 너에게 빚진 것이며, 너로부터의 선물이다. 이처럼 내가 오직 너와 함께, 너를 통해서만 있을 수 있다는 것이야말로 서로주체성의 진리이다. 아무리 기업 내부의 만남이 평등하고 민주적이라 할지라도 만약 기업이 외부를 향해 닫혀 있는 폐쇄적 공동체라면 그것은 결코 온전한 의미에서 서로주체성의 현실태라 할 수 없다. 하지만 기업이 내부적으로 경영에 관해서는 노동자들의 주체적인 참여에 의해 유지되는 공동체이면서 그 소유에 있어서는 외부 사회에 귀속하는 공동체라면 적어도 자폐적 홀로주체성에서 비롯되는 기업 이기주의에 속절없이 함몰되는 일은 일어나지 않을 것이다.

생각하면 노동자가 기업 경영권의 최종적 주체라는 생각은 우리만 한 것은 아니다. 그리고 단순히 이론적 논의에 그치지 않고 지금도 다양하게 실험이 진행되고 있는 생각이기도 하다. 특히 제2차 세계대전 이후 유고슬라비아의 노동자 자주관리제도는 국가 차원에서 실시되었던 가장 대표적인 실험이었다. 물론 지금에 와서 보자면 그 실험은 실패로 끝났다. 그래서 단지 그 결과에만 주목하는 사람들은 기업의 경영권을 최종적으로 노동자가 갖는 것이 아예 불가능한 일이라고 생각하기도 한다. 하지만 바로 이 지점에서 필요한 것이 과학이다. 과학은 현상 자체가 아니라 현상의 원인 또는 근거에 대한 인식이다. 우리는 유고슬라비아의 실험이 실패했다는 사실을 알고 있다. 하지만 과연 우리는 그 실패의 원인이 무엇인지 알고 있는가? 아니면 한갓 그런 실험은 처음부터 어떤 조건 아래서나 실패할 수밖에 없다고 이데올로기적으로 믿어버리는 것은 아닌가? 우리가 이렇게 물어야 하는 까닭은 어떤 제도도 초역사적인 것은 없기 때문이다. 아테네 민주주의는 로마에 뿌리내리지는 못했다. 중세 때는 더 말할 것도 없다. 그것이 현실적인 공동체 구성 원리로서 명예롭게 부활한 것은 근대 시민혁명을 통해서였다. 하지만 그것은 근대적으로 변형된 민주주의였다. 유고슬라비아의 실험도 마찬가지이다. 그것은 그때 그곳에서 그들의 방식으로 실패했다. 하지만 우리는 지금 이 땅에서 노동자들이 기업의 경영에 최종적인 권리를 갖는 실험이 다양한 방식으로 진행되고 있으며 그것이 언제나 실패하는 것은 아니라는 다른 사실도 알고 있다. 대우의 김우중 회장처럼 총수 경영이 실패로 끝나는 경우도 있고 대구의 달구벌 버스처럼 노동자 경영이 성공하는 경우도 있다.[24] 그러므로 우리는 오너 경영은 성공이며 노동자 경영은 실패라는 등식을 수립할 아무런 객관적 근거도 가지고 있지 않은 것이다. 만약 유고슬라비아의 실패가 노동자 경영권의 불가능성에 대한 최종적이고 결정적인 검증사례였더라면 자본주의 경제학 교과서는 기업의 지배구조에 대해 처음부터 노동자 경영권은 배제하고 시작했을 것이다. 하지만 그런 교과서는 없다. 왜냐하면 우리가 제안하는 것과 똑같은 방식은 아니지만(이 점에서는 유고슬라비아도 마찬가지였다), 지금도 여러 나라에서 다

양한 방식으로 노동자의 경영 참여가 실제로 이루어지고 있기 때문이
다. 우리의 과제는 이런 시도가 어떤 경우에 실패하며 어떤 경우에 성공
하는지 그 실패와 성공의 근거와 조건을 탐구하고, 또 성공하면 얼마만
큼 성공할 수 있고 어느 정도에서 어떤 방식으로 제한을 두어야 하는지
그리고 노동자 경영권의 구체적인 행사 방식을 어떻게 할 것인지 하는
것들을 탐구하는 일이다. 하지만 총수가 마치 황제처럼 제왕적으로 지
배하는 봉건적 기업을 평등한 노동자들이 시민이 되는 공화국과도 같은
시민기업으로 만드는 시도 자체를 불가능하다고 막는 것은 아무 것도 없
다. 그것은 프랑스 왕국을 공화국으로 바꾸는 일이 그토록 어려운 일이
었지만 결코 불가능한 일이 아니었던 것과 마찬가지이다. 그리고 그런
일은 언젠가는 이루어지게 마련이다.

　삼성을 해체한다는 것은 바로 그런 어려운 시도를 감행한다는 것을
뜻한다. 그것은 삼성이라는 기업 집단을 무턱대고 망하게 한다는 뜻이
아니라, 순환출자의 연결고리로 얽혀 있는 삼성의 계열사들을 자립적인
기업으로 독립시키고, 모든 법질서를 능멸하면서 오직 권리와 권력만을
행사할 뿐 아무 것도 책임지지 않는 '짝퉁 루이 16세'를 권좌에서 몰아
내고, 삼성을 시민기업으로 만드는 것을 의미한다. 당연히 이 과정에서
이건희는 자신이 저지른 모든 불법 행위에 대해 응분의 법적 책임을 져
야 할 것이다. 더러 사람들은 재벌 기업 집단이 순환출자로 묶여 있는 것
에 대해 그런 식의 결속이 내부 지원을 통한 상호 이익을 준다고 말하기
도 한다. 하지만 만약 그것이 사실이라면 독립을 이룬 기업들의 노동자
들과 새로운 경영진이 서로 간에 우호적 관계를 맺는 일을 스스로 결정
할 수 있을 것이다. 중요한 것은 노동자가 생산의 주체이냐 아니면 한갓
객체요 도구에 지나지 않느냐 하는 것이다. 이런 의미에서 삼성을 해체

한다는 것은 삼성의 제왕적 지배체제를 해체하고 노동자를 생산의 주체로 세운다는 것을 의미한다.

왜 불매운동인가?

하지만 고작 불매운동을 통해 어떻게 삼성의 제왕적 지배체제를 해체할 수 있겠는가? 삼성을 해체하기 위해서라면 불매운동 그 자체는 아무런 방법도 아니라는 것을 우리도 잘 알고 있다. 왜냐하면 삼성을 해체하여 시민기업으로 만들기 위해서는 결국 법과 제도가 변화되어야 하며, 다시 이를 위해서는 행정부와 입법부 차원의 정치적 개입이 반드시 필요하기 때문이다. 바로 그런 이유에서 나는 〈프레시안〉에 기고했던 두 번째 글에서 삼성 문제가 우리 시대의 가장 중요한 정치적 문제라고 말했던 것이다.

하지만 지금 어떤 정당이 그리고 어떤 정치인이 삼성을 해체하겠다고 나서겠는가? 적어도 현재의 상황에서 보자면 삼성을 해체하여 시민기업으로 만드는 것은 고사하고, 현행법에 기초해 탈법행위를 제재하는 것조차 불가능한 일로 보인다. 지난 1월 이건희 개인을 위해 단행된 대통령 특별사면은 이건희가 이 나라의 국가권력 및 법률 위에 있다는 것을 만천하에 보여준 사건이다. 이런 상황에서, 이태경 토지정의시민연대 사무처장이 말하듯이 "이건희를 구속해 대한민국에 법과 정의가 살아있다는 것을 보여주"는[25] 것은 나 역시 당연히 필요한 일이라고 생각하지만 현실적으로는 불가능한 일이다. 그리고 이것이 가능하게 되기 위해서도 정치가 근본적으로 바뀌어야 한다는 것은 두말할 필요도 없다. 아니 이것은 좁은 의미에서 정당 정치 구도의 변화 정도가 아니라 나라를 근본에서 새롭게 세우는 정도의 근본적 변화가 아니면 불가능한 일일 것이다. 왜냐하면 과연 사법부가 삼성에 의해 매수되지 않았다고 자신 있게 말할 수 있는지, 이것부터가 의문이기 때문이다. 그런 의미에서 지금 당장 국가권력의 손을 빌려 삼성 문제를 해결하는 것은 굳이 우리가 생각하는 삼성 해체가 아니라 현행법에 입각해 삼성 및 이건희의 불법을 제재하는 것만 두고 말한다 하더라도 어려운 일이다.

그렇다면 지금 상황에서 우리가 생각할 수 있는 차선책은 과거 민주화운동의 역사에서처럼 결국 시민의 힘으로 삼성을 해체하는 수밖에 없다. 하지만 이때 시민은 누구이며, 그들이 할 수 있는 일은 또 무엇인가? 먼저 첫 번째 물음에 대해 원칙적으로 말하자면 세 가지 대답이 가능하다. 첫째는 삼성의 노동자로서의 시민이며, 둘째는 삼성의 주주로서의 시민이고, 셋째는 소비자로서의 시민이다. 하지만 첫 번째 시민은 현실에서는 아무것도 기대할 수 없는 사람들이다. 왜냐하면 삼성에는 노동조합조차 없으니 집단적으로 삼성의 불법을 견제하고 이건희를 탄핵할 수 있는 주체로서 노동자가 존재하지 않기 때문이다. 그리고 실제로 지금까지 삼성 내부에서는 삼성과 이건희의 불법을 비판하는 어떤 실질적인 움직임도 없었다. 이런 점에서 총수의 전횡을 초보적인 수준에서라도 견제하도록 삼성에 노조를 설립하는 것 자체가 하나의 과제이다.

두 번째 의미의 시민, 곧 삼성의 주주의 경우에는 김상조 교수가 이끄는 경제개혁연대의 활동에서 보듯 소액주주운동을 중심으로 삼성의 불법을 비판하고 적극적으로 소송을 제기하는 등 삼성 문제를 공론화하는 데 선구적인 기여를 해왔다. 우리는 이런 운동이 앞으로도 삼성의 불법을 견제하는 데 기여하리라는 것을 부인하지 않는다. 하지만 그 이상의 기대를 하는 것은 무리이다. 소액주주운동은 말 그대로 주주의 관점에서 주주의 이익을 극대화하기 위한 운동이라는 한계를 넘어설 수 없다. 소액주주운동은 이건희의 불법행위가 주주들의 이익을 침해하는 것을 비판할 수는 있겠지만, 그 자체로는 주주 자본주의의 한계를 넘어서는 어떤 전망도 가질 수 없으니, 우리가 말하는 삼성 해체를 위해서는 적합한 방법이라 할 수 없을 것이다.

그러므로 남은 길은 소비자로서의 시민들이 삼성과 싸우는 것밖에 없다. 소비자들이 삼성의 물건을 사지 않는 것만이 지금으로서 우리가 삼성이라는 압도적 권력에 맞서 적극적으로 수행할 수 있는 유일한 저항의 방식인 것이다. 삼성 불매는 무엇인가를 하는 것이 아니라 하지 않는 것이라는 점에서 쉬운 일이다. 그것을 위해 우리가 목숨을 걸어야 할 필요는 없다. 우리가 할 일은 다만, 삼성은 아니라고 생각하는 것, 삼성은 아니라고 말하는 것, 그리고 마치 재래식 화장실을 멀리하듯이 삼성의 로고가 붙어 있는 모든 제품과 서비스를 가능한 한 멀리하는 것뿐이다.

이 운동에 대해 두 가지 상반된 태도들이 있다. 하나는 무슨 호응이 있겠느냐 하는 것이고, 다른 하나는 정말로 삼성이 망하면 어쩌나 하는 것이다. 앞의 염려에 대해서 우리는 할 수 있는 일을 하지 않으면서 할 수 없는 일을 염려할 필요는 없다고 대답하려 한다. 세상에 어떤 일이 처음부터 보장된 일이 있겠는가? 씨앗은 열매에 비하면 보이지 않을 만큼 작고, 농부는 가을에 태풍이 닥칠지라도 봄에 씨앗을 뿌린다. 우리가 삼성 해체와 삼성 불매를 촉구하는 까닭은 할 수 있기 때문이 아니라 해야 하기 때문이다. 바로 이런 경우를 위해 칸트는 이렇게 말했다. "네가 할 수 있기 때문에 해야 하는 것이 아니라, 네가 해야 하기 때문에 너는 할 수 있다!"

정반대로 그러다가 삼성이 정말로 망하면 어떻게 하느냐는 물음에 대해서 우리는 삼성 불매는 삼성을 망하게 하자는 운동이 아니라 삼성의 불합리한 지배구조를 해체하는 운동이라는 것을 다시 한 번 더 명백히 하려 한다. 그리고 삼성불매운동이 삼성의 노동자들과 모든 관련된 사람들을 적으로 돌리는 운동이 아니냐는 질문에 대해서는 군부독재가 무너져도 군대는 멀쩡히 제 할 일을 하고 있으니 염려 마시라는 말도 보태고 싶다. 이 운동이 정말로 삼성이 흔들릴 정도로 큰 호응을 받는다면, 무엇이 걱정이겠는가? 그때는 우리가 지금까지 알지 못했던 새로운 세상이 펼쳐질 것이니, 걱정조차도 새로워질 것이다.

생각하면, 혁명을 꿈꾸었던 많은 사람들이 세상을 바꾸려 했다. 그 점에서도 그들은 과학자들이었고 구조주의자들이었다. 물론 세상을 바꾸어야 한다. 하지만 나를 바꾸지 않고 우리의 내면을 쇄신하지 않고 세상이 바뀌겠는가? 학벌을 없애려면 밖으로 대학을 평준화해야 하지만 동시에 우리들 자신이 안으로부터 학벌에 대한 욕망을 버려야 한다. 세상을 바꾸려는 자 반드시 자기를 같이 바꾸지 않으면 안 된다. 그리고 가장 큰 일을 하려는 자 가장 작은 일에서 시작하지 않으면 안 된다. 그런 뜻으로 함석헌이 말했다. "나 속의 착취자 압박자를 없애라. 그러면 밖에 있는 반대자가 자연 없어질 것이다."[26] 이런 의미에서 삼성불매운동이란 세상을 바꾸는 동시에 나를 바꾸는 운동이다. 참된 혁명의 불꽃은 고립된 나의 내면세계도 아니고 나 밖의 대상 세계도 아니라, 그렇게 나와 세상이 만나는 접점에서 번개처럼 촉발되는 것이다.

■주

1) 한윤형, 「이건희는 생각하지 마 – 우리는 삼성의 주술에서 어떻게 벗어날 것인가」, 『작가세계』 2010 여름호, 282쪽.

2) 강준만, 『이건희시대』, 인물과사상사, 2005, 366쪽.

3) 헤로도토스, 박광순 옮김, 『역사』, 범우사, 1987, 516쪽.

4) 아리스토텔레스, 김진성 옮김, 『형이상학』, 이제이북스, 2007, 제4권, 근거에 관한 항목.

5) 헤겔, 임석진 옮김, 『정신현상학』, 한길사, 2005, 61쪽.

6) 이 말은 내 말이 아니다. 그런데 거의 난독(亂讀)에 가까운 무질서한 독서의 결과 최근에 읽은 것이 분명한 글인데도 출전을 찾을 수가 없다. 이름을 알 수 없는 원 저자에게 사과한다.

7) 칸트, 이원봉 옮김, 『도덕형이상학을 위한 기초 놓기』, 책세상, 2002, 58쪽.

8) 데카르트, 이현복 옮김, 『방법서설』, 문예출판사, 1997, 220쪽.

9) 아마도 구조의 개념을 하나의 방식으로 정의하는 것은 학자들의 의견차이로 말미암아 불가능할 것이다. 그 점을 고려하여 나는 여기서 가장 일반적인 이해를 위해 일부러 사전적 정의를 인용했다. 『브리태니커 백과사전』 1996년 판, 「사회구조」 항목. 보다 상세한 개념규정을 위해서는 김용학, 『사회구조와 행위-거시적 현상의 미시적 기초를 찾아서』, 나남출판, 2003, 69쪽 아래 참조.

10) 안소니 기든스, 윤병철·박병래 옮김, 『사회이론의 주요쟁점』, 문예출판사, 2003, 92쪽.

11) 강신준, 『자본론의 세계』, 풀빛, 2003, 67쪽.

12) 이진경, 『사회구성체론과 사회과학 방법론』, 그린비, 2008, 64쪽.

13) K. R. Popper, The Open Society and its Enemies Vol. 2, 98쪽, 기든스 같은 책, 84쪽에서 재인용.

14) 김상봉, 『학벌사회-사회적 주체성에 대한 철학적 탐구』, 한길사, 2004.

15) 이에 대해서는, 미클스웨이트, 올드리지 지음, 유경찬 옮김, 『기업의 역사』, 을유문화사, 2004.

16) 물론 이런 요약은 어쩔 수 없이 도식적이다. 독일처럼 여전히 은행이 기업에 압도적 영향력을 행사하는 나라도 여전히 있다.

17) 정수진, 「한국 기업의 소유지배구조와 자본구조가 기업 가치에 미치는 영향에 관한 연구 – 재벌기업과 비재벌기업의 비교를 중심으로」, 창원대 경영학과 석사학위논문, 2008, 16쪽.

18) 주주의 이런 권리를 경제학에서는 잔여청구권(residual claim)이라 한다. 이에 대해서는 홍장표, 「기업민주주의와 기업지배구조 – 주주 주권론 대 이해당사자 주권론」, 민주주의 사회연구소 편, 『기업민주주의와 기업지배구조』, 백산서당, 2002, 36쪽 참조.

19) 피터 드러커, 『자본주의 이후의 사회』, 한국경제신문, 1993, 128쪽.

20) 같은 책, 129쪽.

21) 예를 들어 신동준, 『득천하 치천하』(이가서, 2010)라는 책의 앞 뒤 표지말은 이렇다. "이건희의 제왕적 경영을 새롭게 해석한 삼성의 천하경영," "왕패병용의 제왕술을 구사하는 이건희의 제왕적 리더십, 세계의 중심축을 움직이다"

22) 김용철, 『삼성을 생각한다』, 사회평론, 2010, 231쪽.

23) 홀로주체성의 현실태 또는 서로주체성의 현실태라는 개념 자체에 대해서는 김상봉, 『서로주체성의 이념-철학의 혁신을 위한 서론』(도서출판 길, 2007)을 참고하기 바란다.

24) 김용원, 「노동자 자주관리 기업의 성공가능성에 관한 연구-(주)달구벌 버스의

사례를 중심으로」, 『한국협동조합연구』 제27집 제2호, 33쪽 아래.

25) 이태경, 「이건희 구속이면 충분하다」. 〈프레시안〉 2010. 5. 6.

26) 함석헌, 「새교육」, 『전집』 2권 388쪽 아래.